象
Pictograph
形

大象无形　稽古揆今

中国社会科学院

"登峰计划"项目成果

殷墟亚长墓玉石器研究

杜金鹏 著

中原出版传媒集团
中原传媒股份公司

大象出版社
·郑州·

图书在版编目（CIP）数据

殷墟亚长墓玉石器研究／杜金鹏著.－－郑州：大象出版社，2025.2
ISBN 978-7-5711-2239-3

Ⅰ.①殷… Ⅱ.①杜… Ⅲ.①古玉器-研究-安阳
Ⅳ.①K876.82

中国国家版本馆CIP数据核字（2024）第108562号

殷墟亚长墓玉石器研究
YINXU YACHANGMU YUSHIQI YANJIU

杜金鹏　著

出 版 人	汪林中
责任编辑	李小希
责任校对	安德华　张绍纳
装帧设计	付锬锬

出版发行	大象出版社（郑州市郑东新区祥盛街27号　邮政编码450016）
	发行科 0371-63863551　总编室 0371-65597936
网　　址	www.daxiang.cn
印　　刷	郑州新海岸电脑彩色制印有限公司
经　　销	各地新华书店经销
开　　本	890 mm×1240 mm　1/32
印　　张	11.125
图　　版	1.125
字　　数	241千字
版　　次	2025年2月第1版　2025年2月第1次印刷
定　　价	118.00元

若发现印、装质量问题，影响阅读，请与承印厂联系调换。
印厂地址　郑州市鼎尚街15号
邮政编码　450002　　　　电话 0371-67358093

| 内容提要 |

殷墟花园庄商代墓葬 M54，是一座商代晚期中型墓葬，出土大量青铜器、玉石器、骨角器和货贝等文物，其中玉石器多达 228 件。在这批玉石器中，名称多数在殷墟甲骨文中可以寻见，其品类包括礼仪器具、装饰品、器物配件和配饰、生活用具、生产工具等；其生产制作时间大多数在殷商时期，也有少数早在殷商之前的夏代甚至新石器时代。这些玉石器分别属于墓主人和殉葬人。根据在墓葬中的位置和器物组合情况，墓主人随葬玉石器可以区分为两大等次，即置于墓主人头部和上身两侧者为第一等次，放在墓主人下身两侧和脚下者为第二等次。

根据出土青铜器铭文，我们可知墓主人名"长"或是"长"族首领，有爵称"亚"。根据墓主人不使用玉笄、瓒玉等，结合其他材料，我们推知墓主人不属于商族，因战功和姻亲得以葬身于商王宫殿区附近。

亚长墓玉石器研究在出土玉器研究中具有特殊和重要的地位与价值，在商代历史文化研究中亦具有非常重要的意义。

殷墟玉器研究代表性成果综理与评述（代序）

殷墟出土玉器数量多、品类全、质量优、价值高、影响大，因此有很多学者关注、研究，取得了一系列重要成果。其中有几项研究可以视为殷墟玉器研究进程中具有代表性意义者，通过它们可以清晰地看出殷墟玉器研究历程之基本脉络，故笔者整理之以为序，方便读者更容易理解本书的研究思路、方法及学术意义。

一、李济的古器物学创新研究

殷墟考古是由中国学者主持且持续进行的第一个考古工程。这项原本以寻找刻辞甲骨为目标的考古发掘工作，在实践过程中发展为对古代都城遗址的全面探索和追寻，同时还摸索创建了中国考古学上的地层学和器物类型学等基本方法。[1] 这为研究发掘发现的遗迹、遗物奠定了坚实的科学基础。

依据考古地层学和类型学，李济等早期殷墟考古学者先后对出土陶器、玉石器、青铜器、骨器等进行了科学研究，发表了一系列研究成果，这些成果在方法论上有紧密关联性。

李济在主持殷墟发掘之初，即在"小屯遗址明显是殷商的最后一个都城"的认知下，要求"系统地记录和登记发掘出的每件遗物的确切出土地点、时间、周围堆积情况和层次；每个参加发掘的工作人员坚持写关于个人观察到的及田野工作中发生的情况的日记"[2]。这种科学严谨的发掘资料记录规范，为日后殷墟研究打下了良好基础。

关于陶器的研究，肇始于田野工作中。李济指出，在殷墟最后三次发掘中，出土陶片类型谱系已经建立，"每一式有它的一个固定的号码。这些号码的制定大致是按照器物的形制为次序的：以底部的形状为第一个考查的部分：圆底最先，次为平底，再次为圈足、三足、四足等。其次再以色泽分判，灰色、红色在前，随之以釉与釉胎，白色、黑色等"[3]。李济的殷墟陶器研究，其研究对象是将近 25 万片陶片和 1500 多件复原陶器；研究材料主要为出土记录——文物所在地层和地层关系、在地下的原生状态、与其他相关文物的关联关系；研究手段包括考古类型学、古文字学和化学；研究内容包括质料、形制、陶色、工艺、纹饰、文字等 6 个方面。这些体现了他以考古地层学和类型学为主、多学科综合研究的意识。[4]

关于殷墟出土青铜器的研究，李济除有多篇论文外，还有多卷本专题报告。他在《记小屯出土之青铜器·上篇》中，对小屯一带 10 座商墓出土青铜器的类型进行了综理分析，依照客观的形态排列，将 76 件铜器分为圜底器（斗）、平底器（锅、罍）、圈足器（盘、尊、觚、方彝、甋、卣、觯、壶、瓿）、三足器（鼎、斝、爵、盉、鬲）、四足器（斝、爵）、器盖等 6 类 20 种。铜器的分类，是借鉴了陶器分类方法。他在称呼每件铜器时，借鉴了传统古器物学家的习惯叫法，但又加上"形器"之后缀（如鼎形器、爵形器），以作区别。[5]他在《殷墟出土青铜礼器之总检讨》中专门就"名称问题"做了讨论说明，申明铜器的分类借用了陶器分类法，同时说"至于旧的名称，我们不但仍要保用，并且要在文字上追溯这些名称的演变"。"所以在各大类中，我们就采用了中国古器物学家经常用的名称而加以'形'字在后，如爵形器、觚形器等，意思是指在这些小组内的个别标本，包括不少的形制细节的变化。"他最后总结说："我们采用的类别名称，总括地说，是根据下列的两原则决定的：（1）新的分类学原则；（2）经过古文字学家、古器物学家详细考订过的，并为现代古器物目录学家所采用的。"[6]

李济的殷墟青铜器研究成就中，有一个恢宏成果，就是五册《古器物研究专刊》，分别研究青铜觚、爵、斝、鼎和其他礼器，而这项研究引进了自然科学、实验科学。李济主攻形制和花纹，万家保主攻铸造技术。这是将自然科学技术研究纳入古代青铜器研究之最早、最具规模和成就之典范。[7]

关于殷墟出土玉石器，李济有比较系统的研究。

李济有一篇极短小（正文仅有900多字）却很重要的文章，叫作《研究中国古玉问题的新资料》，[8] 其重要的学术贡献，首先在于他披露了61件殷墟出土玉器和1件山东日照出土龙山文化玉器的比重测验数据，内容包括实验编号、出土地或原编号、标本名称、标本颜色、标本比重和标本硬度等6项。这是中国考古界首次成批发表出土玉器科学检测数据。更重要的贡献则是，他提出了中国古玉研究的新问题、新方向，如殷商时代有无硬玉制作的器物，中国古代玉器的玉料来自何处，怎样探讨这些问题。

李济认为，解决出土玉器的矿源问题之途径应是：第一，必须努力搜集很多可靠的资料——出土地点准确、时代准确的标本资料；第二，地质学家需把中国境内的玉矿调查清楚。二者结合，便可找出中国古玉的玉料来源。而解决殷墟玉器矿源问题，应由"岩石学家将殷墟出土的玉器详细考查一次，并作若干化学分析"。他本人身体力行，利用暑假对考古发现的62件古玉进行了比重测定，测定结果表明：这批古玉器皆属软玉，颜色以绿色为主，白色次之；比重多在2.9到3.1之间，最低2.49，最高3.18；硬度在6、7之间。这项工作证明殷商玉器是以软玉为主体的，而日照龙山文化玉器出自黄海边，如果它代表着当时华北陆路交通已西至昆仑、东至于海,其学术意义自然不凡。美国汉学家洛佛尔曾说,他经手的周代玉器和多数汉代玉器,都是中国本地材料制作的,如蓝田玉。就其主要特征指标(组织、纹理、颜色)看,与现代和田玉全不一样;和田玉的采用,只是在蓝田玉等采集穷尽之后的事情。中国学者章鸿钊在其《石雅》中说,"古所谓产玉之奥区者,从中国言,皆西域而已",并说西安蓝田并非玉矿产地,只是玉料交易市场,产玉的蓝田在昆仑山附近。上述见解实缺乏科学性,即并非建立在对考古发掘出土品的全面综理基础之上。而李济的实验,虽然在出土玉器研究的实际工作上只是一小步,但在学术意义上是一大功!

李济在《殷墟有刃石器图说》中,对438件殷墟有刃石器,就其石料、作法、形制及其演变、功用、源流、文化特征等进行了逐一分析。最为可贵的是,他专列一节"图说",将殷墟石器分类、分型介绍。该文的重点是类型学分析。他将这批石器分为端刃器——斧、锛、凿、铲、锄、斤,边刃器——刀、削,全刃器——戈、矛、镞。每一类下又分式。器名沿用"习用的名称"。(图1)质料的鉴定委托当时的台湾"中央研究院"地质研究所研究员和台湾大学地质系教授分别承担,鉴定结果是:90%以上的标本属于8个常见种类——板岩(Slate,占总数61.49%)、辉绿岩(Diabase,约占8.33%)、石灰岩(Limestone,7%)、大理石(Marble,3.6%)、石英岩(Quartzite,3.6%)、千枚岩(Phyllite,3.15%)、砂岩(Sandstone,2.48%)、玉(Jade,1.58%)。其余标本分属20多种岩石,比较珍贵或稀见者有黝辉石、玉髓、缟玛瑙、蛋白石、蛇纹岩等。李济统计发现,不同的石料与不同的石器类型具有特定对应关系,即不同器物选用不同材料。关于材料来源,因需要切片鉴定,未能开展此项工作。他推测说,板岩、石灰岩和辉绿岩等,可能是安阳附近的产品,但玉等稀见材料,来源难定。他援引台湾大学阮维周教授鉴定意见说"玉器""质料不像和田的硬玉(笔者注:应为软玉之误),也不像西南的

E16:A67　横十三二五乙西:A93　E16:A63　大连坑:A62

D74:A118　D20.1:A107　E185:A117　E16:A121

横十三丙北支二北支:912

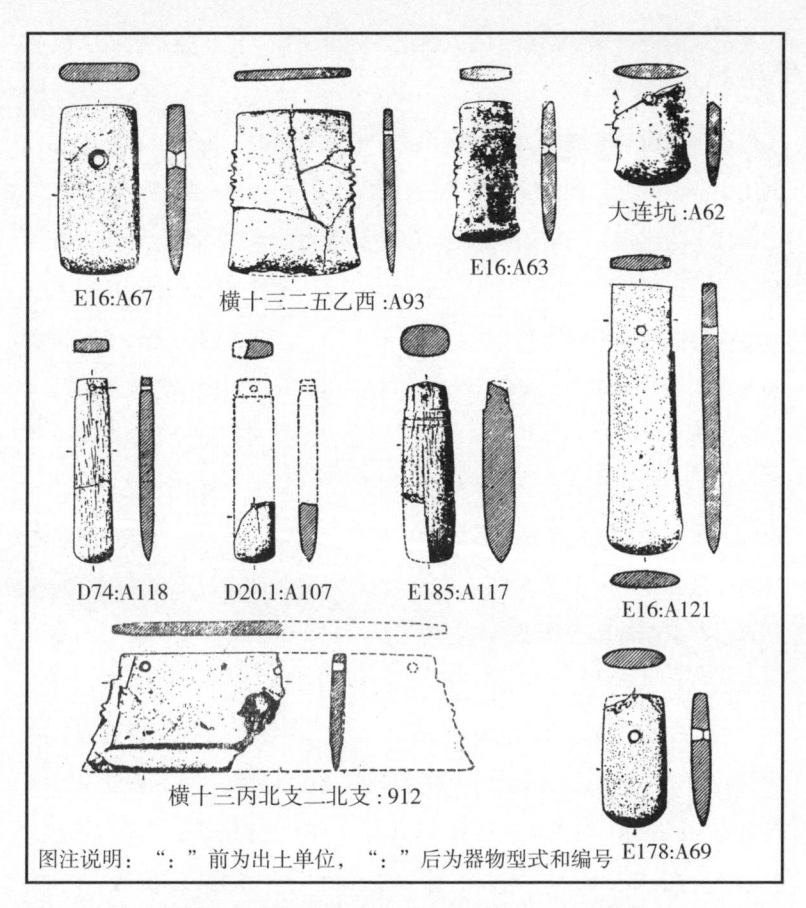

E178:A69

图注说明:":"前为出土单位,":"后为器物型式和编号

图1　李济《殷墟有刃石器图说》插图中的石质礼器（比例尺不统一）

软玉（笔者注：应为硬玉之误）；它们都是南阳玉"。李济认为，"中国古代所说的玉，包括范围比现代岩石学家所说的玉，似乎大得多。很可能地，凡是磨得光润的，硬度较高的，'石之美者'，都列入中国古代的'玉'类；譬如殷墟出土的缟玛瑙、黝辉石、蛇纹岩以及蛋白石作成的器物，皆磨得光润匀净，显然都够得上殷周时代所定的玉的标准"。关于玉石加工技术，有压剥法、打剥法、锤制法、啄制法、磨制法等。

他甚至认为，玉器的精磨，"大概已不完全倚赖手工。殷商时代，似乎已发明了镟床"[9]。

　　李济在讨论殷墟考古对中国古史研究之贡献时，提到玉石器和石雕的历史价值问题。他把殷墟出土玉石器分为三组：第一组是刀、斧等锋刃器和一般用器，与史前中国密切关联，是殷商中国的文化源头；第二组由第一组蜕变而来，即其形制虽然保留了旧的样子，但用途发生了很大变化，成为所谓"礼器"，如璧、环、璋、戚等，它们代表了殷商中国的社会发展；第三组是创新型的石雕，包括人物、动物雕像及建筑构件等，代表了殷商社会艺术新风尚。他指出，玉石礼器所用原料属于比较珍贵的"美石"，包括现代科学意义上的"软玉"和类玉美石，"一般地说来，中国古代所说的玉，大约包括一切可以磨光发亮而带温润的石质以及若干带有颜色的宝石，蛇纹岩、水晶、青晶石以及变质的大理石等，在早期都可当作玉看待；符合科学定义的真正'玉'，只构成了中国古玉之一种"[10]。

　　后来在《殷墟出土的工业成绩——三例》中，李济除了通过重申前文内容讲述玉石手工业成就，还拓展到器物功能分类，认为殷墟玉石器可划分为：用器——石皿、石柄、石础、石环，其他容器；乐器——磬；礼器——圭、笏、璋、璧、琮、瑗、戚；武器——戈、镞；装饰器——笄、簪、玦、各形嵌片。虽然该文是讨论"工业"问题，但文章的第四节落脚在"礼器"的讨论上面。他认为，有扉齿石刀（大连坑附近横十三丙北支二北支），用夥辉石制作，规整光润，刃口无使用痕迹，扉齿纯系装饰而无实用价值。凡此说明它"已不是实用的器物，可以列入古器物学家所说的礼器了"。而同样具有扉齿的"戚"，"以实用的居多"，因为其刃部多有"缺陷摩擦痕迹，显然是用过的"，并且"齿间常留有摩擦痕迹，大概尚没演进到完全礼器的阶段"。由于青铜戈已经盛行，所以用玉或玉髓、缟玛瑙等制作的戈，"只作备仪仗用的可能性是很大的"。他还举例说：西北冈王陵HPKM1001墓室地板下有9个殉葬坑，四隅8坑各葬1人，随葬铜戈1把，中央1坑1人，随葬巨型石戈1把，此坑应是卫队指挥者，那件磨制发光的"宝石"戈，"已不作实际的砍杀勾当。换句话说，这戈头已经'礼器化'了"。（图2）同样，玉戈"若不代表执戈人的官阶，即象征具有人的社会地位；两方面大概都与军事有关"。"由这些发现，我们可以识别古器物的'礼化'过程，这不但可以在它们的形制演变痕迹上着眼，也可由制造它们的原始材料上找出端倪。"向鬼神敬献礼物祈福，"中国社会的这一习惯，在殷周之际，就渐渐地制度化了，形成了传说中周公制的礼。发挥《周礼》哲学意义的孔子，也很了解'周因于殷礼，殷因于夏礼'这段不可磨灭的历史"。"殷墟出土的器物，不但证实周代的礼器，在形制与质料两方面，不少可以追溯到殷商时代，并可追踪它们演变的痕迹。"古器物学家所谓"肉倍好"的璧、"好倍肉"的瑗、"肉好若一"的环，在殷墟出土物中皆有实物。"若照吴大澂所引《尔疋》的解释，我们就可以承认'璧''环'

图2 殷墟西北冈王陵HPKM1001出土铜戈与石戈

和'瑗'在周以前早就形成了！但甲骨文字中显然并没有这些名称。""这些内部宽窄不同的大小圈圈，殷商叫作什么名字，现在尚无切实的考证。它们大概尚有若干实用，可能古器物学家习用的这些学名都是周代所订的。但它们的形制及作法却显然承袭了殷商的传统。"[11]

李济的殷墟玉石器研究，一心追求科学化、现代化，即材料必是可靠发掘出土品，采用系统分析法，将人文社会科学与自然科学相结合，透过物化材料去观察人物和社会，从工具到生产，从器皿到生活，从礼器到礼制，多视角、多层次考察研究。他树立了古器物学研究的新风尚，制订了古器物学研究的新路线，也指明了古器物学研究的新方向。这是古代玉石器研究从金石学向考古学转化的第一块里程碑！

当然，囿于时代和材料的局限，当时的研究还存在局限性——虽然有引入自然科学手段的意识，但自然科学家的介入热情不高，从事自然科学研究的条件不够，如玉石器材料的岩石学鉴定和研究；虽然有利用甲骨文材料之意识，但甲骨学尚在起步阶段，不能承担深入参与出土玉石器研究的任务，如玉器名称和功用探讨等。

二、郭宝钧的《古玉新诠》

1948年，郭宝钧发表著名的《古玉新诠》，[12]展示了一种古玉研究新方法和新成果。他依据考古出土品，放眼数千年以来中国玉器发展史，对我国新石器时代至汉代玉器进行了一次总括性分析，将其划分为四个历史发展阶段。第一期，石器时代玉器，名为"实用期"。"此时人类视玉如视石，实用之意多，赏玩之意少，玉器即石器也，石器之以玉质作者斯玉器矣。"第二期，殷末周初玉器，名为"玩好期"。"此时已入金石并用时代，玉石之界划渐分，一切石制利器，自有青铜器取而代之，而玉器转为赏玩之用。"第三期，春秋战国玉器，名为"配列期"。

"此时思想解放，学术昌明，一切传统事物，皆欲重加排列，予以新组合，故特钟组为编钟，特磬组为编磬，特鼎组为列鼎，而玉饰亦组为佩玉。甚或抽绎玉之属性，赋以哲学思想而道德化，排列玉之形制，赋以阴阳思想而宗教化，比较玉之尺度，赋以爵位等级而政治化，《周礼》大宗伯典瑞之文，《考工记》玉人之事，为其代表。然而玉之演化，仍一本工艺美术之途以迈进，不以学人思想转变尽改其前进路线。此时玉器自玉器，文献自文献，分之两真，合之两舛，自来诠古玉者未能勘破此点，故所释多龃龉不合。"第四期，东西两汉玉器，名为"仿制期"。"秦汉之交，社会巨变，文化失其联系者近百年。汉人欲有制作，不得不凭遗书传说为蓝本，而汉玉形制，转多与晚周文献合，模仿故也。"

关于研究方法，他说"吾人今日研究古玉，非专以矿物学眼光，分辨其为钙盐钠盐，或闪石辉石，或白焰黄焰，亦非以礼经家眼光，专辨其纯杂尊卑，三玉二石或四玉一石；而系以历史眼光，研究其形制用途，与工艺文化之进展，故于石器时代遗存之器型，皆认为当时玉器可能有之器型，其实际质料，纯玉可也，似玉次玉可也，即四石一玉，或纯为美石，亦无不可。只视其工艺形制，足以反映制造含意者，即为吾人研究之对象，故凡石器遗存，皆可作玉器观也"。强调玉器研究之考古学属性。

关于殷商玉器之认知，他主要针对李济发表的61件殷墟玉器和梁思永编撰的第二次全国美术展览会展出的殷墟玉器《展品目录》，进行统计学分析，总结说殷商玉器"方圆系仍沿自石器时代，而象生系为创制，且玩好之趋向特重焉"。"当日玉器，实以装饰玩好为主，玉兵中虽有玉矢玉戈，仍为仪饰之用，不必用于兵战也。"是为从考古类型学研究出发，分析殷商玉器渊源和特质。

关于西周玉器研究，他主要依据亲自发掘的河南辉县卫国墓地出土的42件玉器资料，不仅总结出西周玉器主要品类、色泽，比较出殷周玉器之异同，更从玉版、玉璇玑上面发现"对锯痕"，部分玉器精工美妙，从而认为"当时治玉艺术及工具，已可大观也"。郭宝钧发现当时并未形成多器组合的"佩玉"，《诗经》所咏"杂佩以赠之"、金文所谓"赤芾朱黄"，与考古发现西周玉器之关系，颇耐寻味。他认为："玉器至于殷末周初，偏重玩好，渐远实用，好事珊琢，增加象生，为此期之特征。惟器类与器类，尚多不相关联，仍系各自为用，无系统之组合。且纹饰刚直，不尚拳曲，又鲜玛瑙水晶之制作，此其异于晚周矣。"

关于春秋战国玉器研究，他采用亲自发掘之辉县琉璃阁、汲县山彪镇资料，认为此期玉器已经"脱尽石器时代实用残留，全归玩好"，并且完成了"系统之组列"改革，以佩玉为主流；并指出一个完备的佩玉组合是：以璧（或环或瑗）为主体，璧之上为珩，璧之下有冲牙；璧、珩、冲牙之间使用组绶作联系。组绶外露影响玉器之美，故以玭珠、琚瑀为饰，是为玉藻。此与《周礼·玉府》郑注《诗传》曰：'佩玉上有葱衡，下有双璜冲牙，玭玉以纳其间。'《大戴礼·保傅篇》'下车以佩玉为度，上有双衡，下有双璜、冲牙，玭珠以纳其间，琚瑀以杂之'"可相合。（图3）

关于汉代玉器，他主要依据出土汉剑玉饰阐述汉代玉器主要品类。

这是我国学者第一次全面梳理自新石器时代至汉代的中国古玉发展史，并将殷商玉器放进这个历史框架内予以审视和评价，阐述了殷商玉器的主要特点、在古玉发展史上的作用与地位。虽然其依据的资料有限，分析也很初步，但抓住了关键点，其结论富有启发性。

只是，当时中国考古学正在起步阶段，考古发现有限，郭宝钧所据资料不免片面，其结论不免有缺，有的论述不免失当。如：谓殷商玉器"实以装饰玩好为主"，显系纯以数量为论据之偏见，殷商玉器以礼器为主体，乃后来考古发现证明之历史事实；说秦汉玉器"转趋于剑饰刚卯带钩之属"，不知汉代玉器中璧璜诸器仍皇皇大观，因而为后来的考古发现所完全否定。

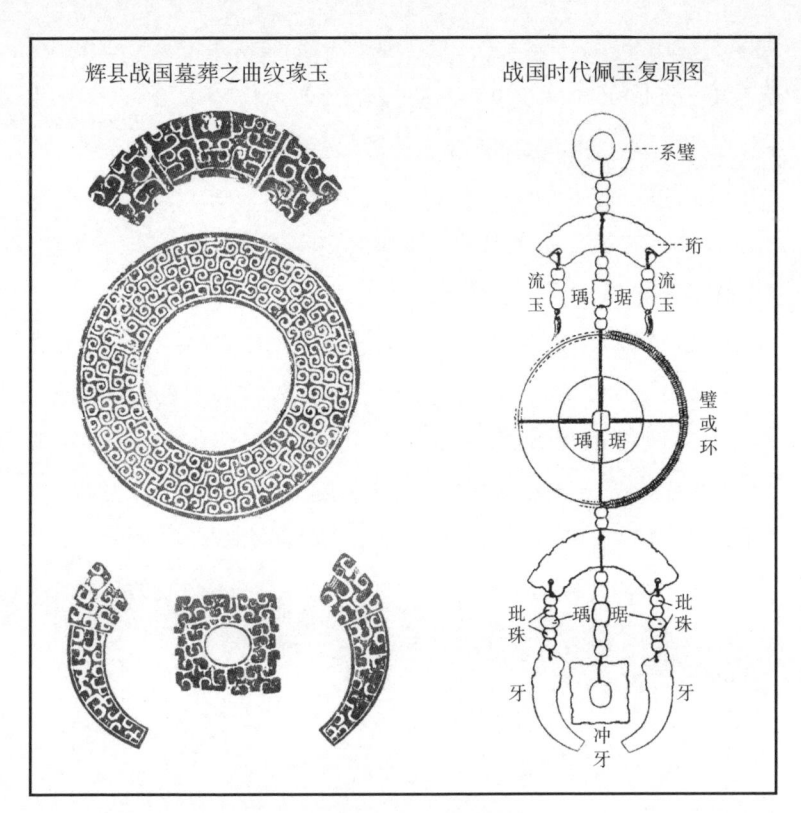

图3 郭宝钧《古玉新诠》战国佩玉图

郭宝钧是熟读经书的考古学家,在面对中国古玉庞大的学术体系时,在方法论方面表现出自己的纠结和矛盾。他在论述东周玉器时指出"此时玉器自玉器,文献自文献,分之两真,合之两舛",这是从考古实践中总结的认知,即出土玉器与同期文献记载不能相符。可他又说:"虽然《周礼》言玉,纵不必果为事实,亦自有其一贯主张,得其钥则迎刃可解,否则郢书燕说,隔靴搔痒耳。"依据这一理念,他认为《周礼·大司徒》中"以土圭土其地",即以玉尺度地(封域),代表封域之广狭,引《周礼·大司徒》"以土圭之法测土深,正日景,以求地中……",

注曰"凡日景于地,千里而差一寸",说"一寸千里,即九章算术之勾股,借直角三角形相似比例,以御高深广远,有近世测量术之含义"。然后他据此举例说:"试以土圭投景法推之,设于同一节候,在同一地点,其投景之长短,与其所树之表为正比,表长景长,表短景短。制圭时若以景晷为准,树表为名,则等差自见,而命名亦定。其表拟山镇(或旗常)之高者谓之镇圭,其表拟桓楹之高者谓之桓圭,其表拟人身之高者谓之信圭,其表拟鞠躬之高者谓之躬圭,其表拟禾谷之高者谓之谷璧,其表拟蒲草之高者谓之蒲璧。……山高于楹,楹高于人,信高于鞠,躬高于禾,禾高于蒲,则其圭自有尺二、九寸、七寸、五寸之差。"并绘有图示。(图4)其说只是为圆《周礼》之说,却毫无征信,考古实践中从未发现这种成套的"列圭"。他还更进一步推论道:"若以土圭推六器,亦属同源。"说璋、璜、琮均为测量日影之具,试图为《周礼》赤璋礼南方、玄璜礼

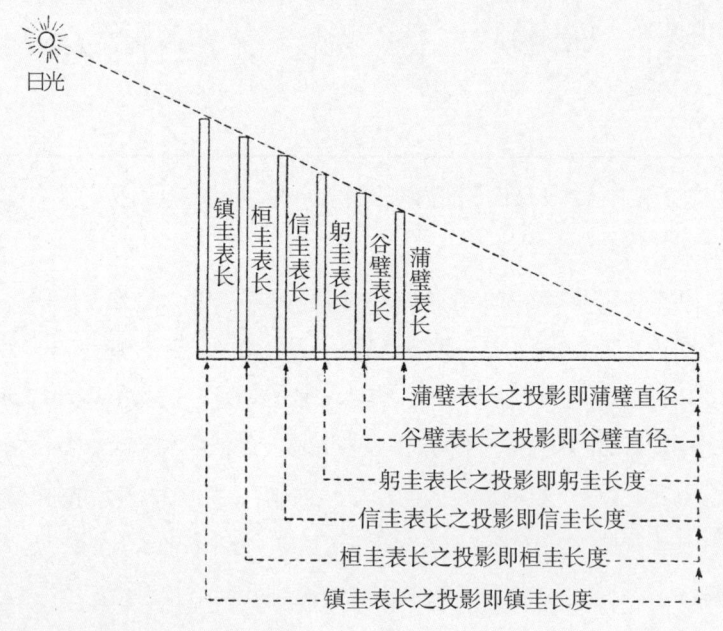

图4 郭宝钧《〈周礼〉六瑞命名推测图》

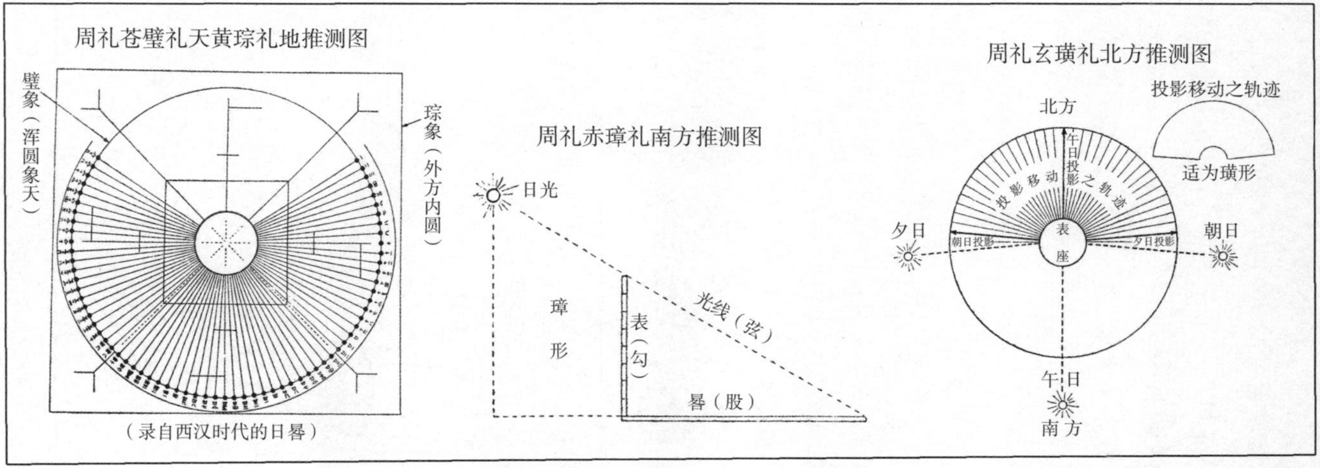

图 5 郭宝钧《璧琮璋璜礼四方推测图》

北方、苍璧礼天、黄琮礼地说寻找"科学依据"。（图5）然而以之验之于自己发掘的辉县M75，郭宝钧发现"不尽相合"，只能推脱说"知《周礼》所载，半习俗而半理想未尽实行之文也"。他最后总结说："文献所载玉名，细绎之皆有所根，得其根则名用意义，皆有脉络可通，但不必胶柱于全似，若必以后世观念整齐划一之，使实物将就文献，或文献曲解实物，两无当也。吾故曰'分之两真，合之两舛'。"以考古实际否定了《周礼》"理想之文"，也不枉花费如此大篇幅讨论"六瑞"之原真。

至于认为玉琮的前身本是织机上面用于"持综翻交"的木质构件，玉璇玑则是织机横轴两端的"机牙"——所谓"滕花"，（图6）已经远离了考古实际。后来江浙和山东史前文化等考古发现证明这只是无稽之谈。

郭宝钧该文具有鲜明的矛盾性、两面性。他努力树立以考古资料为

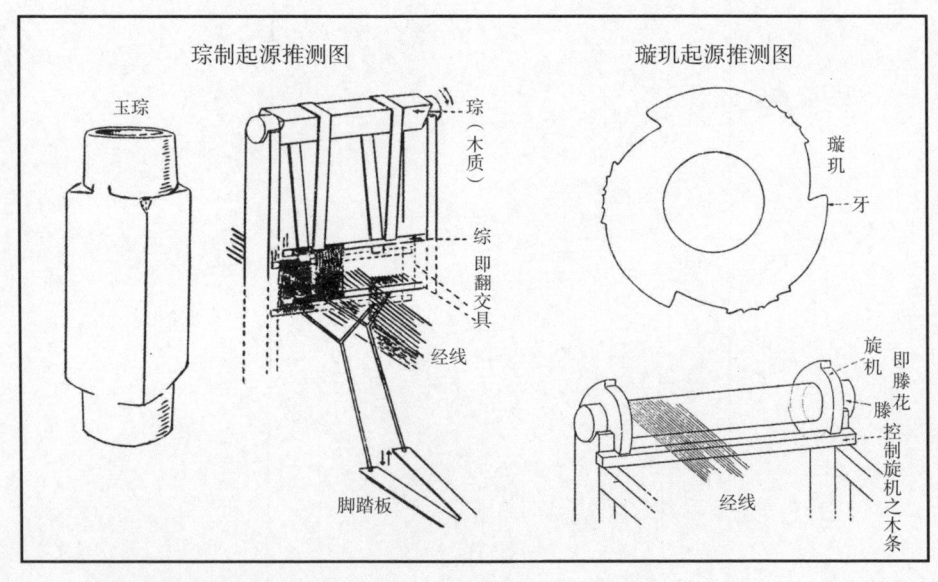

图6　郭宝钧绘《玉琮、璇玑起源推测图》

出发点的科学思想，揭示传统古文献有关记载的非历史事实性，但又无法摆脱古文献的羁绊；他的正面，是考古学基础版，而其背面则是金石学改良版。因此该文可以作为中国古器物学从金石学向考古学转变的中间环节之典型，也是中国古器物研究从传统金石学向现代考古学转变的第一步。该文纵因历史发展阶段所限，存有许多不足，然其科学思想和创新意识，依然散发着新时代学术光芒！

三、夏鼐商代玉器研究新方向

1981年，夏鼐发表《有关安阳殷墟玉器的几个问题》，[13]讨论问题包括中国古玉质料、中国古玉原料产地、中国古玉料采集问题，其实可以概括成一个问题，就是中国古玉原材料问题。

首先，夏鼐讨论了"玉"的概念，指出中国古代将一切有光泽的美石，皆称作玉。而现代矿物学上的玉，是指软玉（Nephrite，主要成分是硅酸钠锰，硬度6—6.5，比重2.55—2.65）、硬玉（Jadeite，主要成分是硅酸钠铝，硬度6.75—7，比重3.2—3.3）两种矿物。现在我们日常所说的玉，便有广义和狭义两个概念："广义的仍是泛指许多美石，包括汉白玉（细粒大理石）、玉髓（石髓）、密县玉（石英岩）、岫岩玉（蛇纹石，包括鲍文石）等；狭义的或比较严格的用法，也是专指软玉和硬玉。"在正规学术场合下，我们应采用矿物学定名。

中国古玉材料产地问题，夏鼐指出：我国使用的硬玉（辉石类，近代称为翡翠），大约清乾隆年间始从缅甸和云南输入北京。

中国境内的软玉（角闪石类）产地主要是新疆和田，商代是否已传入中原尚不可知。西伯利亚贝加尔湖附近也出产软玉，虽有殷商玉料来自此处的说法，却也难以确认。中原出产的玉，有陕西蓝田玉、河南南阳玉。偏远地方有酒泉玉、岫岩玉。

殷墟玉器研究代表性成果综理与评述（代序） —15—

蓝田玉最早见于《汉书·地理志》记载，后来蓝田是否产玉竟成疑案。夏鼐曾获得一块蓝田玉石，经专家鉴定是变质岩，白色、灰色部分是大理石，绿色部分是"菜玉"——成分以硅、镁为主，属于蛇纹石化透辉石（Diopside），接近岫岩玉。

南阳玉（独山玉）属于硅酸钙铝，与前述硬玉、软玉皆不相同。据科学检测，南阳玉是变辉长岩，比重3.29。夏鼐认为殷商玉器中有些应该是南阳玉，但还需要作科学鉴定。

酒泉玉是蛇纹石，即含水硅酸镁。

岫岩玉也是蛇纹石，硬度一般为2.5—4，其中鲍文石硬度高达6，接近软玉。

河南密玉（即夏鼐所说密县玉）属于沉积变质石英岩。河南淅川玉属于绿泥石岩，比重2.66，硬度5。

各种不同的玉石含有不同的元素。学术界试图根据微量元素区别不同玉石、追寻各自矿源之努力，应是解决玉料来源的希望所在。夏鼐认为："殷周时代中国玉器的产地问题还有待于进一步深入探讨。新的考古发现和地质矿产调查，玉料的显微结构和所含稀有元素的分析，这些工作不断地进展，使我抱有希望，这问题终于会解决的。"

关于古代玉料采集，夏鼐引述有关记载，说古时主要有山料、水料两种，推测殷周玉器"似乎大部分都是利用砾石形的玉料加工而成的"。

关于商代玉料问题，该文虽然并未做出有价值的推断，但文章对"玉"的概念的廓清、对中国境内玉矿的梳理，在古玉研究方面具有积极意义。对于古玉矿料的关注，实际上彰显了古玉研究的一个重要方向，即通过矿物学调研解决矿料问题。

1981年，夏鼐在其《汉代的玉器》[14]文稿中，首次就古玉名称和用途的研究方法问题，做出比较详细的阐述。他说："研究古代玉器的名称和用途，主要是两种不同的方法：一种是经生的方法，另一种是考古学的方法。前者由传世的经书中,尤其是'三礼'(即《周礼》《仪礼》和《礼记》)中,找出可能是玉器的器物名,然后依照汉代儒生的注释,结合器物名的字义或字源,推想出古代玉器的形状,例如宋代著《三礼图》的聂崇义(十世纪中叶)将玉璧描绘上几丛蒲草或禾谷便算是蒲璧和谷璧。到了清代末年,古代玉器出土日多,吴大澂大大改进了这种方法。他是一位有古器物学者倾向的儒家学者,所以他能够根据传世的或新出土的古代玉器,利用实物以考证经书中著录的各种古玉的形状,也便是用'三礼'等经书和汉儒注释以考证玉器实物的名称和用途。他对于古玉研究的贡献是很大的。""考古学家所用的方法,在这一方面是比较保守的,也便是说,比较谨慎的。它的出发点是发掘工作中所遇到的玉器。他们根据这些玉器在墓中或地层中的位置,以及它们的形状,然后参考传世品的玉器;他们又搜集文献资料中有关的记载,先考定这些记载的史料价值,然后把它们同实物相结合,最后可以定名的加以定名,并推测它们的用途。现下不能确定的,暂且存疑,不作结论。"

夏鼐对古玉研究两大"门派"的总结,具有非常重要的学术意义。不仅厘清了"经学派"的发展脉络,还解释了"考古派"的基本思路和做法,比较出二者之异同优劣。

1982年,夏鼐撰成《商代玉器的分类、定名和用途》,[15]主要利用妇好墓玉器资料,从考古学角度论述商代玉器的分类、定名和用途问题。这是一篇在商代玉器探究方法论方面颇具影响力的文章。

首先,夏鼐重申了古代玉器研究之基本方法问题。他认为,《周礼》是战国晚年托古之作,编者将先秦古籍记载和人们口头流传的玉器名称及其用途收集在一起,再在某些器名前加上形容词使之成为专名,然后把它们分配到礼仪中各种用途中去。这些用途,有的可能有根据,有的是依据字义和儒家理想硬派用场。经过这样的增减编排,便形成一个"礼玉"系统,这可能便是《周礼》"六瑞"名称和用途的来源吧。而汉唐人注释《周礼》，有许多是望文生义，有的甚至完全是臆测。至于宋代《三礼图》等描绘的周代礼玉，大都是根据汉唐诸儒的注释，加上自己的想象而复原出来的，本不足为信。清代学者吴大澂著《古玉图考》，利用当时所见古玉器，对照《周礼》古书进行考证。相比前人，其方法确实大有进步，可称之为"吴大澂式经学家方法"。可惜这种方法经常出现牵强附会之错误。

夏鼐倡导说，古玉研究之科学方法"应改而采用考古学的方法，充分利用现已由考古发掘所累积的大量资料。我们的出发点是发掘工作中出土的玉器，然后再参考传世品和文献。（我们把那些）可以定名的，即用古名，如果古名找不到，可以取一个简明易懂的新名。用途不能确定的，可以暂且存疑，不作决定。用这种方法研究古玉，虽然已做的工作还不多，但是方向是正确的，前途很有希望"。

关于商代玉器分类。夏鼐将其划分为礼玉、武器和工具、装饰品三大类。

所谓礼玉，是指璧、琮、圭、璋、璜、琥"六瑞"。（图7）夏鼐指出，

图7 夏鼐"六瑞玉"图
1.璧 2.琮 3.圭 4.璋 5.璜 6.琥

东汉石碑上刻画的《六玉图》(图8)，"是汉人依据'三礼'经书和汉儒的注释而加以想象绘成的。商代也有相类或近似的实物，但是商代叫什么名称，已不可知。至于它们在商代的用途，根据考古发掘的证据，似乎并不是像'三礼'所说的那样；也没有发现它们成为一组出现"。

关于这六种礼玉，夏鼐逐一做了分析：第一，所谓环和瑗，实际上都是璧，因为考古发现的此类玉器，肉、好比例并无一定规则，与《尔雅》所说璧、环、瑗之肉好固定比例并不相符。所谓玉瑗是人君援引大臣登升台阶的玉器的说法，完全是望文生义、强作

图8 汉碑《六玉图》

联系之说。商代墓葬中玉璧多见于死者胸部或腰侧，可能是悬挂身上的装饰。有领玉璧则可能用作手镯。出自车马坑中的小型璧，可能用作系连各物之链环。牙璧（璇玑）并非天文仪器，其实也是装饰物。异形璧——古器物学家称为"戚璧""璧戚"，不是瑞玉，应属武器类。而玉玦，实为有缺口的璧，为耳饰或佩饰。第二，玉圭，指主体作扁平长方形、下端平直上端呈等边三角形的玉器。妇好墓出土的8件所谓玉"圭"都不能叫圭——标本950号虽然形制似圭，但柄不明显，"实际上是武器类的戈"。但殷墟小墓出土有石圭、璋，从形制看既非武器亦非佩饰，"可见商代的圭、璋不是贵族们所用的礼器"。《周礼》所记各式玉圭（如大圭、青圭、谷圭、琰圭等），概念不清，汉儒注释又多望文生义，不可据信。汉儒郑玄释《周礼》"圭璧"为"圭，其邸（柢）为璧"，即外缘有圭

殷墟玉器研究代表性成果综理与评述（代序） —19—

形突起之璧，其实先秦时代并无这样的玉器。所说玉圭——前端三角形、后端齐平之规整的长条形玉器，在商代十分罕见。第三，玉璋，其形制"半圭为璋"。殷墟小墓出土较多石璋，有的前端磨薄似刃但不锋利，有的根本无刃，所以并非武器，也不像是瑞玉。至于刀形端刃器之"牙璋"，实属无实用功能之兵器。第四，玉琮，即中央为圆孔、外周四方形的玉器。汉儒或以为钝角八方，或以为直角四方，汉碑《六玉图》中有五角、八角、十角（八角琮见图8）各形。就出土时位置和数量看，"似乎并不像是帝王祭祀天地的礼器"。第五，玉璜，一般两端各有一孔。商代玉璜多是由璧环类改制而成的，素璜是璧的二分之一、三分之一或四分之一，可以拼合为璧，也可以单独用作佩饰。第六，玉琥，汉儒都以为是虎纹或虎形的玉器，说"它以白虎的身份，用以礼西方，以虎符的身份，用以发兵"。夏鼐把玉雕虎当作琥，认为"虎形玉器，有孔的可称虎形玉佩，无孔的当为玩器或陈列品，可称玉虎"。"它们属于装饰品类，并不作为发兵或祷旱之用，也不是仪礼中使用的瑞玉。"

所谓武器和工具，指具有锋刃的玉器。夏鼐依照器型和功能，将商代锋刃器分为五类：一、尖头端刃器，如矛、戈、镞等；二、平头端刃器，如斧、锛、凿、铲等；三、斜直端刃小型器，如刻刀；四、长条边刃器，如刀类；五、刀形端刃器，形体通常较大（笔者注：所谓"牙璋"）。刀形端刃器在殷墟已经罕见，战国人编撰《周礼》时不可能见到，也就不会将其纳入礼玉或瑞玉中。它们"不会是在朝会时执在手中的圭"，"它的古名和用途，我们最好承认我们还不清楚"。

装饰品分为两大类：第一类是实用品，但亦精致美观，如柄部作动物形的刻刀、柄形器、梳子、匕、扳指、纺轮、觿，还有手镯、发笄、耳玦、坠饰、串珠；第二类是艺术品，有的有孔，可佩戴；有的有榫或卯眼，当是插件；无孔无榫卯者可能是陈列品。

此外，难得一见的玉雕容器，如妇好墓玉簋、玉盘"可能是祭祀时用的礼器，但不是'瑞玉'"。

夏鼐此文宗旨，是要为"商代玉器的分类、命名和功用的研究，指出一条新途径"，即抛开是非难辨的古文献记载，摒弃"过去那种以不可靠的文献资料或博物馆和私人藏品作为出发点的旧作法"，转从考古发现入手，以考古发现的遗迹、遗物为出发点，适当参考文献，就出土实物的形制、功用分析，得出合乎客观实际的结论。这种考古学研究方法，是"前途很有希望"的正确方向。

从学术史上讲，该文（包括《汉代的玉器》）确实是继李济、郭宝钧之后，主张运用考古学资料、考古学方法进行古代玉器研究的代表作。该文对于当今中国考古界有很强的影响力，以至于很多考古报告、论著都采纳、支持该文观点。笔者认为，夏鼐此文具有古玉研究的"革命性"，因而具有学术指导意义。但就今日殷商考古研究成果而言，该文也还存在一定局限性，有的观点还有商榷之余地。例如：

概念含混不清。夏鼐说"本文的'礼玉'，并非泛指在礼仪中所用的一切玉器，而是专指璧、琮、圭、璋、璜、琥这六种玉器，也可称为'六瑞'，便是六种'瑞玉'的意思"。

"玉瑞""六玉"等概念出自《周礼》。《周礼·春官宗伯·典瑞》："典瑞掌玉瑞、玉器之藏，辨其名物与其用事，设其服饰：王晋大圭，执镇圭，缫藉五采五就，以朝日。公执桓圭，侯执信圭，伯执躬圭，缫皆三采三就，子执谷璧，男执蒲璧，缫皆二采再就，以朝觐宗遇会同于王。诸侯相见亦如之。瑑圭、璋、璧、琮，缫皆二采一就，以覜聘。四圭有邸，以祀天、旅上帝。两圭有邸，以祀地、旅四望。祼圭有瓒，以肆先王，以祼宾客。圭璧，以祀日月星辰。璋邸射，以祀山川，以造赠宾客。土圭，以致四时日月，封国则以土地。珍圭，以征守，以恤凶荒。牙璋，以起军旅，以治兵守。璧羡，以起度。驵圭、璋、璧、琮、琥、璜之渠眉，疏璧琮，以敛尸。谷圭，以和难，以聘女。琬圭，以治德，以结好。琰圭，以易行，以除慝。大祭祀、大旅，凡宾客之事，共其玉器而奉之。大丧，共饭玉、含玉、赠玉。凡玉器出，则共奉之。"郑玄注曰："人执以见曰瑞，礼神曰器。瑞，符信也。服饰，服玉之饰，谓缫藉。""驵读为组，与组马同，声之误也。渠眉，玉饰之沟瑑也，以组穿联六玉沟瑑之中，以敛尸，圭在左，璋在首，琥在右，璜在足，璧在背，琮在腹，盖取象方明，神之也。"贾疏云："人执之则曰瑞，即下文镇圭之等是也；礼神曰器，则下文四圭之等是也。"

在这里，礼玉分为两大类，即玉瑞、玉器。礼玉有三大功用：人们参加礼仪活动（政治性）所持之玉——各种圭、璧、璋、琮，谓之玉瑞；祭祀天地神明和祖先所用之玉——圭、璧、璋等，谓之玉器；婚丧活动也使用圭、璋、璧、琮、琥、璜等"六玉"。

夏鼐既强调以考古发现为出发点，又试图拼凑《周礼》"六瑞"，透露出内心的传统文献影响存在于不经意间。其实商代的"六瑞"——最常见、最核心的玉礼器——不一定是六种，应该从考古实际（遗迹、遗物和文字材料）中去梳理、归纳，而不是用考古出土品去填充古代礼书"六玉"之数。夏鼐所绘"六瑞玉"图中，琮在殷商时代并非常见、流行器类，标准（按夏鼐标准）的玉圭和玉璋几乎并不存在（即便确有个别标本，也不是常见器型），而图示所谓琥，是妇好墓第409号标本，为圆雕玉虎，是象生艺术品，与几何形礼器并非同类。其实，夏鼐自己也说琥"是最后加入瑞玉类"，妇好墓出土的圆雕或浮雕虎形玉佩，"属于装饰品……不是仪礼中使用的瑞玉"。如此，除却琮、圭、璋、琥，其"六瑞玉"便被掏空了。

性质判别依据不准确。在判别玉器功能性质时，首先关注玉器出土时的状态——位置、组合、形态，这是对的。夏鼐在讲到玉璧时即指出："大孔的璧环类玉石器在新石器时代墓中便已出现，有的套在死者的臂上，当是作为手镯之用；有的放在胸部或腰侧，可能是悬挂在身上。商代墓中的璧环类多出于死者的胸前或腰侧，其用途可能也是如此。"然而，我们今天根据考古现场（墓葬）所见玉器分布情况，实际上并不能准确区别"玉瑞"与"玉器"及"敛尸"之玉，甚至不能准确辨识礼玉与佩玉。因为墓主人生前使用的"玉瑞""玉器"，也可以带进墓葬中；"敛尸"所用之玉，与佩玉也难从出土位置加以分别。

技术路线存有短板。正如前述，仅仅依靠田野现象，并不足以正确、准确判定商代玉器的功用性质。夏鼐在谈及礼玉时说，"商代也有相类或近似的实物，但是商代叫什么名称，已不可知"，于是只好存疑。其实，除了田野发掘中的遗迹现象，还有其他途径可以探讨殷商玉器功用问题，如甲骨卜辞和铜器铭文中有关玉器之记录，便是解开玉器功用谜团之一种密钥。这方面工作已有一些学者做过讨论，颇有成绩，不赘述。[16] 夏鼐忽视了殷商甲骨卜辞和青铜铭文也是玉器研究的重要途径，从技术路线上讲，便出现短板。李济曾说："我们就可以承认'璧''环'和'瑗'在周以前早就形成了！但甲骨文字中显然并没有这些名称。"[17] 他已经注意到运用甲骨文材料探讨玉器名称问题，只是囿于甲骨文研究深度不够，还未发现这些玉器名称。

分类过于粗疏。将商代玉器分作礼玉、武器和工具、装饰品三个类别，难以全面、准确涵盖殷商时期丰富的玉器种类。

归类多有不当。按夏鼐所说，各式玉璧皆系装饰品，既然如此，将璧列为礼玉之首，显然不当。将牙璧、戚璧、玦归入璧类，亦属不当。

在阐述武器类玉器时，夏鼐说"武器有许多只作仪仗之用，不是实用物，但是仍要算作武器"，并将玉戈列为武器之首。既然是没有实用价值的仪仗器具，就已经从实用武器中分离出来，物性发生根本转变。正如有学者研究指出，殷商时期的玉石戈，就是所谓"圭"，[18] 在殷墟甲骨文中写作"中"（表纳柲之玉戈），或省作"个""〇"（表无柲玉戈），在殷墟玉文中写作"戌""圣"。玉戈在殷商玉礼器中占据最重要位置。[19]

同样,将玉钺、玉戚(包括璧戚)视作广义斧类,并将它们与锛、凿、铲一同归属工具,与这类玉器自新石器时代以来即已脱离生产工具而成为礼仪用器之考古学事实不符。把妇好墓第552、553、583号标本归入斧类,但又说它们"表面刻花纹,当非实用物"。

把"边刃器"中梯形刀(夏鼐将其与二里头多孔梯形刀归为同类)列入工具类,是因为它们"保留边刃",其实所谓的边刃,圆钝无锋,并无实用功能。

"小型的扁平玉斧,是否也可称钺,似仍是一个问题。两侧射出齿牙状扉棱的钺,吴大澂称它为戚,实际上这并没有根据。"根据古文字学家研究,殷商时期的这种玉钺,确实名叫"戚"。[20] 笔者进一步考证说玉戚装柄称戚,无柄叫琡,均为礼器。[21]

一些在生活中具有实用价值的玉器,无论其造型和纹饰具有多强的装饰性,皆不宜划归装饰品。如玉刻刀、匕,无论具有何种装饰,都是实用器,即为工具或用具。梳子、发笄,虽然有装饰性但还是用具。扳指乃"挽弓用的"射具,与弓矢配套可列为武器。至于所谓纺轮,如果真是纺线工具,自然不宜放在装饰品类。柄形器更不是装饰品。

四、安阳考古队的殷墟玉器研究

中国社会科学院考古研究所安阳工作队(以下简称安阳考古队)长期负责殷墟考古工作,因此对于殷墟考古的方方面面多有比较权威的研究,譬如出土玉器研究。

1. 郑振香、陈志达《殷墟妇好墓》等

1980年,郑振香、陈志达执笔的《殷墟妇好墓》出版,[22] 公布了

妇好墓出土的865件（按：此处报告有误，纯玉器应为752件，另有2件铜玉结合"金镶玉"，合计754件，加石器63件、宝石器47件，总计864件）宝玉石器（一些穿孔玉髓圆片和玉器碎块没有计入在内）资料，按玉器、石器、宝石器三类分别介绍。

玉器综述部分说玉器皆属软玉，色泽以绿色为主，包括墨绿、茶绿、黄绿、淡绿等；黄褐、棕褐色次之；白色、灰色、黄色很少；黑色只有4件。其类别大部分是青玉，白玉、青白玉次之，黄玉、墨玉、糖玉又次之。上述玉器皆为新疆玉料。有3件器物近似岫岩玉，1件器物可能是独山玉。矿料属性方面，有3件小型白玉雕品被鉴定为新疆籽料；根据有部分青玉带有玉皮和"石根子"，推测当时"可能采掘接近地面的玉矿"。

关于玉器品类，按用途分为6大类：（1）礼器，占玉器总数的23.2%，包括琮、圭、璧、璇玑、环、瑗、璜、玦、簋、盘等10种。（2）仪仗，占比7.1%，包括戈、矛、戚、钺、大刀。一般无使用痕迹，大多数雕琢比较精细，"这些器物大概都作仪仗之用，而非实用的武器"。（3）工具，占比9.8%，包括斧、凿、锛、锯、刀锥、铲、镰、纺轮。其中锯、镰和某些小刀有使用痕迹，可能是实用器。部分刻刀、纺轮也宜于实用。而斧、凿、锛和部分小刀、铲等，制作精美，无使用痕迹，"大概都是象征性的"。（4）用具，占比1.2%，包括臼、杵、调色盘、梳、耳勺、匕等生活用具，大多是实用器。（5）装饰品，占比56%，品类较多，大致包括用作佩戴或镶嵌的饰物（动物或人物形象），用作头饰的笄，臂饰类的镯，衣服或器物上的坠饰，佩戴的串珠，圆箍形饰物和其他杂饰等。另外，少量玉雕人物、动物既无穿孔也无榫卯，"推测可能是供玩赏的艺术品"。（6）杂器，占比2.2%，器座形器、拐尺形器，用途多不清楚。

妇好墓出土石器63件，石料有大理岩、石灰岩、泥质灰岩、砂岩、泥质砂岩、碳酸盐岩、石髓、蛋白石等。大理岩多用作礼器和各种精致动物雕品，石灰岩和泥质灰岩多用作磬和工具，砂岩都用作磨石，石髓则全被雕成小圆珠。按功用，大致分为礼器、乐器、工具、动物雕品、装饰品和杂器6大类。礼器包括豆、盂、瓿、觯、罍、罐、器盖和壶形器；"罍、壶形器、罐和器盖形制都较小，不宜实用，可能是'弄器'"。乐器只有磬一种；工具包括铲、锤、杵、磨石；动物石雕包括牛、熊、虎、鸱鸮、鸟、怪鸟、蝉。"刻'司辛'二字的牛，可能是祭祀品；鸱鸮可能是建筑上的装饰品；一件大石蝉大概是艺术品。"装饰品主要指石珠和石柄形饰；杂器只有2件用途不明的管状器和穿孔石球。

宝石器指绿晶、玛瑙、绿松石、孔雀石制品，分为装饰品、艺术品、其他3类。

我们知道，妇好墓是商代青铜器宝库、玉石器宝库，单一墓葬出土玉石器数量至今保持殷墟考古第一名。因此，对于妇好墓玉石器的研究，在很大程度上推动了殷墟玉器研究，也代表了殷墟玉器研究的一个新高度。

该书作者坚持考古学研究方向，即运用考古学方法分析研究考古发掘材料，同时引进自然科学手段为辅助（1983年本书再版时收录了张善培《安阳殷墟妇好墓中玉器宝石的鉴定》，更加系统地展现了矿物学研究成果），不纠缠于古文献中关于礼玉的各种记载。作者依据功用进行玉石器分类的做法，有别于李济依据形制进行玉石器分类之方法。虽然都属于"类型学"研究，但分类标准不同。相比之下，李济的方法似乎更偏重客观性，郑、陈的方法则带有更多主观性。毕竟，玉石器的功用辨别，存有一定的见仁见智之不可确定性。而且，其分类方案中有一些不合理性。如：所说玉"礼器"包含传统学说之礼器和新出现的容器，玉"仪仗"则指由石兵器蜕变而来、无实用价值的"武器"。按传统学说，这些"仪仗"大多也是礼器，早在夏代甚至更早时候便跻身礼器行列，而甲骨卜辞等考古新材料也证明戈、戚（璈）、钺等属于礼器范畴；玉工具中有一些无使用痕迹，被认为"都是象征性的"，归入工具显然不当；

至于小型"璧"形玉器是否为纺轮，玉柄形器是否为装饰品，都还可商榷。

1982年，《殷墟玉器》出版。书中附有郑振香、陈志达合写文章《近年来殷墟新出土的玉器》。[23]

这是第一篇比较全面地论述殷墟考古出土玉器的文章。文章首先回顾了我国自新石器时代至商代早期玉器的考古发现概况，为殷墟玉器文化传统溯源做了必要铺垫；然后就殷墟出土玉器的玉料、器类、分期、文化现象等进行分析阐述。

文章指出，妇好墓出土部分玉器（约300件）经过科学鉴定，结果表明大部分系软玉，大体上都是新疆玉。其中以青玉为主，白玉较少，其余为青白玉、黄玉、墨玉、糖玉等。另有3件器嘴，近似岫岩玉，1件玉戈可能是独山玉。此外，还有少量硅质板岩、大理石岩。妇好墓玉器中有3件小玉雕，系新疆籽料玉，表明籽料的采矿方式由来已久；妇好墓器中不少带有玉皮和"石根子"，推测当时能够采掘地下玉矿。

根据田野考古资料，在小屯村北发现的两座小型房子，出土有制作精致的玉石器，大量砺石、锥形半成品石器和大理石残圭，应是"磨制玉石器的场所"，由此可推测殷墟出土的"大部分玉器应是殷人制造的"。作者又根据个别玉器刻铭分析认为殷墟"亦有某些方国向殷王室贡纳的"玉器。

作者根据对实物的观察，结合传统说法，将殷墟玉器分为礼器（大琮、组琮、圭、璧、环、瑗、璜、玦、璋、簋、盘等）、仪仗（戈、矛、戚、钺、大刀）、工具（斧、凿、锛、锯、刀、铲、镰、纺轮）、用具（臼杵、调色盘、梳、耳勺、匕、觿）、装饰品（包括佩戴、插嵌的饰物，笄等头饰，钏等腕饰，衣服坠饰，佩戴的串珠，柄形饰，圆箍形器）、艺术品（圆雕动物等）、杂器（扳指、玉链、玉玲等）7大类40多种。

作者指出，殷墟玉器中蕴含若干富有历史价值的信息。如：小屯M18出土的朱书玉戈，反映了殷商与有关方国曾发生战争；妇好墓出土的玉人，对于研究当时人的坐姿、衣冠、发式及其反映的性别、阶层颇具意义；玉器中的龙凤和怪鸟形象，反映了殷人的思想观念、艺术成就，大量动物雕刻品，可用于研究当时的动物种群。

目前出土的殷墟玉器，时代包含了从殷墟早期到殷墟晚期整个历史过程。在动物造型方面，早期常见鹦鹉和其他禽鸟，多作站立状。晚期则罕见鹦鹉，禽鸟多呈俯卧状；工艺特征方面，早期玉器纹饰大都双线阴刻，晚期则为单线阴刻；"俏色玉"在早期罕见，但至殷商末年，已相当流行。

根据已有殷墟玉器资料，作者梳理出《古玉图考》《邺中片羽》等书里所著录的传世文物，可能属于殷商时期。

该文立足于作者亲自发掘的妇好墓出土玉器，全面吸收已有研究成果，从考古学角度对殷墟玉器的品类、功用、分期、工艺特点、历史文化信息等，阐述了自己的意见。文章完全回避了传统《礼》书和汉儒对于中国古代玉器的形制、功用之描述与解释，一切从田野实践和出土实物出发，同时注重自然科学手段的运用。

实际上，该文的主要内容与《殷墟妇好墓》玉器部分高度重合，研究方法和观点基本一致，存在问题也基本一样。

《殷墟玉器》一书中，还附录有夏鼐《有关安阳殷墟玉器的几个问题》、赵铨《绚丽多彩的殷代玉雕艺术》。夏鼐文章前文已有讨论，赵铨文章主要从造型艺术、装饰艺术和雕琢艺术方面审视殷墟出土玉器，对其艺术成就和特点分析阐述。该文的发表拓展了殷墟玉器研究领域。

郑振香还有一篇《殷墟玉器渊源探索》的文章，文中指出殷墟玉器的文化渊源，直可追溯到二里头文化玉器，保存了更早时候的良渚文化、山东龙山文化玉器因素。[24]

陈志达执笔的《殷墟的发现与研究》一书第八章中"玉器""石器""宝石器"等3节，[25]全面回顾和梳理了殷墟玉石器的发现和研究成果。在

"玉器"一节，关于殷墟玉器的色泽、矿料，大体沿袭了在《殷墟妇好墓》中的阐述；关于琢玉工艺，其详细度和全面性远超前书，如指出选料、用料有缜密考虑，造型丰富多彩、精细入微，花纹匀称协调、线条流畅，可见殷人已熟练掌握了镂空、钻孔、抛光等技术。文中总结说，每件玉器的制作，需要经过选料、开料、造型、琢纹、钻孔、抛光等工序，殷人熟练运用各种工具、水和研磨砂。关于玉器类别，除了此前提出的礼器、仪仗、工具、用具、装饰品、杂器，书中新立"艺术品"类，系从原"装饰品"中分离出来的，指不宜用作佩戴和插嵌之器物。其他各类玉器，大都稍微扩充了玉器种类，如仪仗类增加了玉镞，装饰品类增加了冠饰，杂器类增加了马具；也有少数玉器的品类作了调整，如将牙璧（璇玑）、璜、玦、柄形器改列为装饰品，这是重大而重要的调整。（图9）

关于石器，陈志达将其划分为礼器（容器：鬲、簋、豆、碗、瓿、盂、罍、觯、尊、壶、罐、盘、皿、俎等；非容器：璧、璋）、乐器（磬、埙）、仪仗与武器（戈、戚、钺、镞）、生产工具（斧、凿、锛、钻、刀、镰、铲、锤、纺轮、磨石、弹丸）、用具（臼、杵、门臼、调色器、石轮）、装饰品（牙璧、璜、笄、珠、柄形饰、梯形饰、方形坠饰、石雕（人物、动物）、杂器等。（图10）

宝石器主要是装饰品和艺术品。

在此，陈志达有个基本认识，即宫殿区和其他地方出土的大量石刀，表明"殷代的农业生产工具仍以石质的为主"。其说与此前发掘者认为此类石刀为治骨工具（刮磨之具）相悖，也与石刀主要出土自手工业作坊和工匠墓葬之考古学事实不符。另外，石柄形器应是礼器，石笄似宜归入用具类。尽管如此，此书关于殷墟玉石器分类，是迄今所见最系统、最科学之方案。

后来，陈志达在其《殷墟玉器的玉料及相关问题》[26]一文中，回顾了殷墟玉器玉料研究史，引述各家观点而笃信殷墟"玉器中有较多和田

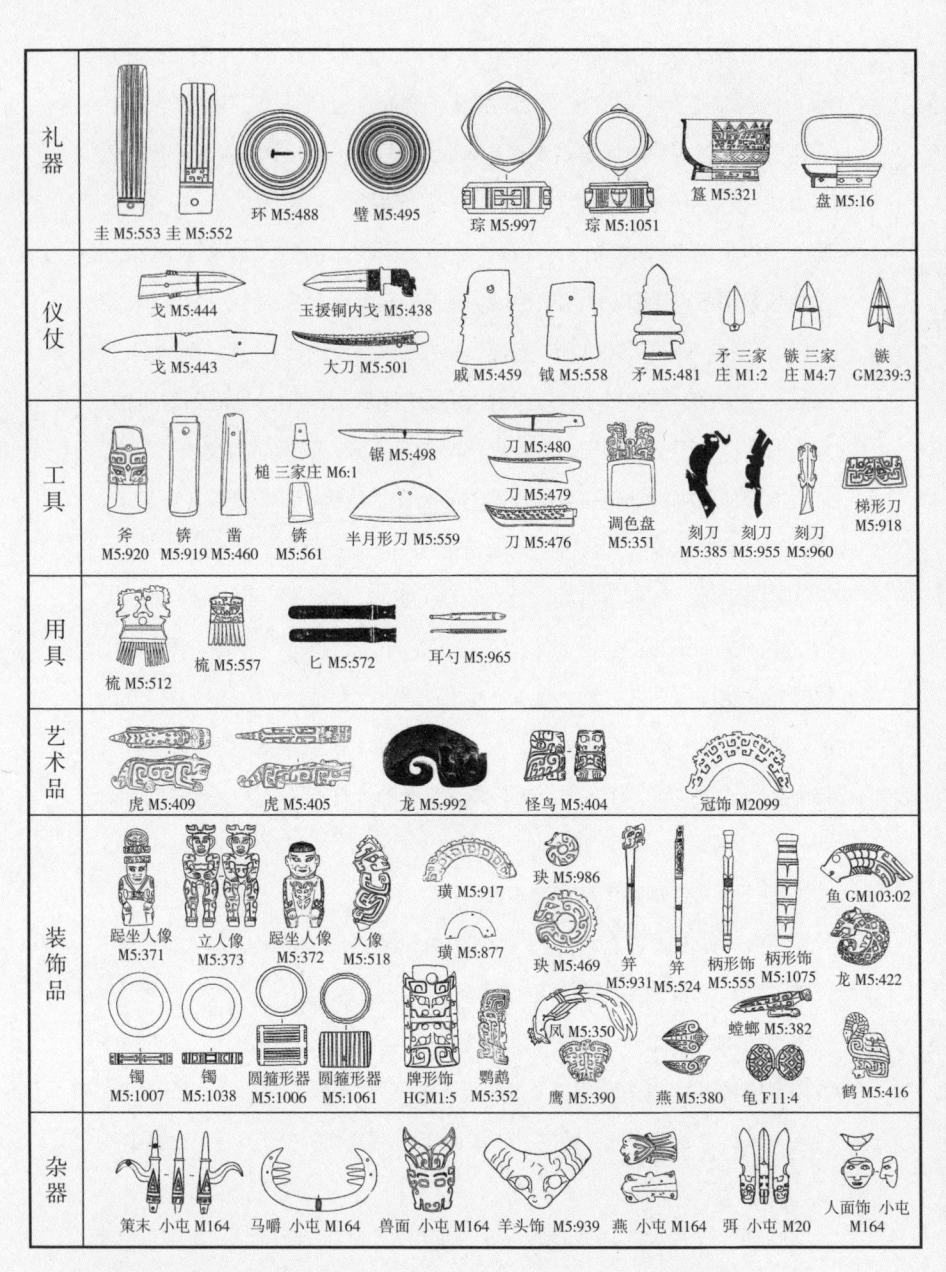

图 9　陈志达"殷墟玉器分类图"（根据《殷墟的发现与研究》绘制）

礼器	璧、璋、琮等，鬲、簋、豆、瓿、盂、罍、觯、尊、罐、盘、皿、俎等
仪仗武器	戚、钺、戈、镞
乐器	磬、埙
工具	斧、锛、凿、钻、刀、镰、锤、纺轮、网坠、砺石、弹丸
用具	臼杵、门臼、调色器、石轮等
雕像	各种人物、动物
杂器	用途不明，无传统名称
装饰品	牙璧、璜、笄、柄形饰、梯形饰、方形坠饰

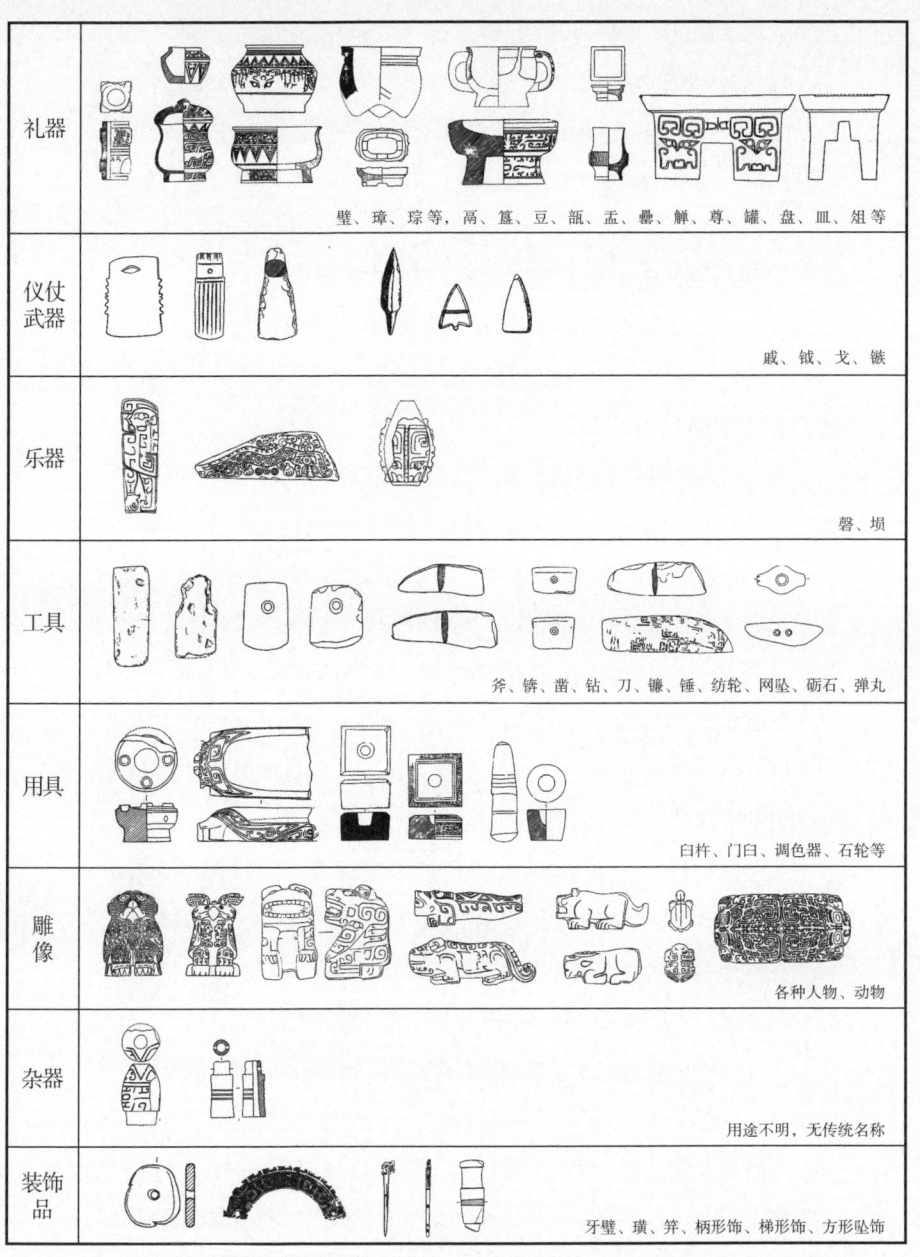

图10 陈志达"殷墟石器分类图"（根据《殷墟的发现与研究》绘制）

玉",其实真正比较有分量的证据只是闻广先生在全国第三届科技考古学术讨论会提交的论文《中国古代玉器研究新进展》中,提到妇好墓玉雕羊头(M5:364)"其颜色、光泽、显微结构与昆仑羊脂白玉非常相似,而羊脂白玉为昆仑所特产"。

2. 徐广德、何毓灵《安阳殷墟花园庄东地商代墓葬》

2007年,安阳考古队出版《安阳殷墟花园庄东地商代墓葬》(徐广德、何毓灵执笔),[27]公布了花园庄M54出土的230件玉石器资料。该书有几个特点值得关注:

该墓的发掘者、报告编撰者高度重视出土玉器的多学科结合研究,邀请加拿大英属哥伦比亚大学人类学系荆志淳博士就M54出土玉器作地质考古学分析研究,邀请杨建芳师生古玉研究会会长陈启贤先生对M54玉器进行工艺技术显微观察研究,邀请郑州大学刘新红对石磬做了测音和分析研究。上述三项与玉石器相关的研究均有研究报告附于书后。

作者坦承,其所认为的"玉器"只是肉眼观察认定,未经地质学鉴定。至于哪些器物是真正的"玉",玉料来自何方,作者期望通过与其他学科学者的合作予以解决,前提是只能进行无损鉴定。

关于器物名称,作者称这是个"困扰学术界多年,至今仍未有效解决"之难题。因此只好"参考、沿用以前的报告特别是殷墟此前的发掘报告。至于这种命名方法在多大程度上反映了事实,我们则把握不大。而且这种命名方法,多是描述性的,并不代表其真正的功能"。

关于器物分类,作者同样主要参考和沿用已有发掘报告的惯例,但他指出:"玉器的分类,最好依据其功能。但如上述,由于玉器的特殊地位,它在古代文化中,有着特殊的社会功能和意义……在一定程度上,玉器是当时人们身份、地位的象征,不同类型的玉器,用在不同的场合,有着不同的社会、宗教及精神意义。"在此前提下,作者将该墓玉器分为礼器（圭、琮、璧、环、玦、璇玑）、兵器（钺、戚、矛、戈）、工具（刀、觿、纺轮）、装饰品（镯形器、箍形器、璜形器、兽形饰、笄、鹅熊等象生饰件、坠饰、管状串饰）、杂器（柄形器、镞）共5类。石器有钺、戚、磬、刀、调色器等，未予分类。

　　关于玉料来源，作者本着实事求是的精神，只做力所能及的介绍和综述。如其玉色有青、褐、牙黄、乳白、深灰、墨绿等，一般都有杂斑和沁色。同类器物玉色大致相近，也许使用了同批材料。至于料源尚难确认，只能说"不同器类其材质相差较大"，有的纯净温润，有的几近石质。礼器、仪仗类玉器选材明显好于其他器类。

　　重视多学科综合研究，正视学科现状，不做无益推测，客观阐述现象，凡此皆值得称道。就目前而言器物分类已臻周详，只有部分器物归类尚可斟酌。如：玦、璇玑是否应为装饰品，所谓兵器是否多属礼器，柄形器、镞归入杂器妥否，等等。

3. 荆志淳等《M54出土玉器的地质考古学研究》

　　荆志淳、徐广德、何毓灵、唐际根联合署名的《M54出土玉器的地质考古学研究》，[28]公布了荆志淳等采用近红外光谱仪对M54出土玉器检测分析的结果。笔者注意到，该文题目中没有使用"检测报告"而是采用"地质考古学研究"之表述，表明作者旨在依靠地质学手段探讨考古学问题，而非简单地进行矿物学鉴定。从内容看，该文首先就"玉的矿物学概念和性质""玉器的矿物学鉴定和溯源研究""近红外光谱分析玉器矿物的原理"等问题做了总括性介绍，这是本项研究的基础。其核心内容有两项：其一，M54玉器矿物鉴定结果及其讨论；其二，玉料来源及相关问题。

　　笔者认为，这是一篇古玉研究方面的重要文献。其重要性在于：

　　作者荆志淳同时具有考古学和地质学之学术背景，且曾长期扎根殷墟从事考古研究。徐广德、唐际根、何毓灵皆为殷墟考古队成员，对于殷墟文物考古了解颇深。他们的合作，可以说是殷墟出土玉器研究的最佳组合，基本上避免了古玉综合研究中考古学与地质学的"两层皮"现象，可以很好地开展地质考古学研究。

该文的闪光点，至少有以下几点：

（1）相关概念的厘清。古玉溯源，包括玉器来源和玉料来源两个方面。

（2）科技手段的运用与说明。古玉研究（包括其他文物研究）往往有盲目信从"科技"之现象，只要冠之以"科技"的帽子，似乎便是科学、可信的。其实，任何科技手段都具有两面性、局限性，其正确操作运用是十分复杂的。荆志淳等对于所采用的近红外技术和仪器设备做出介绍，更不遗余力地就操作与分析之思路、过程加以说明，读者可以由此走进其思想程序，辨别其结论是非。古玉本身的千差万别，决定了古玉质料鉴定并非熟练操作仪器、准确读取和比对数据这样简单。

（3）学术思想和理念。古玉材质鉴定和矿料产地研究，要有良好的考古基础，即"一定要整合到古玉器的考古分析中（包括出土的层位和空间关系，器物的类型、工艺技术、时代和区域风格）"；同时还要注重古玉器的"物质性研究"，因为"它的质地、来源、形制、使用的社会和文化背景，还有器物本身的历史（biography）包含了各种的社会关系，及其所反映的社会和文化结构"。

（4）学科整合与综合研究。文中根据光谱检测结果，将M54玉器的矿物组成分为NpⅠ、NpⅡ、NpⅢ三组，其质地分为A、B、C、D四类，其中A、B类是主体（A类占玉器总数42.2%，B类占43.4%，同属与镁质大理岩相关的软玉），C类占6%，D类占8.4%（见该文表四）；并给出了各种材质与各种器类之间的对应关系。在此基础上，文章对相关玉器的时代和文化属性进行了讨论，指出在玉矿料制品中，石斧 M54：578 系迪开石，形制特殊，不见于殷墟以往考古发现中。此器出自 XZ13 号殉人身下，应系殉人随葬品，"这件石斧出土的位置和比较特殊的形制与其非玉质地是相称的，可能反映了殉人的身份"。石戚 M54：367 为叶蛇纹石，其形制与玉戚 M54：320、M54：360 相同，属"外来的或早期遗留的形制"，推测是外来品（非本地风格）或仿制品（非本地风格或早期风格）；连带推测玉戚 M54：320、M54：360 亦为传世品或外来品（或传世、外来品之仿制品）。玉戚 M54：314，质地为 NpⅡ型软玉，刃部呈多边形，与其他玉戚的弧状刃显然不同，形体更小，基本无次生变化，"推测 M54：314 也可能是外来品或传世品"。

玉琮 M54：349，质地虽然是 NpⅠ型软玉，但在光谱主元模型中，孤立于同类甚至其他种类玉器，因此"很大可能是通过某种手段获得的'外来品'，而且是时代要早得多的旧器"。至于玉玦 M54：327、M54：368、M54：371，其质地与 A 类器物质地相同，但形制近似红山文化玉玦，因此"它们是'红山玉器'的仿制品，而不太可能是'外来品'或'传世品'"。

属于 NpⅢ型软玉的几件器物（兽面饰 M54：387，玉管 M54：550、M54：316 等，玉觿 M54：347 等），在光谱主元模型中自成一群，器型也比较特殊，"也有可能它们是外来品"。

通过光谱分析，作者发现器物类型与质地之间的关系有两个重要现象：一是武器工具形器物和有领玉璧，几乎全是 B 类质地，而动物饰和 B、C 型玉管及杂器，几乎都是 A 类质地。二是 B2 类器物普遍出现次生变化，多数通体受沁，其他各类器物却很少或没有发生次生变化。

（5）学术反思与正本清源。关于殷墟玉料来源问题，作者首先回顾了研究史，指出殷墟玉料来自新疆和田的观点并非科学结论，很多只是目验所见，皆不可视作"结论"。如果只是根据肉眼观察或不适当的物理、化学测试，而忽略器物自身特征和出土环境背景，便笼统推定玉器来源，这是不科学的。他主张"在研究玉料来源问题时，首先保持严谨的科学态度，在不损坏器物的前提下，对出土玉器尽可能进行系统的观察和测试分析，同时不断累积现代软玉的分析数据，建立可信的数据库。还有，我们必须注重玉器物质性（materiality）的分析，也就是说我们应该努力探讨器物形制、类型、使用历史、玉料质地、来源之间的相互关系及其反映的文化内涵和社会关系"。

凡此皆为有益探讨，显示出古玉研究中地质矿物学分析与考古地层学、类型学紧密结合之学术优势。

我们可以认为，该文具有很重要的正本清源、引领风骚之学术意义，也是地质考古学研究之范文。[29] 但碧玉有瑕，兹举一二。

作者推翻了出土古玉"按功能分类"的习惯做法，认为这种分类法"是简单地将器形等同于其功能"，指出"同一形状的玉器，随着时间的变化和文化的差别，其功能和用途会不同。例如殷墟所出土的璧、琮，很大可能是新石器时代遗留下来的'旧器'，在良渚文化、陕西龙山文化、齐家文化中，璧、琮很可能是重要的礼器，可是在商代晚期的殷墟，至少我们没有任何可信服的考古学证据，显示它们是礼仪活动中所使用的器物"。"玉器之社会和文化性质及其使用的研究，应该以考古的材料为基础，而不是用晚期文献资料作为研究的出发点。"基于以上考虑，荆志淳调整了M54出土玉器的分类方案，将其改为：（1）武器、工具形器；（2）环形器；（3）动物饰；（4）柄形饰；（5）玉管；（6）其他。他强调"这里所用的器物名称只是描述性的，没有喻指它们所反映的用途"，但是很显然，这种分类法之标准为多元而非一元，在力避根据功能分类的前提下，还是不经意间采用了功能分类——如"动物饰"已将其定性为装饰品，在指出柄形玉器"不太可能仅仅是一种简单的装饰品，更可能是商人日常生活中具有祭祀（ritual）或礼仪（ceremonial）性质的器物"的同时，依然将其单列一类为"柄形饰"，显示出这种分类法在逻辑上的缺陷。

其实按照《安阳殷墟花园庄东地商代墓葬》的玉器分类法,将质地类型与器物类型关联对比（参见该文表一、二）,也会发现规律性现象:绝大多数礼器（包括所谓"兵器"）和大部分装饰品的质地是A、B类,C类质地只有"兵器"类玉戚和装饰品类玉管,D类质地只有少量用具和装饰品。其中A、B类质地玉器主要是殷商时代风格,可能主要是当地产品。C类质地玉戚中,M54:314的扉牙飘逸灵动,富有"介"字冠形韵味,显然有别于同墓其他玉戚而接近二里头文化玉戚,表明其制造年代早于殷墟时期,可能并非当地制品；M54:320是一件"改制器",原器带有边孔,推测应是长梯形玉刀,器身遗留有解料时的凹槽,其顶部残孔为两面钻,凡此皆为早于殷商之特征,但其扉牙特征与同墓其他玉戚扉牙相同。由此可见,这两件"另类"玉戚,其初始制造时间都早于殷商时代,这证明这种玉器分类法确有其合理性。

至于指斥殷墟玉器分类法"是简单地将器形等同于其功能",有所不公；说"殷墟所出土的璧、琮,很大可能是新石器时代遗留下来的'旧器'",在良渚文化、陕西龙山文化、齐家文化中,璧、琮很可能是重要的礼器,可是在商代晚期的殷墟,至少我们没有任何可信服的考古学证据,显示它们是礼仪活动中所使用的器物",此言过于武断。殷墟玉璧是新石器时代遗玉并无坚实证据；殷墟玉璧发现在祭祀现场（丙组基址一号建筑夯土中瘗埋两枚玉璧）、甲骨卜辞中有用璧祭祀之记载,都可证明当时玉璧为礼器。

五、杜金鹏等的妇好墓玉器研究

2015年,笔者组织启动"殷墟妇好墓出土玉器研究"项目,该项目属于中国社会科学院"创新工程"项目"中国文化遗产科学体系创新研究"之"出土玉器科学研究"课题,在此基础上,通过扩展科研队伍、拓宽研究内容、加强研究力度,2016年申请并获立国家社科基金项目"殷墟妇好墓出土玉器综合研究"(16BKG003),2018年出版项目研究报告《殷墟妇好墓出土玉器研究》,[30]2022年2月通过结项验收,评定级别为"优"。

本项目之学术目的,一是摸索跳脱原有的考古、文物、艺术、科技等单科研究范式,实现人文社科、自然科学和艺术三大领域若干学科的有机结合;二是通过多学科的合作对出土的玉器进行检测、分析与研究,分别从玉器的矿物学研究、治玉工艺研究、次生变化研究、社会背景研究、社会功用研究、艺术成就研究、历史与传承研究、影像资料库建设和研究成果社会传播等诸方面,对妇好墓出土玉器进行全方位梳理、研究、总结;三是为出土玉器数据库建设提供基础支持;四是为公众关注的古玉鉴定科学化问题,摸索一条可行之路。

本课题价值既在于其探索完善出土玉器新型科研模式之创建,即多学科综合研究,引入最新科技手段,人文社会科学与自然科学方法互补互证;又进一步提升妇好墓玉器乃至商代玉器研究水平,为我国早期文明发展研究、早期"玉石之路"探索奠定坚实基础,并为古玉研究数据库建设做好铺垫。

本项目研究成果包括:

1. 关于殷墟玉器的发现和研究

殷墟遗址考古发掘获取玉器近5000件。关于殷墟玉器研究,以往主要集中于分类、定名、功能等方面。殷墟玉器研究还涉及历史文献学、考古学文化、原料产地、制作工艺、次生变化、用玉制度等方面。

2. 关于迁台殷墟玉器研究

以殷墟王陵区出土玉器为代表的迁台殷墟玉器共 500 余件，可分为礼器、仪仗（或武器）、工具、用具、装饰品、艺术品及杂器七大类。

商人重视鬼神的观念在殷墟王陵出土玉石器中有所反映。簋、盘、豆、尊、碗、罍、盂、琮、玉柄形器、俎、石磬等器物，应是祭器。大理石虎首人身虎爪形立雕、石虎首人身爪形立雕等，很有可能是商人所崇拜的神。礼器中的玉石钺、戚、刀、戈等，都是玉兵之类，是礼仪用器。商代玉石器与新石器时代的玉石器有着源流关系。

3. 关于殷墟丧葬用玉制度初探

受限于研究理念方法和资料公布程度，长期以来殷墟玉器的研究焦点集中在玉器本身，如分类和分期研究、地质学和矿物学研究、特定器类研究、工艺美学研究等，鲜有对使用制度的探讨。近年来，有学者关注到玉器背后反映的社会状况，并进行了区域性考察，但未有对整个遗址跨时段的全面统计。本项目系统研究了殷墟遗址自发掘以来公布有详细资料的近 2000 座墓葬，从横向等级特征与纵向时代特征两方面对殷墟丧葬用玉制度进行尝试性探索。

对殷墟遗址近 2000 座墓葬的统计分析表明，殷墟时期丧葬用玉已经形成一定制度性规范。从等级特征看，殷墟丧葬用玉存在四大集团，彼此界限清晰，随葬玉器的比例、数量和类型各有特色，丧葬用玉的制度化过程主要通过高等级用玉集团的资源集聚和器类垄断实现。从时代特征看，殷墟文化二、三期时第三、第四用玉集团形成各自器类组合，是殷墟遗址丧葬用玉制度化的关键时期。

4. 关于妇好墓玉器的发现与研究梳理

妇好墓出土玉器 754 件，种类包括礼器、仪仗器、工具、装饰品和生活用器等，以装饰品的数量最多，其次为礼器、工具、仪仗器，生活用器比较少。

妇好墓出土玉器是我国单个墓葬出土玉器数量最多的，为研究商代的制玉工艺、用玉制度、玉器功能、玉器文化等提供了不可多得的材料。

目前学界对妇好墓玉器大致从玉料、器物风格用途和文化归属等几个方面进行了研究。

玉料基本上是透闪石软玉，有3件近似岫岩玉，1件为独山玉，其产地大多为新疆和田一带的河谷中。制作工艺上使用了阴线刻、阳线刻、镂空、钻孔、浮雕、圆雕、俏色、抛光等技法，已使用砣子之类的工具。在选料和用料上经过缜密考虑，善于利用玉料的自然形态，设计出比较切合的题材。纹饰可能有设计图。

5. 甲骨文与古文献所见殷商玉文化

商代甲骨文有大量关于玉的记载，表明以玉为礼器和饰品的制度与风习在商代已经形成。甲骨文中与玉相关的物品与事务很多，大多与祭祀、礼仪、贡纳等有关。甲骨文中所见到的玉器有"玉""珏""琡""戚""戈""圭""璋""瓒""璧""珥""琅""琮""鼓""玗"等种类。

玉器在商人的政治生活、宗教生活和日常生活中都起着重要作用，为后来的用玉制度和礼俗奠定了基础。

6. 关于制玉作坊研究

在对殷墟宫殿区的考古发掘中，考古人员发现一些与玉石手工业作坊相关的遗迹、遗物，证明宫殿区内曾经存在着制造玉石器的专业作坊。

殷墟宫殿区发现的玉器作坊遗址，包括1975年在小屯村东北地发现的半地穴式建筑F10、F11，1984年在小屯村西北地发现的地穴式建筑H94，它们都有作为玉石加工场所的直接证据；2004—2005年发现的"玉料坑",是宫殿区贮存有大量玉石原料的直接证据。

7. 关于玉工墓葬研究

安阳殷墟铁三路发现的墓葬2006ATSM89,共出土各类随葬品48件,铜觚圈足内有铭文"🐦",铜爵上有铭文"🐦"。玉石器共有36件,其中12件为软玉,13件为大理岩,此外还有蛇纹石、白云岩、伊利岩、细砂岩、泥岩、辉绿岩等。该墓随葬玉器有以下几点值得特别注意:其一,有未完工器物;其二,有制作过程中残损的器物;其三,有制作玉器的工具。发掘者认为这是一座玉工墓。

在小屯西北地发现的两座墓葬,也可能与玉石制造者有关。M7死者头旁整齐摆放11块磨石,头前有2件孔雀石雕制的龙首形佩饰。M11随葬有16件玉器和一些零散的绿松石片。墓葬随葬了大量精美、珍贵的玉石器,同时还有大量磨石等生产工具,却不享有一件青铜礼器,似乎表明其身份并不具备使用青铜礼器的社会地位。

8. 关于玉料材质研究

我们对妇好墓出土的168件玉器运用拉曼光谱仪和红外光谱仪进行检测,对其中59件器物进行了静水密度测试,80件器物进行了硬度检测。其中,透闪石占绝大多数,为151件,比例近90%。其次为大理岩11件,比例为6.5%。其他材质包括玛瑙、白云母、石英岩、孔雀石、蛇纹石,数量各为1—2件,所占比例非常低。礼器类玉器并非全部采用透闪石,大理岩也占有一定比例。比如戈、圭、簋等习见的礼器中都可看到这一迹象。对于大理岩石材的特别重视,是出于某种特殊信仰(比如颜色崇拜)还是仅仅因为此种石材的易获取性,有待于将来更进一步研究。对于原报告中认为是岫岩玉及独山玉的4件标本,此次研究特意进行了检测,其中的3件玉管为白云石大理岩,非岫岩玉。M5:14玉戈为方解石大理岩,非独山玉。

9. 关于燎祭现象研究

据殷墟甲骨文记载，商王朝燎祭时常用玉器作为祭品。殷墟妇好墓出土的玉鹦鹉（M5:993），考古人员采用拉曼光谱、红外光谱、X-荧光光谱和扫描电镜等方法，对其进行了细致的无损分析，结果显示该件玉器材质为含铁 1.2% 的淡绿色透闪石；黄白色区域的材质为透辉石，且自外而内含量逐渐降低，表明这一黄白色区域是透闪石经加热相变而成；而褐黄色区域的材质虽仍为透闪石，但其结构因受热而遭到了一定破坏。以上结果显示该件玉器随着加热温度由低到高，颜色由淡绿色先变为褐黄色再褪色变为黄白色，这一转变特征与低铁透闪石的人工加热模拟实验过程是一致的，验证该玉器的局部确实经历了加热过程，而这极有可能是玉器在火燎祭祀仪式中局部受热的结果。

10. 关于玉器加工技术研究

（1）微痕 SEM 分析

本项目选择 4 件片状玉器、2 件圆雕玉器为研究标本，依微痕复制原则，开展硅胶印模复制和微痕 SEM 分析。对这 6 件玉器的观察和分析，可初步判断殷墟晚商玉器除了继承二里头文化先进的锯片切割技术，还产生了新变化，主要包括以下几点：

第一，大型锯片切割技术显著减少，但玉器开片技术仍以锯片切割技术为主，切割工具应是由硬度较高的石质材料制成，因此殷墟晚商的片状玉器以器型平整端庄为主流；第二，切割技术在玉器的二次加工方面的应用相对较复杂，存在两类技术：锯片切割技术、某种细窄的线状工具携带解玉砂进行切割的技术；第三，殷墟晚商时期玉器切割技术中所使用的解玉砂发生了明显变革，解玉砂硬度较高，粒度小而匀。

（2）立体显微镜观测

对妇好墓玉器钻孔的显微观测，以及将之与新石器时代至春秋时代玉器钻孔特征对比研究，可对探索制玉工具改进对制玉工艺的影响有一定意义。

对妇好墓玉器的大量观测表明，不同时代制玉工具对钻孔孔径尺寸有直接影响。妇好墓玉器器孔孔径普遍大于3毫米；妇好墓玉人耳孔采取先用桯钻、再用平头磨具旋转加工而成的方法。妇好墓玉虎有U形钻孔即所谓"牛鼻孔"，角度分别是25°、27°，仅相差2°；深度分别为3.47毫米、3.49毫米，可见精度极高。

11. 关于遗玉的研究

在妇好墓玉器标本中，有28件早于商代的玉器，包括玦、勾形器、牙璧、钺、戚、琮、璧、柄形器、笄等，其文化性质和年代分别属于兴隆洼文化、红山文化、夏家店下层文化、齐家文化、陶寺文化、龙山文化和二里头文化。其中多数玉器经过了改制，而分解改制玉器对商代晚期流行的弧形玉器用玉传统产生了重要影响。对红山文化玉猪龙的模仿，还促使商代晚期出现玦形玉龙，其是复古玉器的典型代表。

12. 关于艺术造型研究

（1）整体分析

妇好墓玉器的艺术特点有三个：其一，造型丰富多变，包括礼器、仪仗、工具、生活用具、装饰品及杂器六大类，六大类下面又细分为40小类，足见玉器种类的多样性；其二，片雕为主，有一定数量的圆雕作品；其三，象生类玉雕多见伏卧姿势，其风格成因既有工艺方面的因素，亦有传统因素，同时与当时的社会环境、主流意识形态及工匠的创作灵感有着千丝万缕的联系。妇好墓玉器中，无论是几何形的玉器还是象生类玉器，都是特定环境下的产物，艺术风格的形成是材料、工艺和意识形态三者互动的结果，体现了艺术品生产过程中物质、技术、思想三者之间的复杂关联。对妇好墓出土玉器的分析，揭示出这种关联性，为深入研究玉器提供了有益参考。

（2）人物造像

妇好墓随葬的玉石器中，共有人像15件，包括玉人13件和石雕人像2件。据造型或人物的发饰、服饰及姿态的不同，其使用功能可分为祭祀类和装饰类两种。

红山文化人像对妇好墓人像有着多方面的影响，具体包括束发戴冠、坐姿、具有祭祀功能等。

13. 关于公众传播研究

公共考古的发展具备着多方面的社会意义，一方面是因为作为考古研究对象的古代文化遗产本身具有公共资源的性质，而另一方面则是因为科学普及工作是培养大众文化创新能力的重要途径之一。

央视媒体人跟随项目组全程拍摄研究过程，目睹了出土玉器的风采、考古人的严谨、现代科技的神奇，深深体会到古玉研究在公众传播中的特殊意义。古代玉器的综合科学研究，不但能够打破考古学与其他相关学科的界限隔阂，实现成果共享，在其传播的过程中，更能够有效推动我国公众考古事业的蓬勃发展。

本项目重要观点包括：出土玉器研究应从单一学科研究转变为多学科综合研究。既要重视宏观研究，也要重视微观研究。出土玉器研究不能"见物不见人"，要充分重视文物背后的人文研究，透物见人、见环境、见社会、见历史。出土玉器研究要走出学术象牙塔，向社会敞开双臂，欢迎社会力量参与，向社会公众分享，体现考古科研为人民服务。妇好墓玉器中包含一些前代遗玉，表现了中华文明多点起源、辐辏发展和中华文化一脉相承的特点。妇好墓玉器是研究商代礼仪制度的好材料，从中可以窥见先秦时代用玉制度之一斑。妇好墓玉器的工艺技术代表了商代制玉技术最高水平,其解料、造型、钻孔、雕纹、抛光均极为精致。殷墟时期的制玉业已经相当发达,不但有专业的作坊,还有专业技术人员和专门管理人员,均享有较高社会地位,甚至王族成员也从事制玉行业。

本项目以学术创新为目标,但达至目标的能力有限,因而存在一些缺陷与问题。

虽然科研队伍是按照多学科、多部门、跨地区原则组建,研究方法依照综合研究思路设计,但在工作实践中,相互之间的呼应、支撑水平并未达到理想高度,尤其是考古类型学研究、矿物检测分析、微痕观测研究、遗玉溯源研究之间的联系不够紧密,导致很多重要现象无解。考古学基础研究不强,生产工艺、次生变化、玉器料源等研究,还有进一步提升的空间。数字化成果还需强化。最遗憾的是,项目并未形成一个完整而系统的结论性成果,以至于研究报告诸领域成果间的关联显得比较松散。这与作为项目负责人的我在其中发挥的作用不够有直接关系,对于结项评审所获"优"评,我深感愧疚和不安。

六、结语

1. 殷墟玉器研究阶段划分

纵观殷墟玉器研究历史,从其学术思想、研究方法和手段方面,大致可将其划分为四个阶段。

第一阶段,殷墟发掘早期阶段,即抗战前殷墟发掘阶段。此期主要特点是,考古学理论和实践在中国学术界产生重要影响,古玉研究开始从传统的古器物学向考古学转变。考古类型学得以运用,玉料矿物学研究受到重视,甲骨文中有关玉的资料得到关注。但因历史环境之局限,考古资料尚不充分,地质学参与热情不高,甲骨文整理研究深度不够,多学科整合不理想,出土玉器研究处在初级阶段。

第二阶段，以殷墟妇好墓的发掘和研究为契机，殷墟玉器研究跨入新的历史阶段。在多学科结合方面，玉料鉴定得以实现，玉器工艺技术和艺术风格研究受到重视；玉器定名、功用、分类等考古学研究进展可喜。但因技术手段之限制，工艺技术分析尚嫌浅显，玉料鉴定或有损文物或不够科学，矿料溯源只是愿景。

第三阶段，花园庄 M54 的发掘和研究，代表了殷墟玉器研究进入更高阶段。无损检测技术的引入，可使全部出土玉器得到科学检测；微痕观测技术的运用，开辟了工艺技术研究新天地；更为重要的是，考古学与自然科学的紧密结合，几乎达到无缝衔接的理想地步，玉器研究的广度和深度都达到空前水平。这种科研思路和模式对于全国古玉研究具有引领意义。

第四阶段，在中国社会科学院"创新工程"和国家社科基金项目的推动下，妇好墓玉器研究展现了更加目光深远、层次丰富、手段先进的科研模式，从整个殷墟遗址的角度看待一座墓葬，从全遗址一群玉器的角度看待妇好墓一组玉器，从制造玉器的作坊看出土玉器实物，从甲骨卜辞探讨玉器功用，从同组玉器中分离出不同时代作品，从出土玉器认知商代社会，从文化遗产研究看到文化遗产价值提炼和传播，从而使玉器研究脱离了纯器物研究之轨道，把有形、物质的研究，升华为无形、精神的研究。

2. 殷墟玉器研究主要特点

殷墟出土玉器数量多、品类全、价值高、影响大，因此研究者众。但最重要的研究始终由考古学家所主导，其他学者的参与和贡献可谓锦上添花。

殷墟玉器的科学研究历史悠久，成果丰硕，几乎代表了中国出土玉器科学研究的全部历程和最高水平。

殷墟甲骨卜辞和青铜器铭文中所蕴含的玉文化材料，使得殷墟玉器研究获得前所未有之绝佳材料，是实物与文字相结合研究出土玉器的表率。

杜金鹏

2023年12月6日

注　释

[1] 李济：《小屯地面下情况分析初步》，中央研究院历史语言研究所：《安阳发掘报告》第一辑，1929年；李济：《小屯地面下的先殷文化层》，张光直、李光谟编：《李济考古学论文集》，页284—296，文物出版社，1990年，原载《学术汇刊》第1卷第2期，1944年；李济：《中国古器物学的新基础》，张光直、李光谟编：《李济考古学论文集》，页60—70，原载《台湾大学文史哲学报》1950年第1期。

[2] 李济《Anyang》李光谟中译本，转引自臧振华《李济与殷墟发掘：一个学术史的透视与省思》，李永迪主编《纪念殷墟发掘八十周年学术研讨会论文集》，页19—20，台湾"中央研究院"历史语言研究所，2015年。

[3] 李济：《小屯地面下的先殷文化层》，张光直、李光谟编：《李济考古学论文集》，页285，文物出版社，1990年，原载《学术汇刊》第1卷第2期，1944年。

[4] 李济：《殷商陶器初论》，张光直、李光谟编：《李济考古学论文集》，页311—320，文物出版社，1990年，原载中央研究院历史语言研究所：《安阳发掘报告》第1期，1929年；李济：《小屯陶器质料之化学分析》，张光直、李光谟编：《李济考古学论文集》，页321—337，文物出版社，1990年，原载台湾大学：《傅故院长斯年先生纪念论文集》，1952年；李济：《小屯·第三本·殷墟器物·甲编·陶器（上辑）》，台湾"中央研究院"历史语言研究所，1956年；李济：《小屯殷代与先殷陶器的研究》，张光直、李光谟编：《李济考古学论文集》，页338—372，文物出版社，1990年，原载《中央研究

院历史语言研究所集刊》第28本，1957年。

[5] 李济：《记小屯出土之青铜器·上篇》，张光直、李光谟编：《李济考古学论文集》，页547—623，文物出版社，1990年，原载中央研究院历史语言研究所：《中国考古学报》第3册，1948年。

[6] 李济：《殷墟出土青铜礼器之总检讨》，张光直、李光谟编：《李济考古学论文集》，页720—764，文物出版社，1990年，原载《中央研究院历史语言研究所集刊》第47本，1976年。

[7] 李济、万家保：《古器物研究专刊·第一本·殷墟出土青铜觚形器之研究》，台湾"中央研究院"历史语言研究所，1964年；《古器物研究专刊·第二本·殷墟出土青铜爵形器之研究》，1966年；《古器物研究专刊·第三本·殷墟出土青铜斝形器之研究》，1968年；《古器物研究专刊·第四本·殷墟出土青铜鼎形器之研究》，1970年；《古器物研究专刊·第五本·殷墟出土伍拾叁件青铜容器之研究》，1972年。

[8] 李济：《研究中国古玉问题的新资料》，张光直、李光谟编：《李济考古学论文集》，页55—59，文物出版社，1990年，原载《六同别录》中册，1945年。

[9] 李济：《殷墟有刃石器图说》，张光直、李光谟编：《李济考古学论文集》，页373—453，文物出版社，1990年，原载《中央研究院历史语言研究所集刊》第23本，1951年。

[10] 李济：《安阳发掘与中国古史问题》，张光直、李光谟编：《李济考古学论文集》，页796—822，文物出版社，1990年，原载《中央研究院历史语言研究所集刊》第40本，1968年。

[11] 李济：《殷墟出土的工业成绩——三例》，张光直、李光谟编：《李济考古学论文集》，页832—877，文物出版社，1990年，原载《台湾大学文史哲学报》1976年第25期。

[12] 郭宝钧：《古玉新诠》，《国立中央研究院历史语言研究所集刊》第20册下，1948年。

[13] 夏鼐：《有关安阳殷墟玉器的几个问题》，中国社会科学院考古研究所：《殷墟玉器》，文物出版社，1981年。

[14] 夏鼐：《汉代的玉器——汉代玉器中传统的延续和变化》，原系1981年墨菲讲座的讲演稿，后发表于《考古学报》1983年第2期。

[15] 夏鼐：《商代玉器的分类、定名和用途》，原系1982年9月在美国檀

香山召开的商文化国际讨论会上宣读的论文《殷代玉器》的中文稿，后发表于《考古》1983 年第 5 期改作此名。

[16] 徐义华：《甲骨文与古文献所见殷商玉文化》，杜金鹏主编：《殷墟妇好墓出土玉器研究》，科学出版社，2018 年；刘雨：《商和西周金文中的玉》，《故宫学刊》创刊号，2004 年。笔者在学者已有研究基础上，就甲骨卜辞和铜器铭文所见殷商玉器做了系列研究。目前已有玉、瓒、璧、璋、戚、琡、戈、琅、珥、弄、磬、俎等十余种玉石器名实考证文。

[17] 李济：《殷墟出土的工业成绩——三例》，张光直、李光谟编：《李济考古学论文集》，页 832—877，文物出版社，1990 年，原载《台湾大学文史哲学报》1976 年第 25 期。

[18] 考古学家根据在上村岭虢国墓地考古发现的 400 多件石戈中，其形制多有援、内不分而形似圭状者，认为"圭、璋可能即从石戈演变而来"（中国科学院考古研究所：《上村岭虢国墓地》，页 20，科学出版社，1959 年）；王辉从古文字演化角度认为：殷墟刘家庄石戈文字"戎"所从之"土"乃"圭"之本字，该字从戈说明圭与戈有渊源关系，有时戈就是圭。（王辉：《殷墟玉璋朱书文字蠡测》，《文博》1996 年第 5 期）；孙庆伟综合了众多西周时期考古发现说："根据戈、圭在器物形制、制作工序和出土位置上的相似性，可以判断两者其实是同一类器物，所谓的圭不过是省略了内部的戈而已。戈与圭异名同实，只是因为其使用场合不同而名称有别。""玉戈不可能用于实战，而当是礼仪用器。""当一件形状为'戈'的瑞玉完成后，为区别于其日常用器以示珍重，故被赋予新名而称为'圭'。"（孙庆伟：《周代用玉制度研究》，页 197，上海古籍出版社，2008 年）

[19] 杜金鹏：《殷商玉戈名实考》，《文物》2022 年第 7 期。

[20] 郭沫若最早提出"戉"为"戚"字说（参见于省吾主编：《甲骨文字诂林》，页 2422，中华书局，1996 年）；林巳奈夫认为是有柄玉戚的象形字（林巳奈夫：《中國殷周時代の武器》，页 153—154，朋友书店，1999 年）；林沄举小屯南地甲骨所见"戉"字与出土玉戚更加象形，指出"戉、戉、戉"是同一个字，确象一种有长柄的特殊钺形器。"戚是一种特殊形式的钺，即两侧有齿牙形扉棱的钺。"[林沄：《说戚、我》，《古文字研究》第十七辑，页 198—202，中华书局，1989 年；收入《林沄文集》（文字卷），页 81—89，上海古籍出版社，2019 年] 刘一曼说"甲骨文'戚'字作'戉、戉、戉'形，似安了木柲的玉戚"（刘一曼：《殷墟考古与甲骨学研究》，页 260，云南人民

出版社，2019年）；姚孝遂等说此字"象戈戉形，于卜辞均用为某种祭祀仪式之名"（姚孝遂、肖丁：《小屯南地甲骨考释》，页4，中华书局，1985年）。

[21] 拙稿《说琡戚》，待刊。

[22] 中国社会科学院考古研究所编著：《殷墟妇好墓》，文物出版社，1980年。

[23] 郑振香、陈志达：《近年来殷墟新出土的玉器》，中国社会科学院考古研究所编著：《殷墟玉器》，文物出版社，1982年。

[24] 郑振香：《殷墟玉器渊源探索》，油印本。

[25] 中国社会科学院考古研究所编著：《殷墟的发现与研究》，科学出版社，1994年。

[26] 陈志达：《殷墟玉器的玉料及相关问题》，台湾大学理学院地质科学系：《海峡两岸古玉学会议论文专辑Ⅱ》，台湾大学出版委员会，2001年。

[27] 中国社会科学院考古研究所编著：《安阳殷墟花园庄东地商代墓葬》，科学出版社，2007年。其书后所附附录十《M54出土玉器的地质考古学研究》，附录十一《M54出土玉器制作工艺显微痕迹探索》，附录六《对M54出土编铙、石磬的考察报告》为与玉石器相关的研究报告。

[28] 中国社会科学院考古研究所编著：《安阳殷墟花园庄东地商代墓葬》附录十，科学出版社，2007年。该文系由荆志淳主笔。

[29] 后来，荆志淳等在《商代用玉的物质性》一文中，对本文作了重申和拓展。见荆志淳、唐际根、何毓灵、徐广德：《商代用玉的物质性》，中国社会科学院考古研究所编：《殷墟与商文化——殷墟科学发掘80周年纪念文集》，科学出版社，2011年。

[30] 杜金鹏主编：《殷墟妇好墓出土玉器研究》，科学出版社，2018年。

| 目 录 |

一 引言 /001

二 玉石器称名 /013

三 玉石器材质 /051

四 玉石器型式 /083

五 玉石器分组与归属 /113

六 玉石器组合与功用 /131

七 玉石器等列 /193

八 墓葬与玉石器年代 /199

九 亚长族属与职业和职官 /209

十 遗玉、改玉、假玉与文化传承和交流 /245

十一　铜器和玉器的双轨制现象 /265

十二　周边墓葬及其与亚长墓关系 /271

十三　相关问题讨论 /281

后记 /294

图版目录

图版一　殷墟花园庄 M54（亚长墓）冒雪发掘场景 /001

图版二　殷墟花园庄 M54 随葬品出土现场 /001

图版三　殷墟花园庄 M54 棺椁内随葬品（自北向南拍摄）/002

图版四　殷墟花园庄 M54 棺椁内随葬品（自西向东拍摄）/003

图版五　殷墟花园庄 M54 墓室南部随葬青铜器和玉石器 /003

图版六　殷墟花园庄 M54 棺内随葬玉器 /004

图版七　殷墟花园庄 M54 玉珌、柲、圭出土状况 /005

图版八　殷墟花园庄 M54 墓主人腰部随葬玉器（玉熊、玉鹅、玉玦）出土状况 /006

图版九　殷墟花园庄 M54 棺内玉石器出土现场 /007

图版一〇　殷墟花园庄 M54 玉石器出土现场 /008

图版一一　殷墟花园庄 M54 墓主人腿部随葬玉石器（一）/009

图版一二　殷墟花园庄 M54 墓主人腿部随葬玉石器（二）/010

图版一三　殷墟花园庄 M54 出土文物清理和提取现场 /011

图版一四　殷墟花园庄 M54 发掘者与负责保卫工作的武警官兵 /012

图版一五　亚长遗骸 /013

图版一六　殷墟花园庄 M54 出土青铜方斝 M54:43 及其铭文 /014

图版一七　殷墟花园庄 M54 出土铜弓驸 /015

图版一八　殷墟花园庄 M54 出土青铜器 /016

图版一九　殷墟花园庄 M54 出土 B 型玉瑊 /017

图版二〇　殷墟花园庄 M54 出土玉石瑊、琮 /018

图版二一　殷墟花园庄 M54 出土玉璧、璋 /019

图版二二　殷墟花园庄 M54 出土玉圭、珹、笄 /020

图版二三　殷墟花园庄 M54 出土玉戈 /021

图版二四　殷墟花园庄 M54 出土玉矛、玉矢 /022

图版二五　殷墟花园庄 M54 出土玉珑 /023

图版二六　殷墟花园庄 M54 出土玉牙璧、玉璋、水晶环 /024

图版二七　殷墟花园庄 M54 出土玉璜 /025

图版二八　殷墟花园庄 M54 出土瓒玉和玉玦 /026

图版二九　殷墟花园庄 M54 出土玉坠饰 /027

图版三〇　殷墟花园庄 M54 出土玉缀饰和玉插饰 /028

图版三一　殷墟花园庄 M54 出土玉器銎、箍形器 /029

图版三二　殷墟花园庄 M54 出土玉鹅、玉熊、玉笄和玉管 /030

图版三三　殷墟花园庄 M54 出土戈缨玉坠 /031

图版三四　殷墟花园庄 M54 出土戈缨玉坠、玉管 /032

图版三五　殷墟花园庄 M54 出土玉策饰和玉管 /033

图版三六　殷墟花园庄 M54 出土玉石管 /034

图版三七　殷墟花园庄 M54 出土石器 /035

一 引言

（一）发现与发掘

2000年12月17日，安阳市花园庄村村民向中国社会科学院考古研究所安阳工作站报告说，有人于夜间在村东农田中盗墓，安阳工作站派人现场查看，果然发现有新鲜探孔。

被盗墓人盯上的地方，其实已经在此前的考古勘探中发现有一座大型墓葬，原本计划2001年春天土地解冻后进行发掘。鉴于当地盗墓行为猖獗，为防不测，安阳工作站决定立即展开发掘。

2000年12月17日，发掘工作正式开始，至2001年2月16日，历时50多天，发掘任务胜利完成。发掘结果表明，这是一座商代晚期的中型墓葬，保存基本完好，随葬品十分丰富，为殷墟考古史上少有的重要考古发现。（图版一至图版一五）该墓编号为2000HDM54（学术界通常称之为花园庄M54），因其出土青铜器上常见有铭文"亚长"二字，学术界便又称之为"亚长墓"。根据地层关系、出土文物组合及形制特点，发掘者推定该墓的年代为考古学上的"殷墟文化第二期"偏晚阶段，大约相当于商王祖庚、祖甲在位时代。（图1-1）

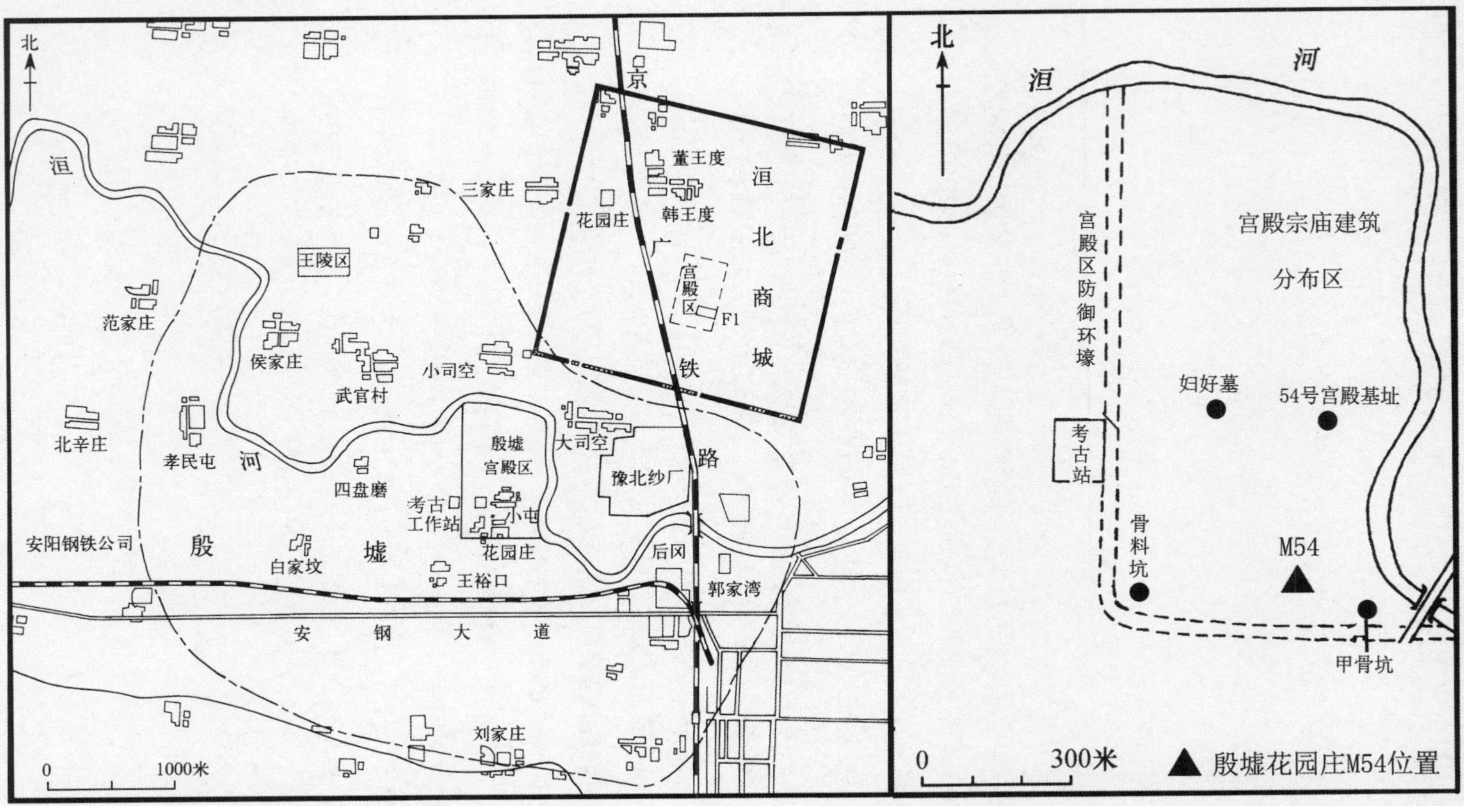

图 1-1 花园庄 M54 在殷墟位置图

（二）出土文物

殷墟花园庄 M54 出土各类随葬品 1600 多件。（图版一六至图版三七）[1]其中玉石器 230 件，包括玉器璧 1、环（B 型璧）2、琮 1、玦 7、玘 2、圭 2、攒玉 2、（图 1-2）戈 11、矛 4、矢 3、刃 1、刻刃 1、（图 1-3）珑 4、璜 5、章（泡）4、策饰 3、（图 1-4）笄 1、牙璧 1、器銎 2、兽面坠饰 4、兽面缀饰 2、兽面插饰 2、箍形器 2、熊形饰 1、鹅形饰 1（图 1-5）、管 154，（图 1-6）水晶环 1，石器磬 1、玘 1、玦 1、刀 2、调色器 1。[2]（图 1-2：13、15，图 1-7）

关于这批玉石器，学者已做过一些研究，颇有启发性。[3]笔者拟在此基础上，再补充做点探索性研究。

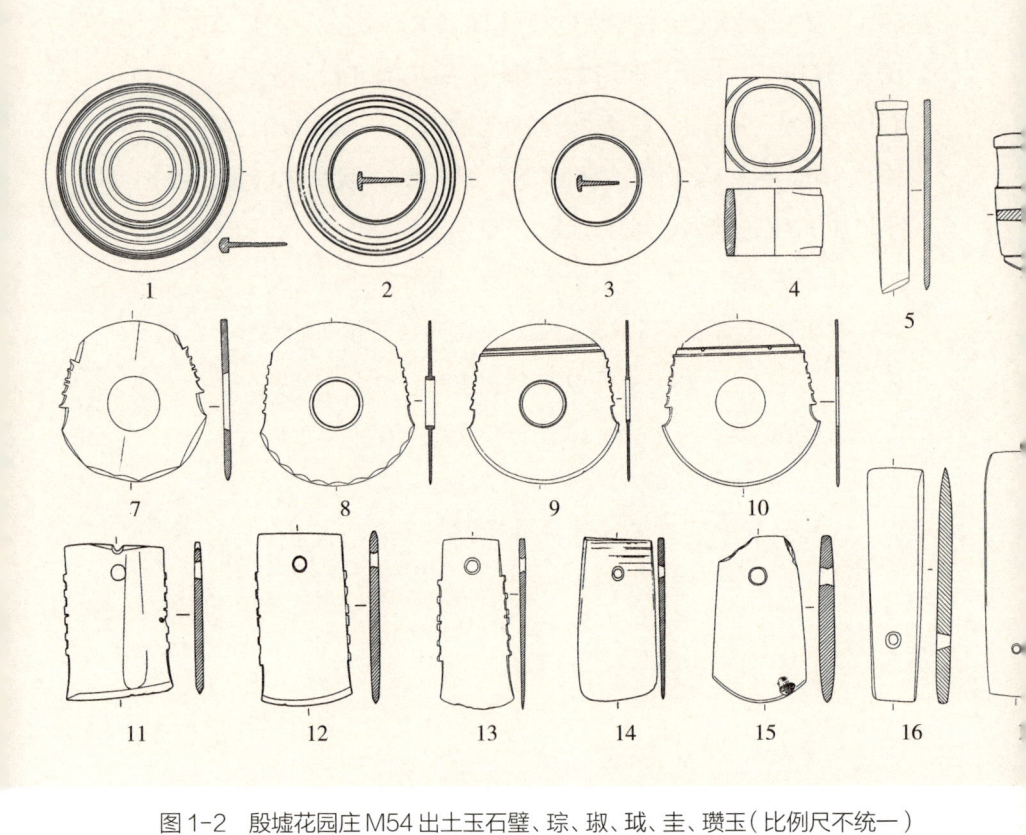

图 1-2 殷墟花园庄 M54 出土玉石璧、琮、瑗、玦、圭、瓒玉（比例尺不统一）

1.A 型璧 352 2、3.B 型璧 361、356 4.琮 349 5.A 型瓒玉 386 6.B 型瓒玉 398 7.B 型 1 式瑗 314 8.B 型 3 式瑗 358 9.B 型 4 式瑗 359 10.B 型 2 式瑗 315 11、12.A 型 1 式瑗 320、360 13.A 型 2 式瑗 367 14.A 型玦 379 15.B 型玦 578 16.1 式圭 322 17.2 式圭 338

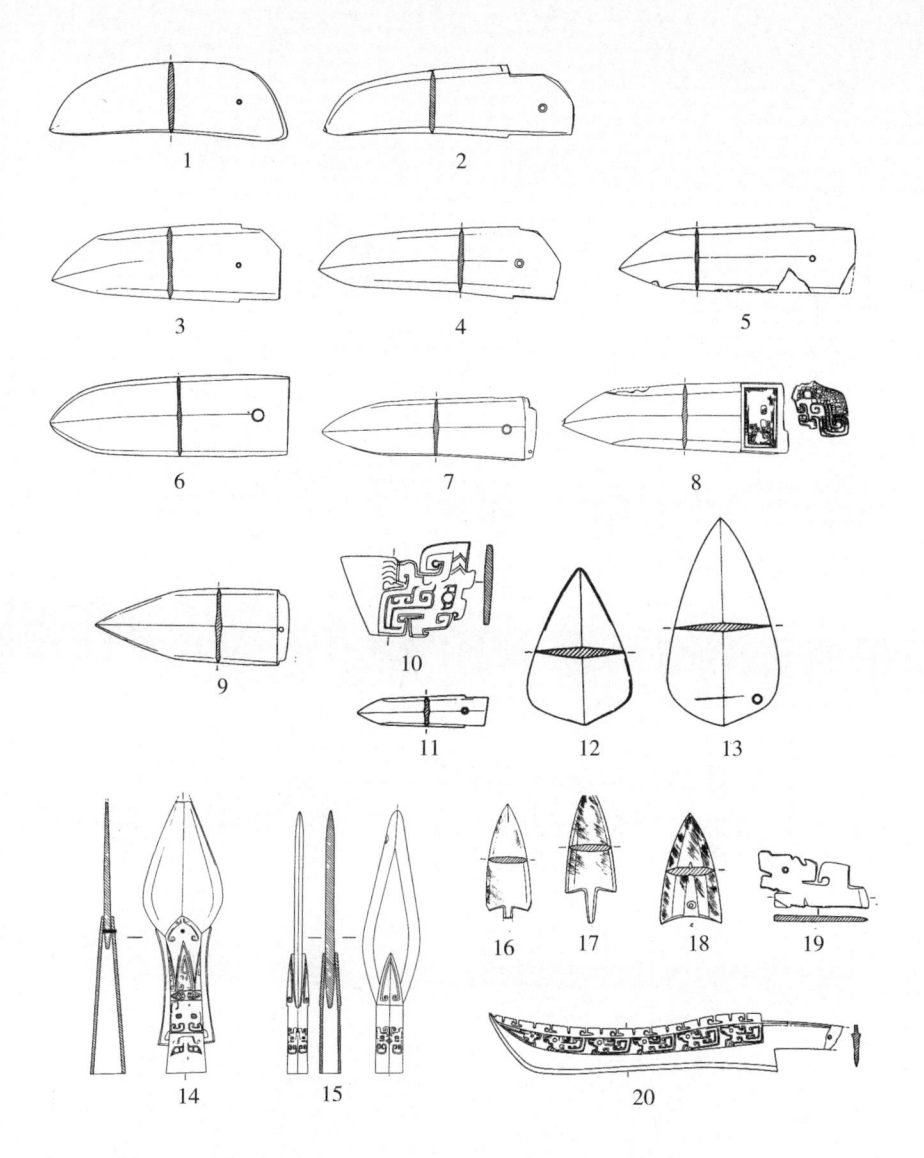

图 1-3　殷墟花园庄 M54 出土玉戉、矛、矢、刐（比例尺不统一）

1.D 型 1 式戉 376　2.D 型 2 式戉 375　3、4、5.B 型 1 式戉 321、319、211　6.A 型戉 357　7.E 型 2 式戉 464　8.E 型 1 式戉 313　9.B 型 2 式戉 309　10.C 型戉 351　11.B 型 2 式戉 308　12.A 型 1 式矛 268　13.A 型 2 式矛 158　14.A 型 3 式矛 148　15.B 型矛 463　16、17.A 型矢 364、365　18.B 型矢 366　19.B 型刐（刻刐）354　20.A 型刐 382

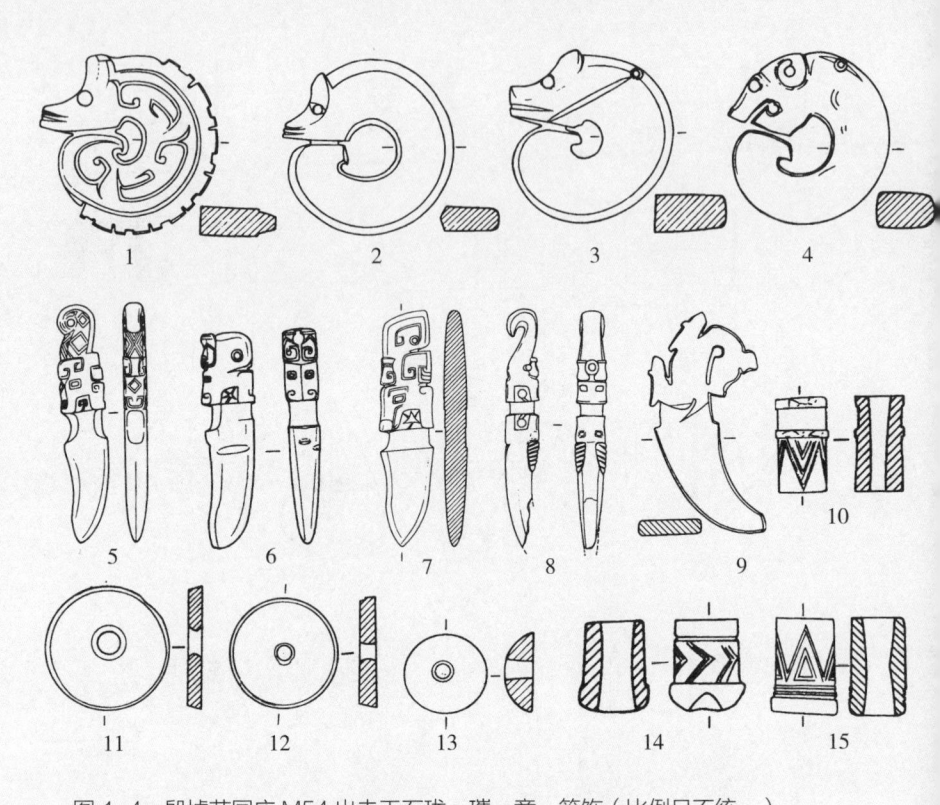

图1-4 殷墟花园庄M54出圭玉石珑、璜、章、策饰（比例尺不统一）

1.A型珑450 2—4.B型珑371、368、327 5.A型1式璜380 6、7.A型2式璜347、368 8.B型璜325 9.C型璜370 10.B型管（策饰）316 11、12.章372、328 13.圆泡饰324 14、15.B型管（策饰）329、317

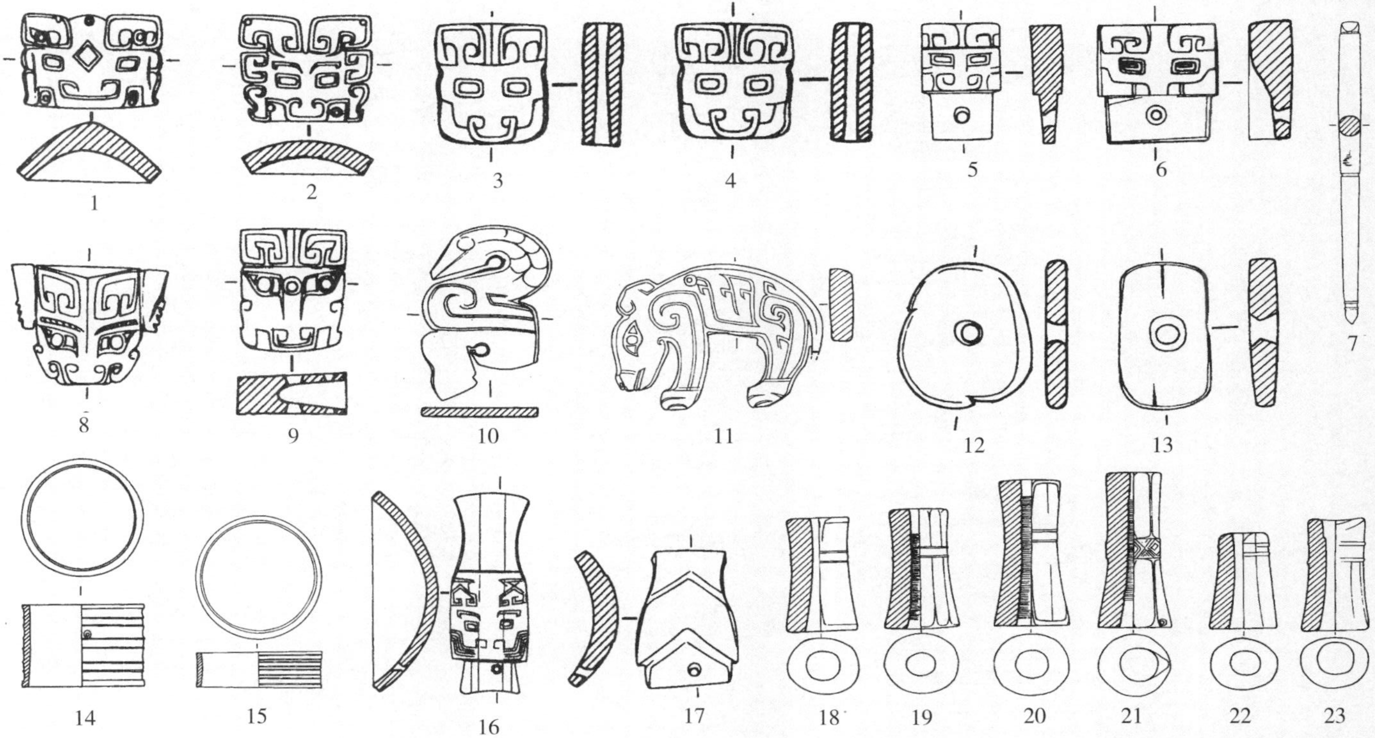

图1-5 殷墟花园庄M54出土玉石牙璧、笄、熊、鹅、器盏、坠饰、缀饰、锚形器(比例尺不统一)

1、2. 兽面缀饰 377、401 3、4. 兽面坠饰 341、342 5、6. 兽面插饰 387、388 7. 笄 399 8、9. 兽面坠饰 326、343 10. 鹅 353 11. 熊 350 12. 牙璧 340 13. 长方坠饰 362 14.1式锚形器 159 15.2式锚形器 160 16.1式器盏 394 17.2式器盏 595 18—23.A型管(戈缨坠)421、510、485、484、389、550

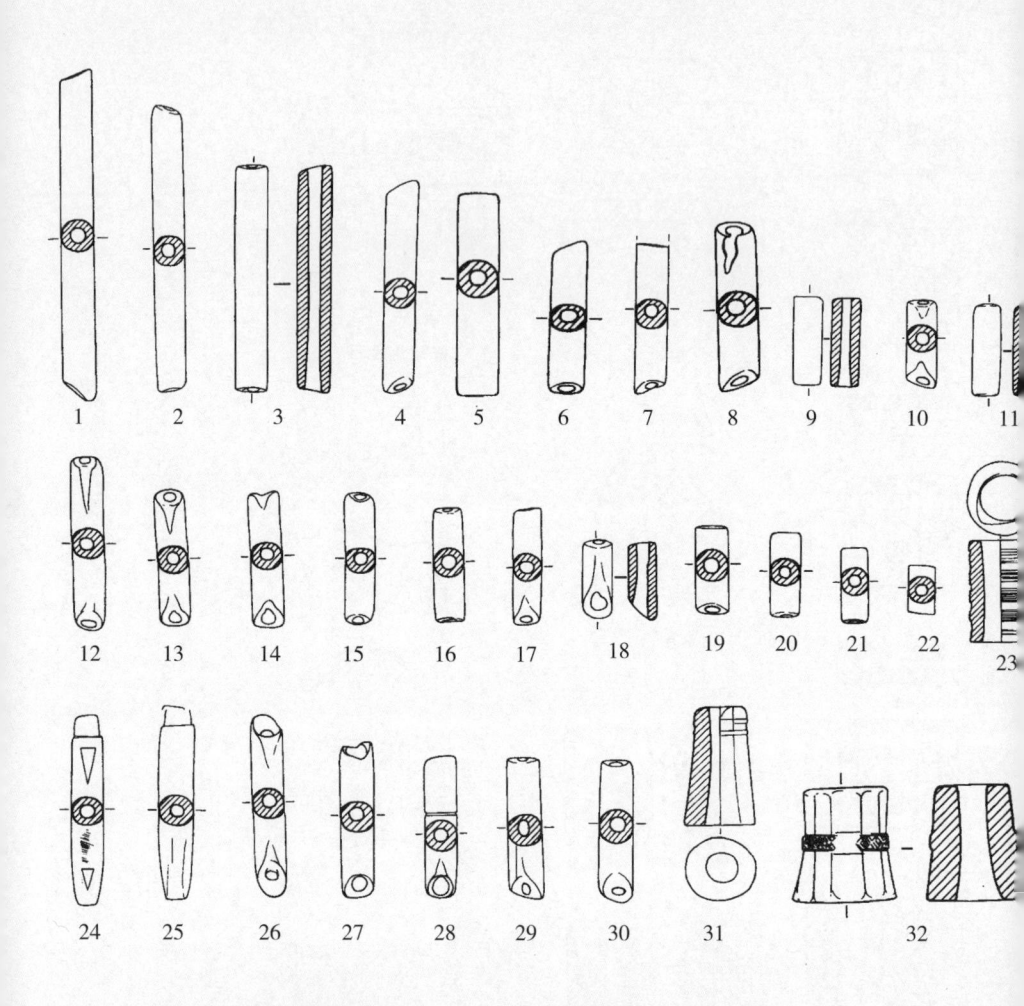

图 1-6 殷墟花园庄 M54 出土玉石管（比例尺不统一）

1、2、3.D 型 1 式管 547、441、404 5、18、22、26.D 型 3 式管 465、437、532、563 23.C 型管 480 24、25.D 型 2 式管 395、583 31.A 型 3 式管 389 32.A 型 2 式管（琀）479 （其余皆 D 型管）

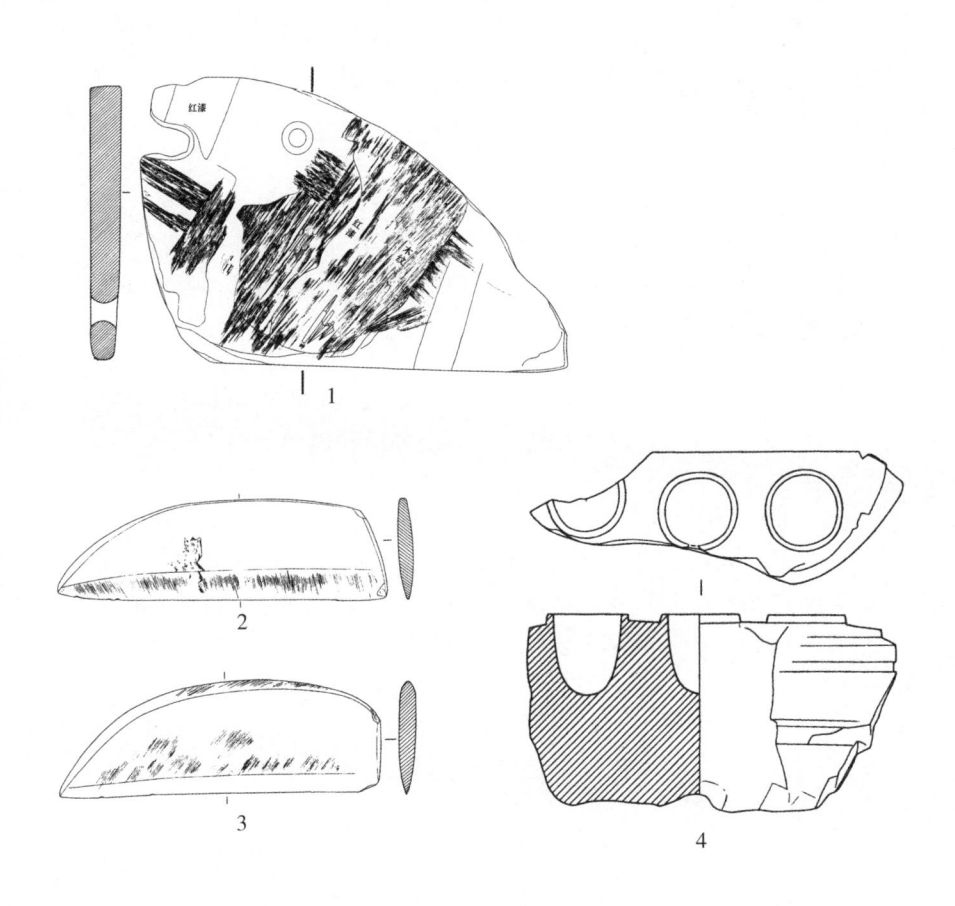

图 1-7　殷墟花园庄 M54 出土石磬、刀、调色器（比例尺不统一）

1. 石磬 207　2. 石刀 209　3. 石刀 210　4. 石调色器 369

注　释

[1] 中国社会科学院考古研究所编著：《安阳殷墟花园庄东地商代墓葬》，科学出版社，2007年。以下简称《花园庄》。本书采用的花园庄M54考古发掘材料，均出自该书。

[2] M54出土玉石器数量统计数据有不同结果。《花园庄》页93说玉器222件，包括铜内玉援戈、铜骸玉援矛、水晶器；页177表二也统计为222件；页175说224件。本书表1统计为227件，但笔者按器类分类统计为230件。特此说明。

[3] 荆志淳、徐广德、何毓灵、唐际根：《M54出土玉器的地质考古学研究》，《花园庄》附录十；陈启贤、徐广德、何毓灵：《M54出土玉器制作工艺显微痕迹探索》，《花园庄》附录十一；方向明：《殷墟花园庄东地M54出土玉器浅析——读〈花园庄〉》，成都金沙遗址博物馆、成都文物考古研究院、中国社会科学院考古研究所编：《夏商时期玉文化国际学术研讨会论文集》，页116—125，科学出版社，2018年。

二　玉石器称名

（一）称名原则

关于 M54 出土玉石器名称，笔者主张通过以下原则确定：

凡是殷商时期有专名者，如通过甲骨文、金文可考订其名称的，务必以当时名称称之；在甲骨文、金文中没有查找到名称，但传统古器物学中有专称且与目前的研究成果不相悖者，采用传统古器物学名称；上述两种之外，在学术界已有通行之习惯性名称者，采用习惯名称称呼；其他特殊器物，暂按器型、用途作描述性称名。[1]

（二）殷商玉器称名考订

M54 出土玉石器中，具备殷商时期名称者包括：

1. 瓒玉

发掘报告所说"柄形器"，在殷商时期称为"玉"。有学者认为甲骨文"玉"字即柄形器之象形字，[2] 商代玉柄形器上有自铭名曰"瓒"，[3]（图 2-1）因此有学者说玉柄形器名"瓒"，[4] 或说瓒之柄。[5] 笔者认为，殷墟甲骨文"丯、丰"字，系表玉柄形器组系之形，会意字，玉器名。殷墟金文的"冃"是柄形器象形字，

二　玉石器称名　　015

它是祼礼所用礼器"瓒"之组件——把柄。[6] 因此，柄形器宜称为"玉"，考虑到"玉"易与作为矿物材料的"玉"混淆，本文采用"瓒玉"称之。M54出土瓒玉有 M54：386、M54：398 二件。（图1-2：5、6，图版二八：1）

2. 璧

甲骨文"璧"字写作"𤓷、𤓶、𤓸"。"此字从○从辛，当是'璧'字的早期形态。"[7]

《花东》196.1："丙午卜，在麗，子其呼尹入𤓷，丁侃？"[8]

《花东》198.10："癸巳卜，叀𤓷肇丁？"

《花东》198.11："子肇丁𤓷，用。"

其"𤓷、𤓶、𤓸"（璧），一字之异体。笔者认为，"甲骨文'𤓷'字乃圆形玉器之象形，为珍贵的玉礼器；'𤓶'字乃牙璧之象形，与'𤓷'同属珍贵玉礼器"[9]。

商代金文中也有"璧"字。商末青铜器《叙稟卣》铭文曰："子赐叙稟𤓶一，叙稟用作丁师彝。"[10]（图2-2）"𤓶"字从玉从○从𤓹，○为形

图2-1 有铭瓒玉

图2-2 商青铜器《叙稟卣》铭文

符，𦫳应是𦫳之省。它比甲骨文"璧"字增添"玉"符，进一步明确了璧之物理属性。

按商代璧有不同型式，如有廓或无廓，孔大或孔小。但在具体称谓上，从甲骨、金文中并不见其区别，应是视作同类器物。因此，商代所说璧包括传统古器物学上的所谓环、瑗。

M54 出土玉璧包括 M54:352、M54:356、M54:361。（图 1-2：1、2、3，图版二一：1、3、4）

3. 牙璧

甲骨文有"㿑"字，省体作"ㄖ"，字"与璧字通常的形符○或□存在着差异"，"ㄖ字，正是牙形璧的生动写照"[11]。

《花东》490.1："己卯，子见丁以㿑、玒于丁？用。"

《花东》490.2："己卯，子见丁以玒眔㿑于丁？用。"

《花东》180.3："叀黄玒眔ㄖ？"

据此可知，㿑与玒、玒之物性相同，皆为玉器；并且玒、ㄖ共存于同条卜辞，说明二者有别，不可混淆。前者指普通的圆形玉器璧，后者专指带有旋齿的圆形玉器。鉴于目前关于"ㄖ"字之隶定意见尚不统一，故此暂以"牙璧"代称之。

M54 出土玉牙璧只有一件，即 M54:340。（图 1-5：12，图版二六：1）

4. 章

发掘报告所说"玉纺轮"，应该就是商代青铜器铭文中的"章"。商代晚期青铜器《乙亥簋》有铭文曰："乙亥，王赐巂妣玉十丰、章一，用作祖丁彝。亚舟。"[12]（图 2-3）"章"字写作"章"，

二　玉石器称名　017

图 2-3　商青铜器《乙亥簋》铭文

学者多释作"璋"。按该字从辛从⊕，会意字。辛乃制玉工具形，⊕指玉器形状为圆形，上面有纹饰（或钻孔时画线定中心之标线）。此"章"字与商代晚期青铜器《虘䵼卣》铭文"㺬"（璧）[13]字结构类似："璧"字从辛从○从玉，指以辛雕琢圆形玉器，会意字。可以认为，商代金文中的璧与章，所指玉器形状相同，皆属圆形。但既然各造一字为名，其实物必有区别，最大可能就是大小不同了。在考古发现中，圆形玉器中形体大者没有超过玉璧（包括瑗、环）的，那么只能是玉璧形体大，玉章形体小。因此，笔者认为所谓玉章，是一种形似璧而小于璧的圆形玉器，考古发现的所谓

"玉纺轮"应属章类。[14]因章一般为玉质，故也可写作"璋"。

M54出土玉章典型标本为M54:328、M54:372，（图1-4：11、12，图版二六：3、4）所谓"长方形玉饰"M54:362可能也是玉章残件改制品，（图1-5：13，图版二一：2）而"圆形坠饰"M54:324也可归入玉章类。（图1-4：13）

5.珷

殷墟甲骨文"戈"字，通常写作"𠁣"，或写作"𠂇"。

《屯》1013："庚申卜，王其省戈（𠁣）田于辛屯日，无灾。"

《屯》783："甲辰卜，惟戈（𠂇）兹用。"

很显然，"𠁣、𠂇"皆为纳柲戈形。

商代金文中对"戈"字描写更加细致入微：作纳柲立置状，柲尾常见三爪鐏，有的内上还有缨饰，如：𠁣（戈父甲方鼎，《集成》1517）、𠁣（戈父己卣，《集成》4955）、𠁣（戈父癸尊，《集成》5669）、𠁣（戈觚，《集成》6690）。"戈"字本义指兵器戈，用作动词表杀伐。结合考古发现，笔者认为商代真正属于实用兵器的戈主要是铜戈。

殷墟甲骨文中还有字作"𠆢""𠆢"。

《合》11006正："丙戌卜，㱿贞，燎王亥𠆢；贞，勿𠆢燎十牛。"

《花东》363.4："丁卯卜，子劳丁，再黹𠆢一、緾九。在𠆢，狩[自]噩。"

《花东》490.2："己卯，子见眂（献）以𠆢罙𠁣、璧丁。用。"

在上引卜辞中，𠆢作为祭品，与璧、緾连称，可知𠆢为玉礼器。出土玉戈并无木柲，只是戈头，应即𠆢。

玉戈之名在殷墟玉文中写作"𤤿"，从戈从玉，可隶定为"珷"，

二 玉石器称名 019

见于殷墟刘家庄出土的2批玉戈上。辞曰"祼于某人,玬一",或"祼于某君乙或丁"等。[15]（图2-4）

可见,甲骨文"戈"、金文"戈"字主要用于表示纳柲铜戈,"中、𠂤、玬"专指玉戈。鉴于"玬"字表意最明确而完整,笔者将无柲玉戈称为玬。[16]

M54出土玉玬有M54:357、M54:376、M54:211、M54:308、M54:319、M54:321、M54:375、M54:351、M54:309、M54:313、M54:464等11件。（图1-3: 1—11,图版二三）

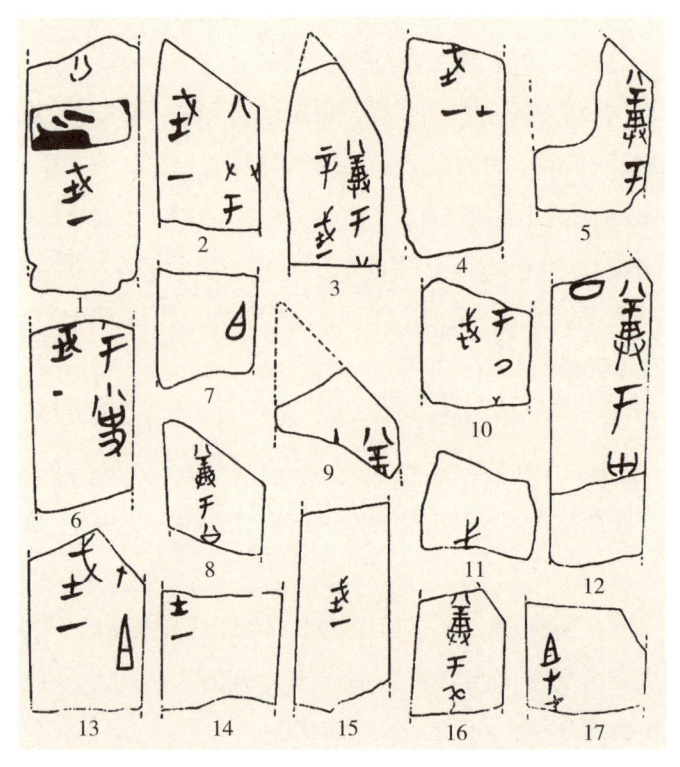

图2-4 刘家庄M1046玉戈书铭

6. 戚

殷墟卜辞有"戉"字,也写作"戉""戉",或横置作"戉""戉",系玉戚象形字,其特征是体侧带有扉齿。

《合》14735 正:"甲申卜,争贞:燎于王亥,其戉;甲申卜,争贞:勿戉。"

《合》32420:"丁卯贞:王其冓戉,燎三牢。"

《花东》180.2:"甲子卜,乙,子肇丁璧眾戉?"

《花东》490.1:"己卯,子见䵼以璧、戉于丁?用。"

戉与璧并称,用作祭祀和进献,可知为玉礼器。

甲骨文"戌、戌、戌"作纳柲玉戚形,从戚从戈(戚柄),可隶定为"戚",以区别于无柲之戚。

商代铜器铭文中也有戚字,如《戉戚觥》(集成9262)、《戚箙觯》(J654)、《戚戉父乙器》(集成10532)中皆为有扉齿玉戚之象形,比甲骨文更加形象逼真。(图2-5)笔者认为,玉戚是指带有驵牙(扉齿)的戈形玉器。戚则是安柄之戚。[17]

因M54出土"玉戚"皆未纳柲,因此称其为戚。

M54出土玉石戚有M54:314、M54:358、M54:315、M54:

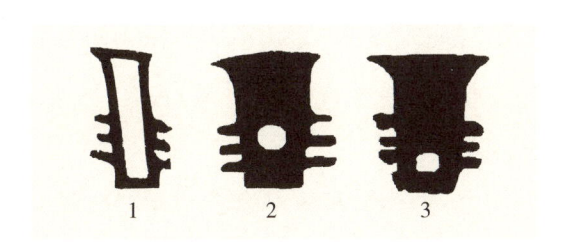

图 2-5 商金文"戚"字
1. 戉戚觥 2. 戚戉父乙器 3. 戚箙觯

二 玉石器称名

359、M54:360、M54:320、M54:367 等。（图 1-2:7-13；图版一九、图版二〇：1、2、4）

7. 珹

甲骨文"戉"字作"𢨻""𢨻"，为有柄斧钺状，见于卜辞中与征伐相关的数十条，如：

《合》6376："贞：戉弗其伐舌方。"

《合》6452："甲寅卜，囗贞：戉其获征土方。"

《合》172："戉获羌。"

《花东》206.2："子弜更舞戉，于之若？用。多万有灾，引棘（急）。"

商代金文中"戉"字有两种书体，一种象无柲戉首，弧刃，窄内宽身，一般有阑，有穿或无穿。一种象纳柲戉，短柄，有冠有镦，镦作三爪状。两者都是铜钺的象形字，前者可隶作"戉"，后者可隶作"钺"，以示区别。（图 2-6）

甲骨文"𢨻"（《合》21073），斧钺类器物象形字；"𢨻"（《合》29783），从戉从玉省，有学者释斧。笔者认为，"𢨻"字上部与甲骨文"王"字形近，而"王"为戉类器物象形[18]下部为"玉"字省体，与殷墟刘家庄商墓玉戈书文"𢨻"（珐）结构类似——下部皆为"玉"省，上部分别是"戉""戈"。（图 2-7）

因此，笔者主张将"𢨻"隶定为"珹"，专指无柲玉石戉，以区别于铜钺。

M54 出土一件玉珹 M54:379、一件石珹 M54:578。（图 1-2: 14、15，图版二二：4、5）

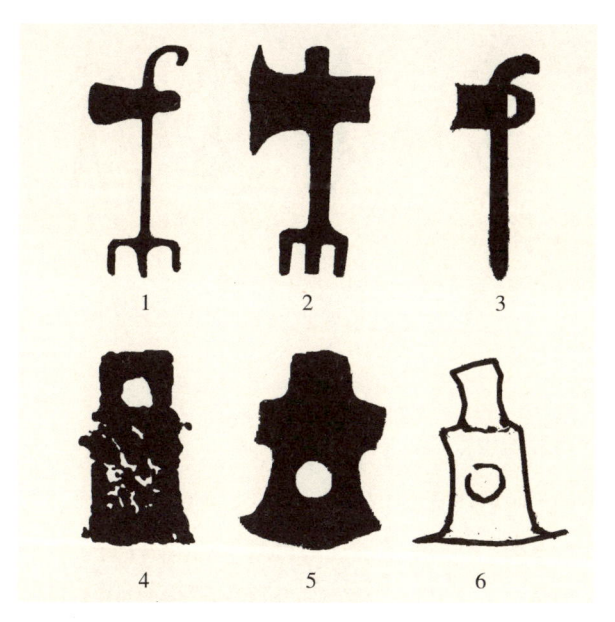

图2-6 商金文"钺""戊"字
1. 箙钺册父辛卣 2. 钺木爵 3. 钺爵
4. 戊乙簋 5. 戊箙祖乙卣 6. 戊箙卣

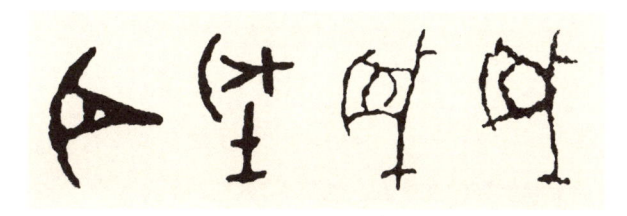

图2-7 甲骨文"戊（钺）"字（采自《新甲骨文编》）

8. 矢

甲骨文中有"矢"字，象形字，一般作箭头、箭杆、箭尾俱全之形。从矢之字也有仅取矢首者。矢首有无翼无锋式、双翼尖锋式。（图2-8）甲骨文"🔻"字所从之🔺，应即双翼尖锋式矢

二 玉石器称名　023

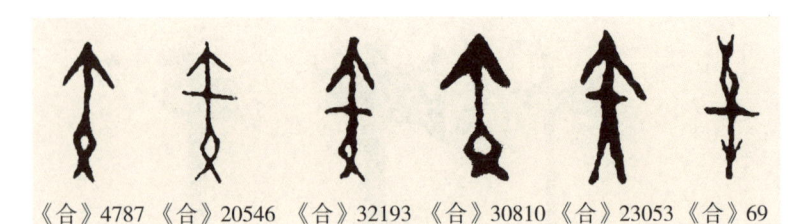

《合》4787　《合》20546　《合》32193　《合》30810　《合》23053　《合》69

图2-8　甲骨文"矢"字（采自《新甲骨文编》）

首之象形。

殷墟卜辞曰：

《合》36481："……小臣墙比伐，擒危美……人二十人四……人五百七十﹖百……车二丙，盾百八十三，函五十，矢……"[19]

本辞将车、盾、函、矢并列，矢为兵器甚明。

《合》15678："□燊（炎）□㺿□……"

"燊"，应释作"炎"，学者或引《说文》释"烄"，不妥。[20]"㺿"，学者认为是"沉圭之祭"。[21]

《合》16408："戊子，□燊□若。"

《合》32288："……卜，其炎、玘（玟）。"

上辞云以玘行燎祭、沉祭，以矢行燎（火焚致祭，姑且称之为燎）祭，炎玘与燎玘意近。玘为玉器名，从玉从手，隶作"玟"。矢与玘并列作祭品，且与玘一样用于燎祭，其物性亦应为玉质。

甲骨文"矢"字未见有矢首独立成字者，但青铜器铭文中，"矢"字既有矢之全形者，也有单独为矢首者。（图2-9）

小屯车马坑M20中出土一组石矢，箭杆已朽尽，只留石镞。（图2-10）

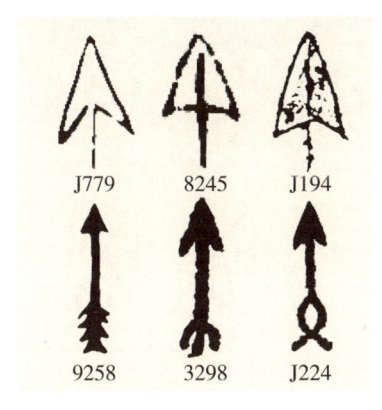

图2-9 商金文"矢"字（采自《商金文编》页148）

因此，本文按商代习惯用"矢"表玉箭头。用"簇""镞"指谓箭头，应系商以后之后起之名。

M54出土有玉矢M54：364、M54：365、M54：366。（图1-3：16、17、18，图版二四：2、3）

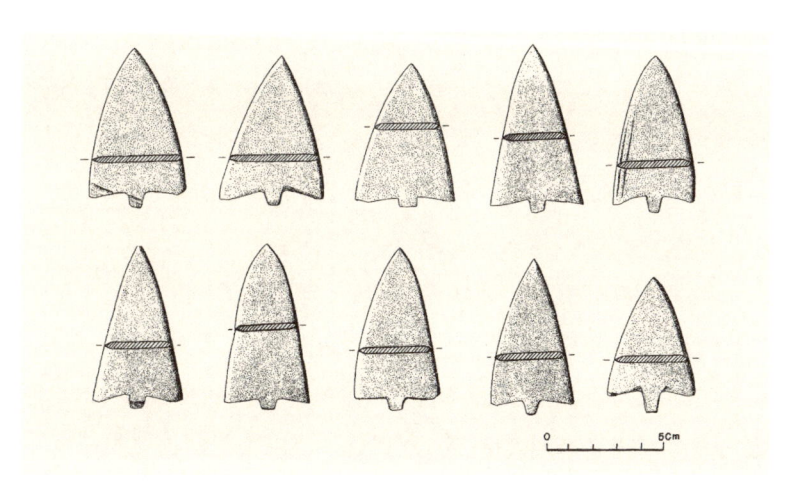

图2-10 小屯M20出土石矢（镞）（采自石璋如《北组墓葬》图版144）

9. 琮

甲骨文"琮"字作"✦"（《合》8092）、"✦"（《合》152正），或简化为"✦"（《合》32806）、"✦"（《英》2536）等，（图

二 玉石器称名　025

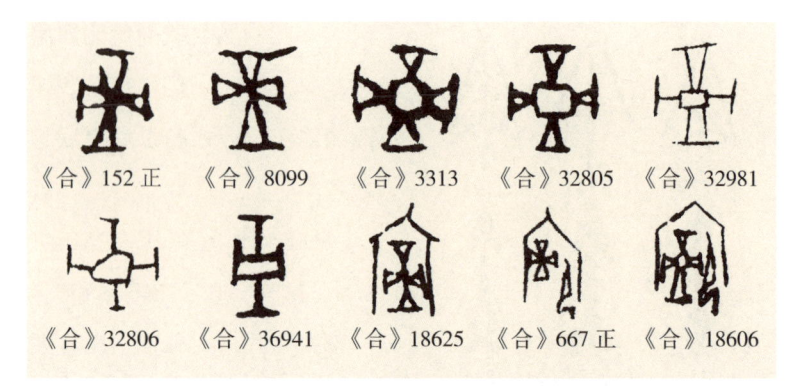

图2-11 甲骨文"琮"及从琮之字（采自《新甲骨文编》）

2-11）象玉琮正透视形。常用作人名、地名和职官名。[22]

甲骨文"复"字作"🗝"，或作"🗝"（《花东》401.12），或省作"🗝"（《花东》416.10）。李孝定说"契文作🗝从🗝，疑象器形"，姚孝遂也说"甲骨文复从🗝，盖象某种器物之形"，[23]所见可从。卜辞中多为人名。所象之器，应即玉琮。其实"复"字所从🗝，与"🗝"字应是同源。

该字旧释"复"，有学者说"🗝"是古代复穴的象形，正中的长方形是窖穴的本体，两头的小口是出入处，设有脚窝或台阶，其考古学依据便是殷墟发现的窖穴和半地穴房子。[24]殊不知，殷墟无论窖穴还是半地穴房子，都只有一个出入口，绝无两头各有出入门道者。如果一定说🗝像什么工程建筑（构筑），倒是"中字形大墓"墓穴最像！其实，已有学者根据卜辞（《合》3061）指出释"复""不可据"。[25]

甲骨文中的疑讼，在殷商青铜器铭文中有解。《六祀邲其卣》铭文曰："乙亥，邲其赐作册䰩𤰔（玉）一、琂（琮）一，用作祖癸尊彝，在六月，惟王六祀翌日。亚獏。"（《集成》5414）（图

2-12）笔者以为"🟊"应即"丰"字异体，即为"玉"字，指玉"柄形器"。[26]"珇"从玉从且，可知且为玉器，学者释为琮。[27] 商代玉器中，从中心向四面外凸者，唯有琮，或者说只有琮与此字相像。商金文还有其他从琮之字，其琮字作"且"或"宀"。（图2-13）

琮作为玉礼器，见于《周礼·考工记》，谓"大琮十有二寸，射四寸，厚寸"。吴大澂《古玉图考》认为琮即中圆外方之玉器，现为学术界所接受和熟知。因此，本文采纳将甲骨文"🟊""且"，金文"珇"隶定为"琮"字之做法。

M54 出土玉琮只有M54:349。（图1-2：4，图版二〇：3）

图2-12　商《六祀邲其卣》铭文

图2-13　商金文"琮"及从琮之字（选自《商金文编》）

10. 磬

殷墟甲骨文有"磬"字，象以槌击磬状，会意。殷墟甲骨文

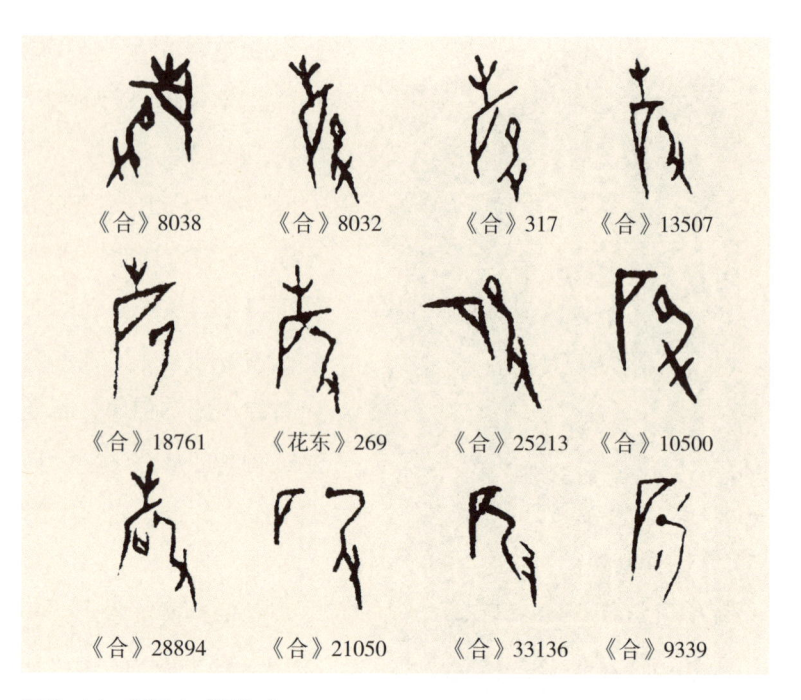

图2-14 甲骨文"磬"字

中"磬"字有多种书体,其基本体写作"🀄、🀄",省作"🀄",或异化为"🀄、🀄",再增"耳"即为形声字"🀄"。[28]（图2-14）罗振玉、王国维等皆释此字为"磬"。[29] 姚孝遂云："罗振玉释磬是对的。卜辞皆以为地名。卩即石,古悬石为磬,故称磬为石乐。殷墟出土之磬多见,均为石制,形亦近于卩。或省屮作🀄、🀄,亦为磬字。"[30]

殷墟出土石磬,形状多近三角形,有穿孔,系绳悬于木质磬架上。[31]

M54出土石磬外形近似三角形,稍有残缺。（图1-7:1,图版三七:1）

11. 璚

殷墟玉石器中，有一类形似弯角状者，学者一般习称为觿，也有学者称之为弭。据其形制，可分为有柄之 A 型和无柄之 B 型。

清代吴大澂《古玉图考》曾考证说："古觿多用角用象骨为之，故玉觿传世绝少。《诗·芄兰》'童子佩觿'，传：'觿所以解结，成人之佩也。'《礼·内则》'左佩小觿，右佩大觿'，注：'小觿解小结也，觿貌如锥，以象骨为之。'陈氏《诗疏》云郑谓小觿解小结，则大觿解大结欤。《说文》：'觿，佩角，锐耑可以解结。'《说苑·杂言篇》：'百人操觿，不可为固结。'又《修文篇》：'能治烦决乱者，佩觿。'"《说文》'璚或从矞'作瓗，或从巂作璚，璚与瓗相似而不相类。窃疑佩觿之觿，用角者从角，用玉者从玉，则璚字当即觿之或体亦未可知。"[32]

吴氏首次将古玉中弯角形器称为觿，（图2-15）并考证玉觿之觿应写作"璚"，可从。

图2-15 《古玉图考》玉觿

石璋如根据殷墟考古发现，考证认为以前习称玉觿者，应为弓上配件，名曰弭。[33] 这个观点被部分殷墟考古学家接受。[34]

殷墟甲骨文有"𝌀"字，字形下部弯尖如角，束颈，顶部如帽状。（图2-16）卜辞中用作人名或地名。

《合》14364 正："燎于🕭；壬子卜，宁（贞），勿燎于🕭；燎于🕭，二月。"

《英》1160 正："甲戌卜，宁贞，桒年……燎于🕭十牛俎……"

《合》33286："乙巳贞，叀🕭先伐？"

按其字形，与上述所谓玉觿、珌的形制非常近似，应该就是上述 A 型器之象形。

甲骨文又有"🕭"字，形如弯角而有系绳状。

《合》2280 正："贞父乙有🕭。"

《合》2659 正："……亘贞，妇好有🕭；……贞，妇好无🕭。"

"🕭"，有学者释"觥"，笔者也曾持此说。今按其字形，与 B 形玉觿非常契合，且出土文物中，铜觥仅见 1 例（殷墟王陵区 M1022），（图 2–17）而与之形似的玉角状器，则要相对常见一些。

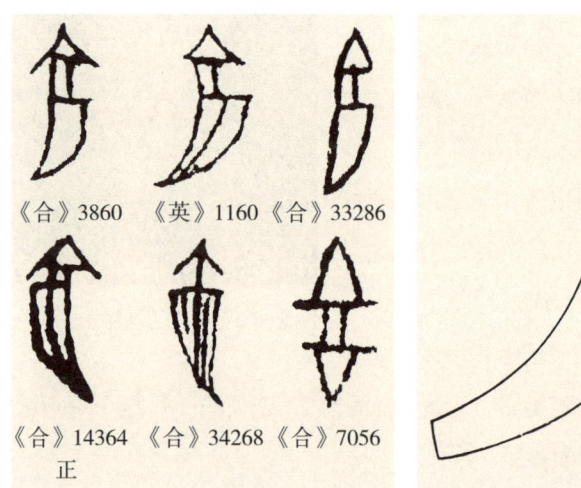

图 2-16 甲骨文"觿"字（采自《新甲骨文编》）

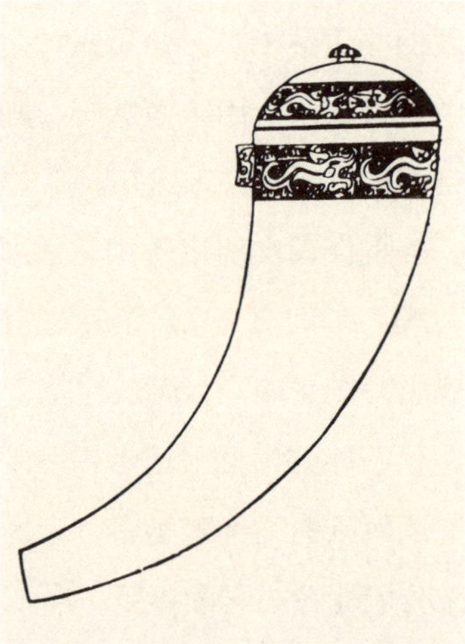

图 2-17 殷墟 M1022 铜觥（采自《殷墟的发现与研究》图一六九）

030　殷墟亚长墓玉石器研究

根据对出土器物的研究，笔者认为 A 型玉觿并非弓弭，但确属弓之配件（详后），可名之为瑂。B 型玉觿则可能是解扣之具，可名之为觿。M54 所见 4 件所谓玉觿应即玉瑂。（图 1-4：5—9，图版二七）

12. 玓

商代甲骨文"刀"字，写作"𠚣"，颇似陶寺文化石刀象形，系殷商时期长柄刀象形字的缺笔简体。

甲骨文中有一些从刀之字，反映了当时刀的不同用途。如"利"从禾，"则"从鼎，"刚"从网，"刻"从木，"割"从丝，"刵"从耳，"劓"从鼻，"㓞"从豕，"肉"从肉，"剶"从黍，"㓱"从俎，"删"从册，证明刀可用于树木、农作物、手工业、饮食、祭祀、刑罚、简牍加工等，[35] 不同的功用应有不同形制的刀。（图 2-18）其材质应该主要是青铜，其次是石和骨，还有玉。

商代金文"刀"字有二形，一为直柄，一为环首柄。（图 2-19）

殷墟历年出土的刀类文物，主要有石刀、铜刀、玉刀、骨刀和蚌刀。其功用不同，形制也各不相同。（图 2-20）

《合》14176："……卯丁帝其降囚，其𠚣。"

"𠚣"，屈万里认为此字"从丰从刀，或是雕字之初文"。李孝定则说"以字形言之，丰当即象玓刻之齿，从刀所以契之也"。姚孝遂认为"字当释'玓'，即'契'之初文"。[36]

可见，无论释"雕"还是"契"，用作动词，皆与治玉有关。其实，卜辞中应为名词，本义或系玉刀之专名，可隶定为"玓"。M54 出土玉玓 M54:382，系直柄翘首刀，（图 1-3：20，图版二八：3）与殷墟"西宗"乙七基址上祭祀坑 M186 出

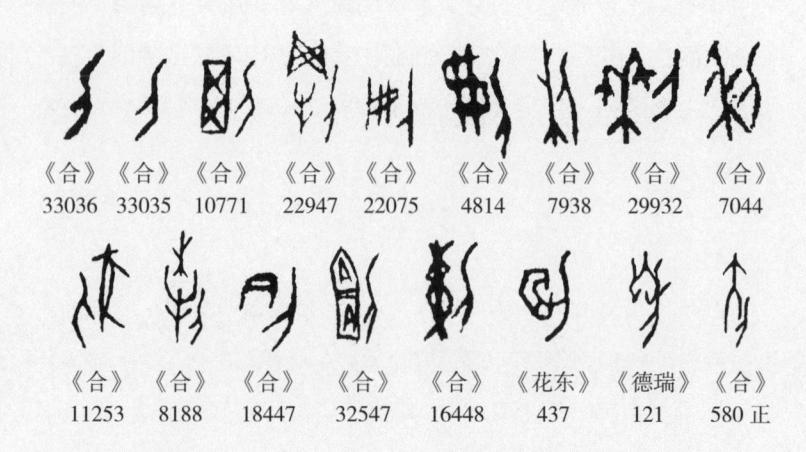

《合》	《合》	《合》	《合》	《合》	《合》	《合》	《合》	《合》
33036	33035	10771	22947	22075	4814	7938	29932	7044

《合》	《合》	《合》	《合》	《合》	《花东》	《德瑞》	《合》
11253	8188	18447	32547	16448	437	121	580 正

图 2-18 甲骨文"刀"字和从刀之字（采自《新甲骨文编》）

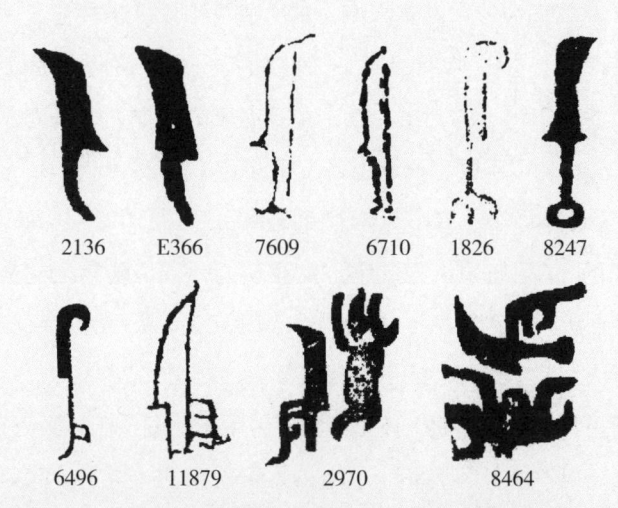

2136	E366	7609	6710	1826	8247

6496	11879	2970	8464

图 2-19 商金文"刀"字和从刀之字（采自《商金文编》）

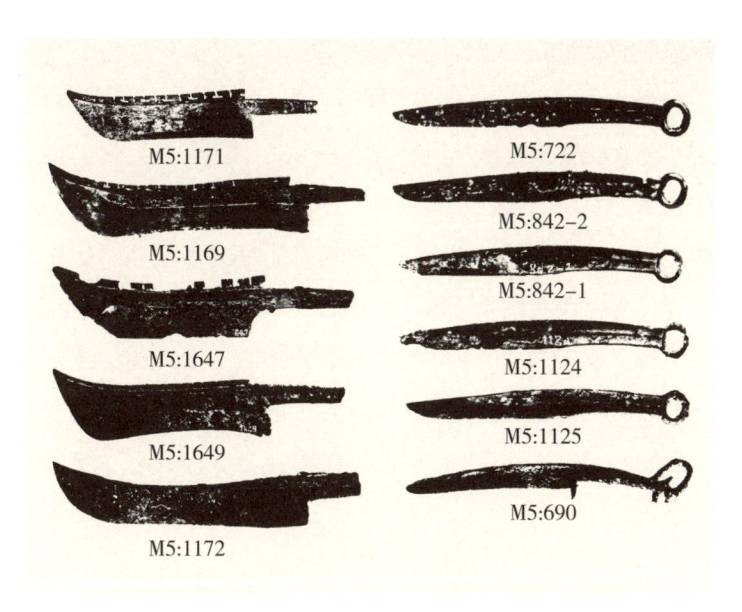

图 2-20　殷墟妇好墓铜刀（采自《殷墟妇好墓》图版 65、66）

土的俎上铜刀属于同型，应该是用于祭祀活动的礼仪用具，类似玉玑在殷墟妇好墓出土多件。另外，M54 出土玉刻玑 M54:354 亦可归入玑类。（图 1-3：19，图版二八：2）

13. 笄

笄是殷商时代人们日常生活中必不可缺的物品。当时的成年人，无论男女皆以笄固发。

刘一曼引《说文》"夫，丈夫也。从大，一以象簪也。周制以八寸为尺，十尺为丈。人长八尺，故曰丈夫"之说，认为甲骨文"（夫）字象人头上插一簪（或称笄）形，是会意字"。"到了商代，笄的使用十分普遍，成年的男、女均使用它。""殷代男子用笄，一般是每人一笄。""'夫'字确实是殷代男子头上

二　玉石器称名　033

戴笄风俗的反映。"[37]

甲骨文有"妍"字，有"󰀀、󰀁、󰀂"等多种字体，郭沫若说此字"象女头箸簪之形"，[38]学者多从之。刘一曼将此字的三种写法与考古发现的殷代三种用笄方式相关联，认为分别表示女子发髻上反向对插二根笄、女子头戴高冠上插有多枚笄、女子头冠插横笄且笄首缀有饰物之形。"甲骨文妍字形态复杂与考古发现的人头骨上插笄方式的多样化，反映出殷人（尤其是女性）对发型头饰装扮靓美的追求。"所论很是精辟。[39]

殷墟发掘中发现很多商人戴笄实例，用笄法有横式、有竖式。[40]（图2-21）

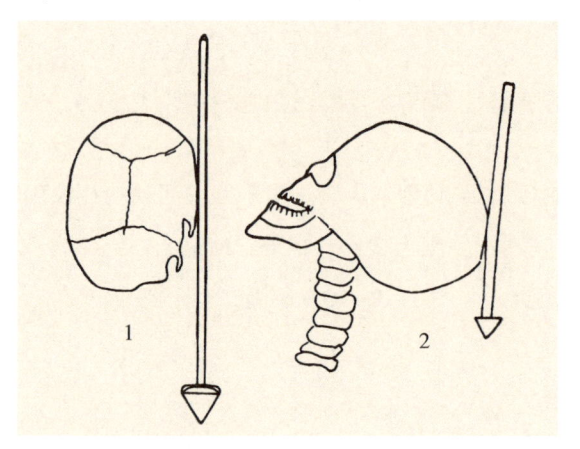

图2-21　殷墟后冈祭祀坑戴笄人（采自《殷墟的发现与研究》图二五五）
1.耳旁笄　2.脑后笄

甲骨文"󰀃"字，释"妾"，从辛或辛省，学者或谓辛为头饰。其实应为竖笄之形，商代用笄，有横式与竖式两种。"󰀄"，"妃"字，从妾。

甲骨文"󰀀、󰀂"，释"妍"。郭沫若说"象女头箸簪之形"。

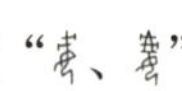

《合》28273："于大乙、祖乙✶年，王受[佑]。"[41]（图2-22）

殷墟出土的笄，主要是骨笄和玉笄，可分为有帽与无帽两大类，笄帽则有凤鸟形、羽翅形、塔尖形、钉帽形等多种。[42]（图2-23）

甲骨文"辛"字，写作"✶"（《合》20236）、"✶"（《合》22219）、"✶"（《合》4090），与上述"妾""妃""妍"诸字人头所着之笄，写法相同。其竖画折曲者，疑表入发有所隐藏，类似现代制图用虚线表示中间省略部分。

今将甲骨文与出土文物相对比，"辛"字应即笄的象形。

图 2-22　殷墟甲骨文戴笄之字
1、2. 夫（《合》1076 甲正、20166）　3、4. 女（《合》32297、21805）
5、6. 妹（《英》2592、《合》2605）　7、8. 妃（《合》664、32166）
9、10、11. 妍（《合》32170、28273、30459）　12、13. 娥（《合》14778、《屯》2113）　14、15. 婢（《合》26956、35361）

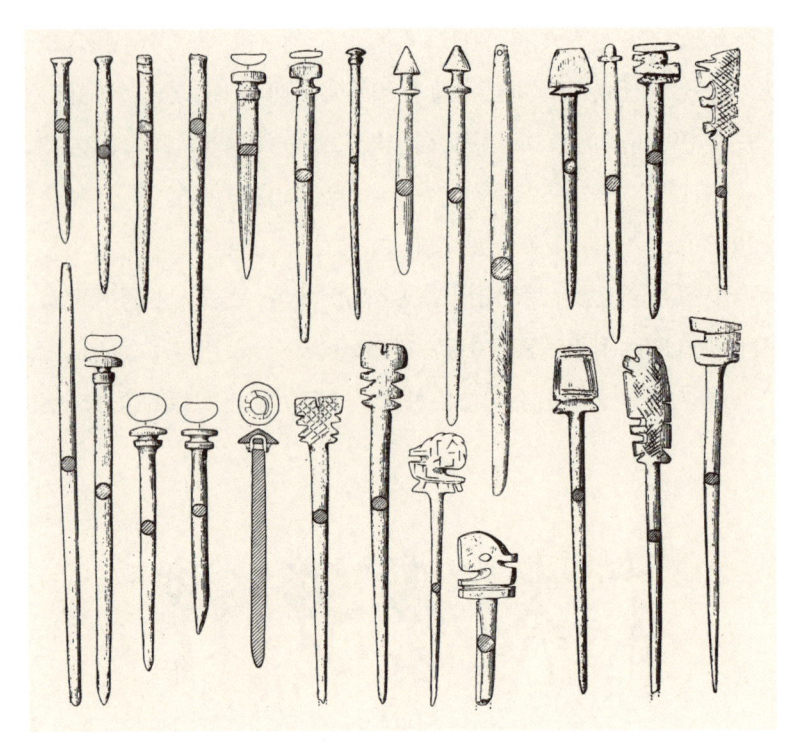

图 2-23 殷墟出土骨笄（采自《殷墟发掘报告》图一四四、一四五）

《说文》曰："笄，先也。从竹幵声。"所谓"艹"，实为笄帽之形。"幵"，双笄之形。此字之半即"𢆉"，恰为殷商笄形，其祖形笄即甲骨文"辛"。"先"，人首横插双笄之象，亦即甲骨文"𡕥"字之变体，后写作"簪"。

因此，殷商之"辛"字，即后世之"笄"字。M54 出土玉笄 1 件 M54:399。（图 1-5：7，图版二二：3）

14. 矛

查殷墟甲骨文中无"矛"字，但金文中有"矛"字，写作"!、♣",为矛的象形。[43]

殷墟出土大量铜矛,也有玉矛。铜矛的基本形制是矛头呈尖叶状或近菱形,下有銎可安柄。銎上多有两个环耳可系缨穗。(图2-24)玉矛多为尖叶状。(图2-25)金文"!"为无耳矛形,"♣"为有耳矛形。(图2-26)矛上缨穗本应下垂,此字却是上扬,我认为这是造字者的用心所在——强调矛是刺杀之兵,当矛尖触及刺杀对象时,反作用力导致缨穗前贯,矛在此刹那间便是缨穗朝前状;当持矛人用力舞动矛,惯性也会使得缨穗朝向矛尖。总之,金文"矛"字描述的是动态矛形。殷墟妇好墓随葬有一件玉矛,雕出二个附耳,略呈下垂状。(图2-25:右)[44]

目前,我们还没有看到商代文字有分别指铜矛与玉矛之字。因此,矛可作为铜、玉矛之共名。M54出土玉矛 M54:158、M54:268、M54:463、M54:148(图1-3:12—15)均可称为矛。

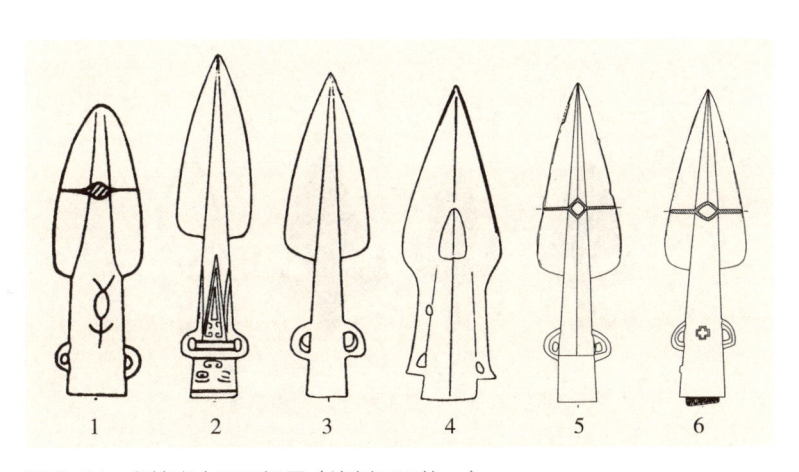

图 2-24　殷墟出土双耳铜矛(比例尺不统一)
1.GM374:7　2.E16　3.M1004　4.SM108:4　5.M54:65　6.M54:117

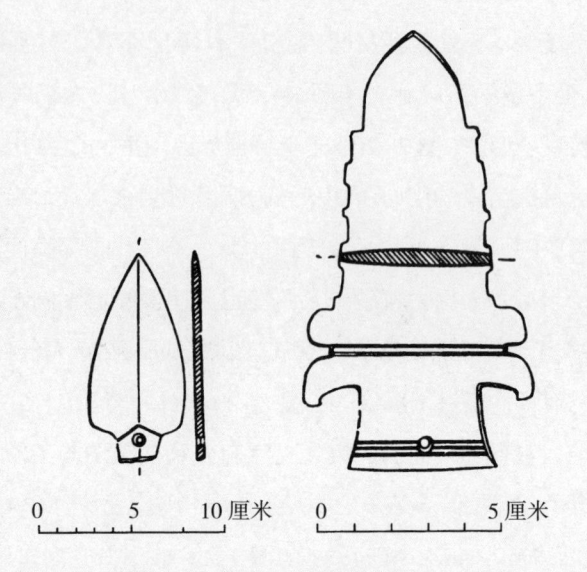

图 2-25　殷墟玉矛（采自《殷墟的发现与研究》图一八九）
左：三家庄 M1:2　右：妇好墓 M5:481

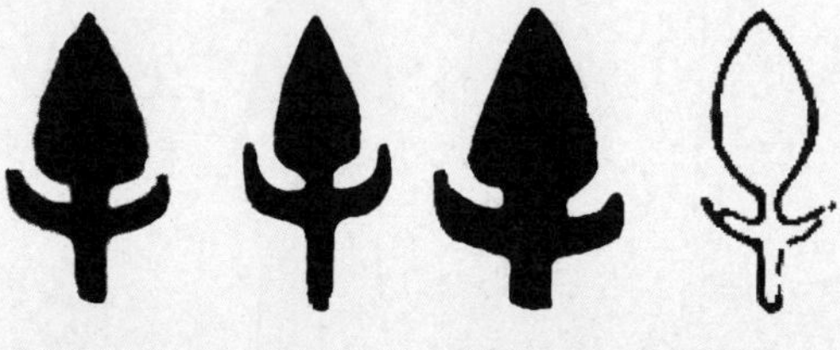

图 2-26　商金文"矛"字（采自《商金文编》）
《集成》10614、10591、10620、10623

15. 珑

M54 出土的所谓玉玦，雕作蜷身龙形，龙身形成一个圆圈。传统上认为是礼器或佩饰。《古玉图考》考证说带缺口的圆形玉器是玦，"玦为佩玉之玦，与钩弦之玦不同。《说文》'玦，玉佩也'，《九歌》注曰'玦，玉佩也。先王所以命臣之瑞。故与环即还，与玦即去也'。《白虎通》曰'君子能决断则佩玦'，韦昭曰'玦如环而缺'"[45]。（图 2-27）然 M54 出土的四件"玉玦"中真正形成缺口者仅一件，与形如环而有缺口之形制不符。

《古玉图考》将一种团龙状玉器称为"珑"。（图 2-28）考订说："《说文》'珑，祷旱玉也，为龙文'。《左氏传》昭公使公衍献龙辅于齐侯，正义引《说文》为说。"

甲骨文有"龙"字，（图 2-29）卜辞中用作方国名、人名、地名、水名，而不见用指神灵动物龙者。

甲骨文有字如龙蜷团状（图 2-30），学者隶作"羸"字。曹锦炎等认为"字象一巨口蜷身之动物，本义待考。……用于卜疾之辞，应读为羸，意指病情加重"。姚孝遂则举《合集》14118 辞条，认为卜辞"疾羸""应是病情好转"。[46] 除了形容疾病的程度，该字还与祈年之祭祀相关，或指献礼之物：

《合》32439："己巳贞，其寻羸。"

《屯》1033："其羸。"

《屯》2414："𥃸大示羸；率小示羸。"

《合》25892："辛亥卜，漢贞，羸不既乍其亦羸更丁巳酚；辛亥卜，漢贞，羸不既乍其亦羸其斨疒。"

《合》23694："……巳卜，旅贞，羸不即乍其亦寻羸更丁亥酚，十一月。"

二　玉石器称名　039

图 2-27 《古玉图考》之"玦"

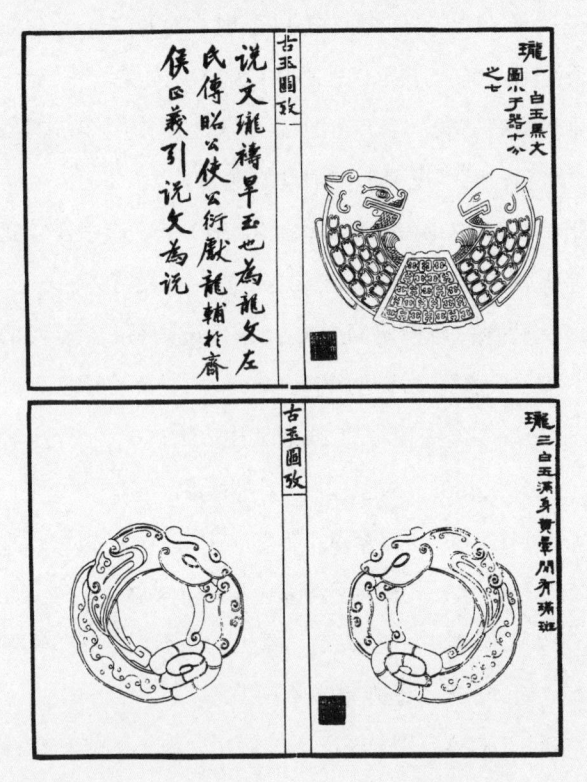

图 2-28 《古玉图考》之"珑"

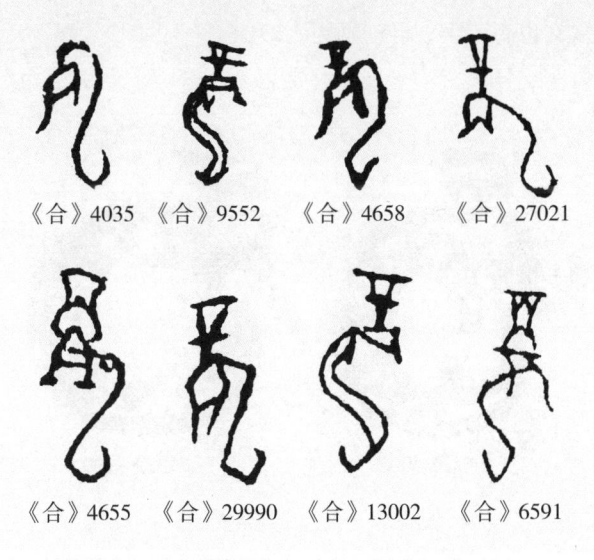

《合》4035　《合》9552　《合》4658　《合》27021

《合》4655　《合》29990　《合》13002　《合》6591

图2-29　甲骨文"龙"字（采自《新甲骨文编》）

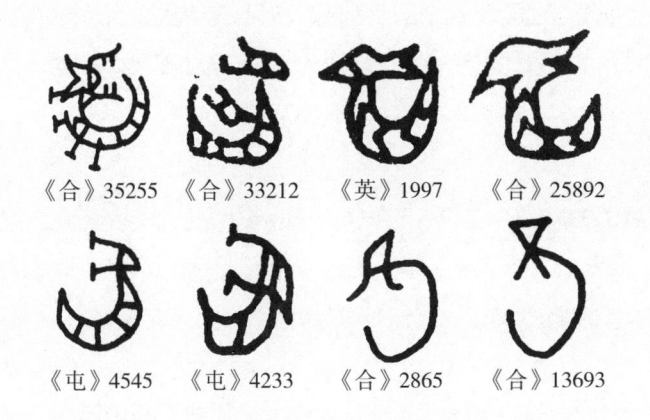

《合》35255　《合》33212　《英》1997　《合》25892

《屯》4545　《屯》4233　《合》2865　《合》13693

图2-30　甲骨文"珑"字

商金文也有该字，且刻画更为形象，一般隶作"赢"。[47]（图 2-31）

图 2-31　金文"珑"字（采自《商金文编》）

无论甲骨文还是金文，该字很显然应是玉蜷龙的象形。按《说文》云："珑，祷旱玉也，为龙文。"所说祷旱龙纹玉器，正与卜辞相符合。

因此，我同意《古玉图考》的意见，将蜷龙形玉器称为珑。

M54 出土的玉珑，有 M54:450、M54:327、M54:368、M54:371。（图 1-4：1—4，图 4-9）

16. 熊

甲骨文中有"熊"字，写作"🐻"（《合》19703 正等），学者考订为"熊"。[48]卜辞有"羆"字，姚孝遂说《屯南》2169"本片通版皆记田猎之事，'熊'在此当用其本义，为兽名"。[49]刘一曼说花园庄 M54 出土玉熊，与甲骨文"熊"字基本轮廓相似。[50]因此，M54 出土玉熊可直接称熊。（图 1-5：11）

17. 瑀

甲骨文、金文中有一些禽鸟名，而类似 M54 出土玉鹅这样的大型长颈禽鸟，未见专名。但甲骨文中有"瑀"字，从玉从鸟，应是玉制禽鸟形艺术品：

《花东》296.3："癸卯卜，其入𩇯（瑀），侃。用。"

上辞云向商王入贡瑀，此瑀应即玉制禽鸟类艺术品的泛称。M54 出土玉鹅可归为瑀类。（图 1-5：10）

18. 弄

弄为共称而非专称，即指一类玉器。

殷墟甲骨文和金文中均有"弄"字，甲骨卜辞和铜器铭文中有关于弄器之记载，殷墟商代墓葬则出土大量玉雕艺术品，其中包含部分用作鉴赏把玩的弄器。

殷墟甲骨文中"弄"字写作"𠬢"，或省作"𠬞、𠬝、𤣩"，也有写作"𤣩"者（甲骨文"王"字与"玉"字互通），象以手（双手或单手）持玉器鉴赏之，会意字。关于该字之识读，学者意见不一。[51] 连劭名释为"弄"，认为从玉从又，而甲骨文表单手的"又"与表双手的"𠬞"同义，故隶定为"弄"。[52] 刘一曼认为此类文字"从甲骨文的字形看，似用手抚摸玉器在玩赏，正符合《说文》意思。这当是该字的本义。80 多年的殷墟发掘，在商代遗址与墓葬中，出土过许多小件玉器，如玉蝉、玉蛙、玉鱼、玉龟、玉鸟、玉兽面等小件的艺术品、装饰品，就是这种玉质的弄器"。[53] 刘说为是。

商代青铜器铭文中，见有自铭器名为"弄"者。

在殷墟宫殿区丙组基址西侧曾发现两座商代晚期房基（编号

F10、F11），从其出土物分析应是制玉作坊。在 F11 出土一件铜方鼎盖，内壁有铭文"王作敁弄"四字。[54]（图 2-32：1、2）因为它形体十分小巧，根据其铭文被定性为弄器。还有一件传世殷商铜卣铭文也作"王作敁弄"。[55] 安阳郭家庄商墓出土铜簋 M1:16，有铭文四字"鸟𡿧弄彝"。[56]（图 2-32：3）

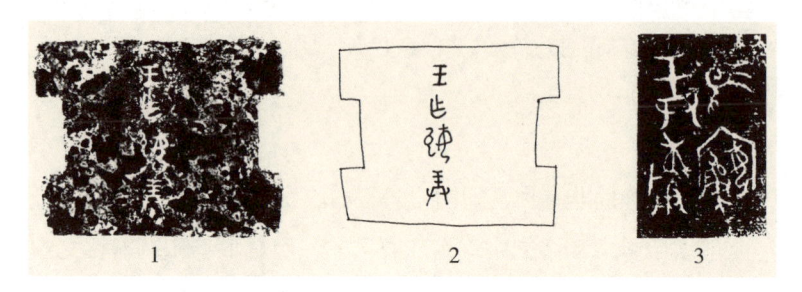

图 2-32　殷墟青铜弄器铭文
1、2. 小屯 F11 器盖铭文　　3. 郭家庄 M1 铜簋铭文

可见，殷商时期玉器和铜器中，包含一些专供玩赏之物，共名为"弄"。[57]

M54 中出土的玉玦 308、309，玉矛 268 等，皆为弄器。（图 1-3：9、11、12）

（三）其他玉器称名

此外，还有少量玉石器名称不见于殷商甲骨文和金文中，本文暂采用学术界约定俗成的习惯名称，或者以其使用方式，或者以其形制作描述性称呼。

1. 琀

殷墟商墓常见死者口中含有小件玉器或碎玉块，在商代文字中没有找到对应的字。但周代以来文献中有关于丧葬用琀的记载，可参考。

《周礼·典瑞》："大丧共（供）饭玉、含玉、赠玉。"郑氏注："饭玉，碎玉以杂米也。含玉，柱左右齻及在口中者。《杂记》曰'含者执璧将命'，则是璧形而小耳。赠玉，盖璧也。"

《周礼·玉府》："大丧，共含玉。"贾公彦疏："大丧谓王丧。含玉，璧形而小，以为口实。"

《说文》："琀，送死口中玉也。"

按殷墟商墓所见玉琀，既有璧形玉器，也有其他器型玉器，还有碎玉块等，可能包括了所谓含玉与饭玉。鉴于考古发现与传统文献记载可以吻合，且没有商代文字可以直接命名，本文借用古文献中名称，统称之为"琀"，析称作"璧（璋）琀""珠琀""蝉琀"等。

殷墟玉琀经常借用现成的玉器，而不是特意加工成某种特定器型，但是璋、蝉、鸟等最常见。M54 用的则是一个玉管 M54:479（图 1-6：32），在死者口中还有贝琀 M54:579。

2. 圭

商代文字中并无"圭"字，有学者将甲骨文"合（◁）"释作"圭"，不确。[58] 很多学者认为"圭"即"戈"的变形，但此圭是指首部作三角形、主体为长条状的玉器。

M54 出土的圭 M54:322、M54:338（图 1-2：16、17）脱

胎自一种锛凿类工具，其祖形直可追溯到山东日照两城镇出土的龙山文化玉锛，[59] 后来演化成一种长条状特形钺，妇好墓中出土多件。笔者主张暂时沿用学术界习惯称呼叫作"圭"。

3. 坠饰

有纵向穿孔可以穿组为饰者，如 M54:326、M54:343、M54:341、M54:342 等。（图 1-5：3、4、8、9、18—23）

4. 缀饰

有多个系孔可用于缝缀装饰者，如 M54:377、M54:401 等。（图 1-5：1、2）

5. 镶嵌饰

有短榫可插嵌为饰者，如 M54:387、M54:388（图 1-5：5、6）；或有孔洞可以用于镶饰者，如玉策饰 M54:316、M54:317、M54:329（图 1-4：10、14、15）。

6. 管珠

指管状串珠，是该墓出土量最大的玉石器种类。（图 1-6）

7. 其他

如长方形玉饰、箍形玉器等，现在只可作描述性称名。（图 1-5：13、14、15）

注释

[1] 关于古玉名称的定名，学术界曾有以古文献为线索的古器物学（金石学）方法和以发掘现场为依据的考古学方法（夏鼐：《商代玉器的分类、定名和用途》，《考古》1983年第5期）。夏鼐先生提倡的考古学方法，无疑比古器物学方法要进步、科学，但依然不够完美。笔者主张商代玉器定名的首要依据，应该是商代甲骨文和金文中的相关材料，即通过甲骨文、金文中的线索追寻其历史名称，可以叫作历史学方法。在采用此方法的基础上，再结合考古学方法和传统古器物学方法。

[2] 郑杰祥：《释礼、玉》，田昌五主编：《华夏文明》第一集，页360，北京大学出版社，1987年。

[3] 天津博物馆编：《天津博物馆藏玉》第047号玉器，页64，文物出版社，2012年。

[4] 李学勤：《沣西发现的乙卯尊及其意义》，《文物》1986年第7期；李学勤：《〈周礼〉玉器与先秦礼玉的源流——说祼玉》，邓聪主编：《东亚玉器》，香港中文大学，1998年；李小燕、井中伟：《玉柄形器名"瓒"说——辅证内史亳同与〈尚书·顾命〉"同瑁"问题》，《考古与文物》2012年第3期。

[5] 王慎行：《瓒之形制与称名考》，《考古与文物》1986年第3期。

[6] 拙文《商代"玉"字新探》，《中原文物》2021年第3期；拙文《殷墟戚家庄商代制玉手工业遗存及相关问题》，《中原文物》2022年第2期；拙稿《说瓒》，《华夏考古》待刊；拙稿《殷墟戚家庄M63、M235墓主人身份考》，《中原文物》待刊。

[7] 中国社会科学院考古研究所编著：《殷墟花园庄东地甲骨》，页1574，云南人民出版社，2003年。

[8] 本书引用甲骨文，资料出处书名皆用简称随文标明，恕不逐一注释：《合》——郭沫若主编：《甲骨文合集》，中华书局，1978—1982年；《屯》——中国社会科学院考古研究所编著：《小屯南地甲骨》，中华书局，1980—1983年；《英》——李学勤、齐文心、艾兰：《英国所藏甲骨集》，中华书局，1985年；《花东》——中国社会科学院考古研究所编著：《殷墟花园庄东地甲骨》，云南人民出版社，2003年；《村中南》——中国社会科学院考古研究所编著：《殷墟小屯村中村南甲骨》，云南人民出版社，2012年；《怀》——

许进雄编：《怀特氏等收藏甲骨文集》，加拿大皇家安大略博物馆，1979年。

[9] 拙文《殷商玉璧名实考》，《文物》2023年第7期。

[10] 中国社会科学院考古研究所编著：《殷周金文集成》5373，中华书局，1984—1994年。

[11] 刘一曼、曹定云：《殷墟花园庄东地甲骨卜辞考释数则》，《考古学集刊》第16集，页248—250，科学出版社，2006年。

[12] 中国社会科学院考古研究所编著：《殷周金文集成》3940，中华书局，1984—1994年。

[13] 中国社会科学院考古研究所编著：《殷周金文集成》5373，《虩䙴卣》铭文"子赐虩䙴璧一，虩䙴用作丁师彝"。

[14] 拙文《说璋》，《学而述而里仁——李伯谦先生从事教学考古60周年暨学术思想研讨会文集》，大象出版社，2022年。

[15] 孟宪武、李贵昌：《殷墟出土的玉璋朱书文字》，《华夏考古》1997年第2期；中国社会科学院考古研究所安阳工作队：《安阳殷墟刘家庄北1046号墓》，《考古学集刊》第15集，文物出版社，2004年。

[16] 拙文《殷商玉戈名实考》，《文物》2022年第7期。

[17] 参见拙稿《说䣙戚》，待刊。

[18] 林沄：《说戚、我》，《古文字研究》第十七辑，页198—202，中华书局，1989年；收入《林沄文集（文字卷）》，页81—89，上海古籍出版社，2019年。

[19] 姚孝遂云："矢"字加一横为"寅"，"寅"初假借"矢"。见于省吾主编：《甲骨文字诂林》，页2529姚孝遂按语，中华书局，1996年。以下引文如见于该书摘录者，为节省文字只标注为《甲骨文字诂林》+页码，恕不一一注明原始出处。

[20] 甲骨文"交"与"矢"写法有所不同。《合》8935正："……取……䁝。""䁝"字，学者释为"夔"，实即"箙"字异构，强调是装盛在箭箙中的"矢"，以区别于"交"。此字从箙从火，可释作"㷃"。由此可证"䁝"为"炊"说不确。甲骨文"侯""族"等，均从矢与"䁝"字同。

[21] 徐义华：《甲骨文与古文献所见殷商玉文化》，杜金鹏主编：《殷墟妇好墓出土玉器研究》，页88，科学出版社，2018年。

[22] 陈剑列出"琮"字10字，分为5类，并指出其演化顺序：谓"䖐"字大都见于宾组和历组卜辞，作地名、人名和国族名，其首领称"䖐侯"，其族人曾为犬官，称"犬䖐"。因此该字应读为崇，即周文王所伐"崇侯"。（陈

剑：《甲骨金文考释论丛》，线装书局，2007年）

[23] 《甲骨文字诂林》页863—864。

[24] 陈永正说，引见《甲骨文字诂林》页2907—2908。

[25] 《甲骨文字诂林》页2908姚孝遂按语。

[26] 拙文《商代"玉"字新探》，《中原文物》2021年第3期。

[27] 严志斌：《商代青铜器铭文研究》，页4435，上海古籍出版社，2013年。

[28] 本文所用殷墟甲骨文摹本，采自刘钊主编：《新甲骨文编》，福建人民出版社，2014年。

[29] 《甲骨文字诂林》页2218。

[30] 《甲骨文字诂林》页2219。

[31] 拙稿《说磬》，待刊。

[32] 吴大澂：《古玉图考》，页129，中华书局，2013年。

[33] 石璋如：《小屯殷代的成套兵器》，《"国立中央研究院"历史语言研究所集刊》第二十二本，1950年。（以下简称《小屯殷代的成套兵器》，不再注明版本）

[34] 中国社会科学院考古研究所编著：《殷墟的发现与研究》，页330，方志出版社，2007年。

[35] 以上诸字考释，参见《甲骨文字诂林》页1423、页1579—1580、页2227、页2456、页2836—2837。

[36] 《甲骨文字诂林》页2473姚孝遂按语。

[37] 刘一曼：《殷墟考古与甲骨学研究》，页290—291，云南人民出版社，2019年。

[38] 郭沫若：《殷契粹编》第247片考释，页422，科学出版社，1965年。

[39] 刘一曼：《殷墟考古与甲骨学研究》，页291—292，云南人民出版社，2019年；宋镇豪：《夏商社会生活史》，页599—612，中国社会科学出版社，2005年。

[40] 中国社会科学院考古研究所编著：《殷墟的发现与研究》图二五五，后冈H10，方志出版社，2007年。

[41] 《甲骨文字诂林》页460姚孝遂按语云："（此字）均为祭名，或𡥪年，或祈雨。"

[42] 中国社会科学院考古研究所编著：《殷墟发掘报告1958—1961》，页188—192，图一四四、一四五，文物出版社，1987年；中国社会科学院

考古研究所编著：《殷墟的发现与研究》，页326、364—365，图二〇九、二五六，方志出版社，2007年。

[43] 严志斌编著：《商金文编》，页496—497，中国社会科学出版社，2016年。

[44] 图见《殷墟的发现与研究》图一八九：5。

[45] 虽然《古玉图考》所藏玉玦、珑皆非商代玉器，但按其形制分别归属玦、珑可取。

[46] 《甲骨文字诂林》页1774。

[47] 严志斌编著：《商金文编》，页230，中国社会科学出版社，2016年。

[48] 《甲骨文字诂林》页1837姚孝遂按语。

[49] 《甲骨文字诂林》页1837姚孝遂按语。

[50] 刘一曼：《殷墟考古与甲骨学研究》，页276，云南人民出版社，2019年。

[51] 孙海波隶定为"掤"，见中国社会科学院考古研究所编辑、孙海波编纂：《甲骨文编》（增订本），页468，中华书局，1965年；徐中舒"疑为得之异体"，见徐中舒主编：《甲骨文字典》，页297，四川辞书出版社，2014年。

[52] 连劭名：《甲骨文"玉"及相关问题》，《出土文献研究》，页241，1985年。

[53] 刘一曼：《殷墟考古与甲骨学研究》，页287—288，云南人民出版社，2019年。

[54] 中国社会科学院考古研究所：《安阳殷墟小屯建筑遗存》，页136—154，图六七，文物出版社，2010年。线图采自刘一曼《殷墟考古与甲骨学研究》，页288，图4-69，云南人民出版社，2019年。

[55] 陈梦家编著：《美国所藏中国铜器集录》（订补本）中册，页764—765，中华书局，2019年。

[56] 中国社会科学院考古研究所安阳工作队：《1987年夏安阳郭家庄东南殷墓的发掘》，《考古》1988年第10期。铜簋：图三：2，图四：左；小圆鼎：图三：4，图四：右；小方鼎：图三：3。

[57] 拙文《说弄》，《江汉考古》2021年第6期。

[58] 详见拙文《殷墟玉戈名实考》，《文物》2022年第7期。

[59] 刘敦愿：《记两城镇遗址发现的两件石器》，《考古》1972年第4期。

三 玉石器材质

（一）玉石材料科学鉴定

我们这里所说玉器、石器，本意按照地质学标准来划分，因为这批文物标本绝大多数已做过科学检测，可以比较准确地区分玉、石。但这只是现代科学的认知，并不一定符合商人的认知理念。《周礼·考工记·玉人》曰："天子用全，上公用龙，侯用瓒，伯用将。"《说文》解释说："礼，天子用全，纯玉也；上公用駹，四玉一石；侯用瓒，（三玉二石也）；伯用埒，玉石半相埒也。"所谓玉与石，虽界限分明，但天子以下皆玉石混用。《说文》又说："瑀，石之次玉者。""玤，石之次玉者，以为系璧。""琱，治玉也，一曰石似玉。"这些所谓的石，实为类玉美石，与玉之间差别细微，这应该是周代以来的观念。当初商人是如何认知玉与石的，现在虽有某些迹象可循，却无确凿的文字记载可据。因此，本文中使用的玉、石概念，有时会在古今之间切换。

荆志淳先生等指出，矿物学定义的软玉，指具有交织纤维显微结构的透闪石－阳起石系列矿物之集合体。自然界软玉主要有两种地质产状：一种是产于镁质大理岩，在我国分布于新疆和田、辽宁宽甸、四川汶川等；另一种则与蛇纹石化超基性岩伴生，包括我国新疆天山玛纳斯、河南淅川、台湾花莲等地。软玉之矿物成分是透闪石－阳起石系列矿物，阳起石和透闪石的分界，是由

晶格占位 Fe^{2+} 和 Mg 比率来决定的。根据近红外光谱的形状和吸收强度，可以定性看出软玉中 Fe^{2+} 含量变化规律，镁质大理岩中的软玉矿物组成基本上是透闪石，而蛇纹石化超基性岩中的软玉主体，更多是阳起石。他们化繁为简，笼统地将软玉分为两个类型，即将含低铁的、与镁质大理岩相关的软玉称为Ⅰ类（NpⅠ），含高铁且通常与蛇纹石化超基性岩伴生的软玉归为Ⅱ类（NpⅡ），认为"这样的划分显然能较好地反映软玉基本地质类型的差别"[1]，又将近红外光谱 1916nm 的吸收缺乏或微弱的不透明或者半透明度低、隐晶质透闪石－阳起石矿物集合体归为软玉Ⅲ类（NpⅢ）。同时他们指出，认定出土玉石器是否为软玉，除了鉴别其矿物成分是否为透闪石－阳起石，还要确定其是否有交织纤维显微结构。在不做有损切片观测的前提下，先用近红外光谱鉴定矿物组成是透闪石－阳起石，再肉眼观察辨认出土标本是隐晶质的矿物集合体，可大致判定为软玉。荆志淳先生等根据近红外光谱特征、受沁程度、器物类别等因素，将 M54 出土玉石器的质地做进一步分类：A，矿物组成为 NpⅠ器物；B，矿物组成为 NpⅠ但含有微量蛭石的器物（B1，未受沁或微弱受沁，次生变化不强——不包括发掘报告所说 A 型 1 式玉管；B2，中等至强烈受沁，次生变化强烈——不包括发掘报告所说 A 型 1 式玉管；B3，专指未受沁或受沁微弱、次生变化微弱的 A 型 1 式玉管）；C1，矿物组成为 NpⅡ的器物（不包括发掘报告所说 A 型 1 式玉管）；C3，矿物组成为 NpⅡ A 型 1 式玉管；D，矿物组成为 NpⅢ的器物；S，矿物组成为非玉之矿物或岩石的器物。

荆志淳先生等将其所做近红外光谱检测结果列出一张统计表，为表一[2]，该表依照器物编号顺序进行数据登记编排，便于读者查阅。然后,他们又结合玉器类型进行分析,给出三张统计表:表二是在原发掘报告关于玉器分类的基础上统计编制的,表三是荆志淳先生等根据自己的器物分类进行统计编制的,表四则是在表三基础上进行简化编制的。有了这几张图表,我们可以很容易地观察出 M54 出土玉石器的材质及其与器类的对应关系。这是一项相当科学和严谨的工作成果,是迄今商代玉器研究中最具创新性的成果之一。

根据荆志淳先生等的统计结果,M54 出土玉石器中最常见材质为 NpⅠA,约占总数的 42.2%,其次是 NpⅠB1、B2,分别占 21.7%、19.3%,NpⅠD 占 8.4%,NpⅡC3 占 3.6%,NpⅠB3、NpⅡC1 各占 2.4%。应该注意的是,这个统计是将 143 件 A 型 1 式玉管(发掘者与荆志淳的器物类型意见)按 7 件(串)计数,实际检测单件器物总数为 224 件。实际上,各类玉管总数为 157 件,其组合使用情况非常复杂,复原为 3—7 串,其实不合适,但大的趋势还是很清楚的。

(二)材质与器类对应关系

笔者对该墓出土玉石器重新做了分类,将该墓出土的石器也纳入统计分析范畴,所得结果与荆志淳先生等的统计结果稍有差异。(表 1)如果把作为串饰的管珠计算在内,那么 NpⅠ类软玉 97 件(包括未经近红外光谱检测,经荆志淳先生肉眼观测断为软玉 B1、B3 的圭 322、瑊 359、戈 463,笔者将其归入 NpⅠ),约占总数的 42.7%;NpⅡ类软玉 85 件,约占 37.4%;NpⅢ类软玉 7 件,约占 3.1%;非玉质 38 件,约占 16.7%。(图 3–1)

由于串珠属于组合使用,多少枚串珠组成一件串饰,目前并不清楚,所以按每一枚串珠作为一件独立器物统计,显然不够科学。如果将串珠排除在外,统计结果则是:NpⅠ类软玉70件,约占总数的80.5%;NpⅡ类软玉3件,约占3.4%;NpⅢ类软玉7件,约占8%;非玉质7件,约占8%。串珠主要为软玉NpⅡC3、NpⅠB3和非玉质类。各种器类与材质的对应关系见图示。(图3-2)

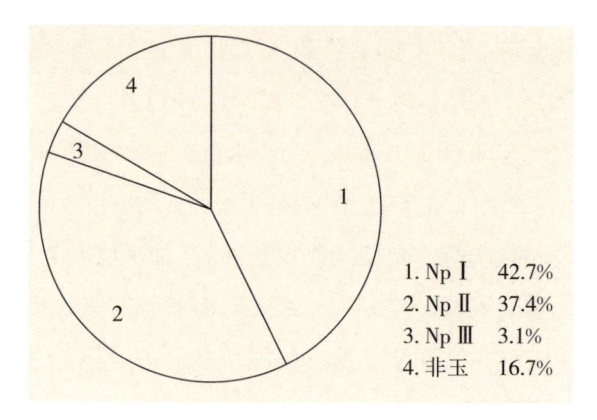

图3-1　M54玉石器材质统计图(一)

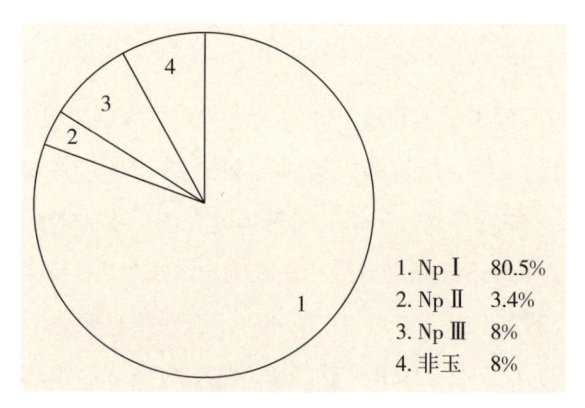

图3-2　M54玉石器材质统计图(二)

在这里,有几个数据值得注意:第一,礼玉皆为 Np I 类软玉,礼兵多属 Np I,少数为 Np II,甚至还有少量属于 Np III 者;第二,玉质用具、文具、葬器皆属 Np I A,兵器则有 Np I A、Np III D 两种;第三,御器策饰分属 Np I A 和 Np III D;第四,装饰品主要是 Np I A(除各式管外),少数为 Np III D;第五,作为坠饰的 A、B、C 型管,均为 Np I A,作为串饰的管珠,主要是 Np II C3,其次是非玉质地,Np I B3 再次之。

表1　M54 出土玉石器标本检测分析数据表

序号	器物编号	器名和型式 发掘报告名称和型式	器名和型式 本文名称和型式	矿物成分	质地分类	光泽	半透明度	次生变化	埋葬受沁
1	349	琮	琮	Np I	A	+++	++/++++	+	+
2	398	柄形器	A 型瓒玉	Np I	A	++++	++++	+	+
3	340	璇玑	牙璧	Np I	A	++++	++++	+	+
4	328	纺轮	璋	Np I	A	++++	++++	+	+
5	372	纺轮	璋	Np I	A	++++	++++	+	+
6	159	箍形器	箍形器	Np I	A	++++	++++	+	+
7	399	笄	笄	Np I	A	++++	+++	+	+
8	325	A 型觿	B 型璜	Np I	A	++++	++++	+	+
9	370	C 型觿	C 型璜	Np I	A	+++	+++	+/++	+/++
10	326	A 型兽头饰	兽面坠饰	Np I	A	++++	++++	+	+
11	377	B 型兽头饰	兽面缀饰	Np I	A	++++	++++	+	+
12	401	B 型兽头饰	兽面缀饰	Np I	A	++++	++++	+	+
13	327	A 型龙形玦	B 型珑	Np I	A	++++	++++	+	+

续表

序号	器物编号	器名和型式 发掘报告名称和型式	器名和型式 本文名称和型式	矿物成分	质地分类	光泽	半透明度	次生变化	埋葬受沁
14	368	A型龙形玦	B型珑	NpⅠ	A	++++	++++	+	+
15	371	A型龙形玦	B型珑	NpⅠ	A	++++	++++	+	+
16	450	B型龙形玦	A型珑	NpⅠ	A	++++	+++	+	+
17	394	璜形饰	1式器銴	NpⅠ	A	++++	+++	++	+/++
18	595	璜形饰	2式器銴	NpⅠ	A	++++	++++	+	+
19	341	A型1式兽面饰	兽面坠饰	NpⅠ	A	++++	++++	+	+
20	342	A型1式兽面饰	兽面坠饰	NpⅠ	A	++++	++++	+	+
21	343	A型2式兽面饰	兽面坠饰	NpⅠ	A	++++	++++	+	+
22	388	B型兽面饰	兽面插饰	NpⅠ	A	+++	+++	+	+/++
23	350	熊	熊	NpⅠ	A	++++	++++	+	+
24	353	鹅	鹅	NpⅠ	A	++++	++++	+	+
25	324	圆形坠饰	圆泡饰	NpⅠ	A	++++	++++	+	+
26	362	长方形玉饰	长方坠饰	NpⅠ	A	++++	++++	+	+
27	329	A型3式管	D型管	NpⅠ	A	++++	++++	+	+
28	312	B型管	A型1式管	NpⅠ	A	++++	++++	+	+
29	421	B型管	A型1式管	NpⅠ	A	++++	++++	+	+
30	484	B型管	A型1式管	NpⅠ	A	++++	++++	+	+

续表

序号	器物编号	器名和型式 发掘报告名称和型式	器名和型式 本文名称和型式	矿物成分	质地分类	光泽	半透明度	次生变化	埋葬受沁
31	485	B型管	A型1式管	NpⅠ	A	++++	++++	+	+
32	510	B型管	A型1式管	NpⅠ	A	++++	++++	+	+
33	479	B型管	A型2式管	NpⅠ	A	++++	++++	+	+
34	389	B型管	A型3式管	NpⅠ	A	++++	++++	+	+
35	480	C型管	C型管	NpⅠ	A	++++	++++	+	+
36	386	柄形器	B型瓒玉	NpⅠ	B1	+++	+	+/+++	+/+++
37	379	钺	A型玦	NpⅠ	B1	+++	++	+/++	+/++
38	357	A型戈	A型玦	NpⅠ	B1	+++	++++	+/++	+/++
39	351	C型戈	C型玦（鸟坠饰）	NpⅠ	B1	+++	++	+	++
40	313	铜内玉援戈	E型玦	NpⅠ	B1	+++	++	+/++	++
41	464	铜内玉援戈	E型玦	NpⅠ	B1	+++	++	+/++	++
42	309	铜内玉援戈	B型2式玦	NpⅠ	B1	+++	++	+++	++
43	148	A型铜骸玉援矛	A型3式矛	NpⅠ	B1	+++	++	+	++
44	463	B型铜骸玉援矛	B型矛	NpⅠ	B1	+++	++	+++	++
45	364	A型镞	A型矢	NpⅠ	B1	+++	+	+/++	+/++
46	365	A型镞	A型矢	NpⅠ	B1	+++	+	+/++	+/++

续表

序号	器物编号	器名和型式 发掘报告名称和型式	器名和型式 本文名称和型式	矿物成分	质地分类	光泽	半透明度	次生变化	埋葬受沁
47	366	B型镞	B型矢	NpⅠ	B1	+++	++	+/++	+/++
48	382	刀	A型刌	NpⅠ	B1	+++	++	+/++	++
49	354	刻刀	刻刌	NpⅠ	B1	+++	++	+/++	+/++
50	160	镯形器	箍形器	NpⅠ	B1	+++	+++	+/++	++
51	395	A型2式管	D型2式管	NpⅠ	B1	+++	+/++	+/++	+/++
52	583	A型2式管	D型2式管	NpⅠ	B1	+++	++++	+	+
53	158	矛	A型2式矛	NpⅠ	B2	+++	+/++	+++	++
54	268	矛	A型1式矛	NpⅠ	B2	+++	+/++	+++	++
55	376	A型戈	D型1式戉	NpⅠ	B2	++/+++	+	++++	+
56	211	B型戈	B型1式戉	NpⅠ	B2	+/++	+	++++	+++
57	319	B型戈	B型1式戉	NpⅠ	B2	++	+	++++	++
58	321	B型戈	B型1式戉	NpⅠ	B2	++	+	++++	++
59	375	B型戈	D型2式戉	NpⅠ	B2	++	+	++++	++
60	322	圭	1式圭	NpⅠ	B2	+++	++/+++	+/++	+/++
61	338	圭	2式圭	NpⅠ	B2	++/+++	+	++++	+/++
62	352	有领璧	A型璧	NpⅠ	B2	+++	++	+++	++
63	356	环	B型璧	NpⅠ	B2	++/+++	+	++++	++
64	361	环	B型璧	NpⅠ	B2	++/+++	+	++++	++
65	358	A型1式戚	B型3式瑊	NpⅠ	B2	++	+	++++	++
66	359	A型2式戚	B型4式瑊	NpⅠ	B2	++	+	++++	++

续表

序号	器物编号	器名和型式 发掘报告名称和型式	器名和型式 本文名称和型式	矿物成分	质地分类	光泽	半透明度	次生变化	埋葬受沁
67	315	A型2式戚	B型2式瑊	NpⅠ	B2	++	+	++++	++
68	360	B型戚	A型1式瑊	NpⅠ	B2	+++	++	++/+++	+/++
69	330	A型1式管	D型1式管	NpⅠ	B3	++/+++	++	+	+/++
70	332	A型1式管	D型1式管	NpⅠ	B3	++/+++	++	+	+/++
71	333	A型1式管	D型1式管	NpⅠ	B3	++/+++	++	+	+/++
72	336	A型1式管	D型1式管	NpⅠ	B3	++/+++	++	+	+/++
73	404	A型1式管	D型1式管	NpⅠ	B3	++/+++	++	+	+/++
74	405	A型1式管	D型1式管	NpⅠ	B3	++/+++	++	+	+/++
75	407	A型1式管	D型2式管	NpⅠ	B3	++/+++	++	+	+/++
76	408	A型1式管	D型1式管	NpⅠ	B3	+++	+/++	++	+/++
77	414	A型1式管	D型1式管	NpⅠ	B3	+++	+/++	++	+/++
78	416	A型1式管	D型1式管	NpⅠ	B3	+++	+/++	++	+/++
79	422	A型1式管	D型1式管	NpⅠ	B3	+++	+/++	++	+/++
80	427	A型1式管	D型1式管	NpⅠ	B3	+++	+/++	++	+/++
81	428	A型1式管	D型1式管	NpⅠ	B3	+++	+/++	++	+/++
82	429	A型1式管	D型1式管	NpⅠ	B3	+++	+/++	++	+/++
83	445	A型1式管	D型1式管	NpⅠ	B3	+++	+/++	++	+/++
84	466	A型1式管	D型1式管	NpⅠ	B3	+++	+/++	++	+/++
85	469	A型1式管	D型1式管	NpⅠ	B3	+++	+/++	++	+/++
86	482	A型1式管	D型1式管	NpⅠ	B3	+++	+/++	++	+/++

续表

序号	器物编号	器名和型式（发掘报告名称和型式）	器名和型式（本文名称和型式）	矿物成分	质地分类	光泽	半透明度	次生变化	埋葬受沁
87	489	A型1式管	D型1式管	NpⅠ	B3	+++	+/++	++	+/++
88	499	A型1式管	D型1式管	NpⅠ	B3	++/+++	+	+	+/++
89	505	A型1式管	D型1式管	NpⅠ	B3	++/+++	+	+	+/++
90	507	A型1式管	D型1式管	NpⅠ	B3	++/+++	+	+	+/++
91	515	A型1式管	D型1式管	NpⅠ	B3	+++	+/++	++	+/++
92	516	A型1式管	D型1式管	NpⅠ	B3	++/+++	+	+	+/++
93	519	A型1式管	D型1式管	NpⅠ	B3	+++	+/++	++	+/++
94	533	A型1式管	D型1式管	NpⅠ	B3	++/+++	+	+/++	++
95	543	A型1式管	D型1式管	NpⅠ	B3	++/+++	+	+/++	++
96	544	A型1式管	D型1式管	NpⅠ	B3	++/+++	+	+/++	++
97	548	A型1式管	D型1式管	NpⅠ	B3	++/+++	+	+/++	++
98	549	A型1式管	D型1式管	NpⅠ	B3	++/+++	+	+/++	++
99	562	A型1式管	D型1式管	NpⅠ	B3	++/+++	+	+/++	++
100	566	A型1式管	D型1式管	NpⅠ	B3	++/+++	+	+/++	++
101	598	A型1式管	D型1式管	NpⅠ	B3	++/+++	+	+/++	++
102	599	A型1式管	D型1式管	NpⅠ	B3	++/+++	+	+/++	++
103	314	A型1式戚	B型1式瑑	NpⅡ	C1	+++/++++	+++	+	+/++
104	320	B型戚	A型1式瑑	NpⅡ	C1	+++	+++	+	+
105	318	A型1式管	D型1式管	NpⅡ	C3	+++	+	+	+
106	334	A型1式管	D型1式管	NpⅡ	C3	+++	+	+	+

续表

序号	器物编号	器名和型式 发掘报告名称和型式	器名和型式 本文名称和型式	矿物成分	质地分类	光泽	半透明度	次生变化	埋葬受沁
107	337	A型1式管	D型1式管	NpⅡ	C3	+++	+	+	+
108	406	A型1式管	D型1式管	NpⅡ	C3	+++	+	+	+
109	409	A型1式管	D型1式管	NpⅡ	C3	+++	+	+	+
110	412	A型1式管	D型1式管	NpⅡ	C3	+++	+	+	+
111	413	A型1式管	D型1式管	NpⅡ	C3	+++	+	+	+
112	415	A型1式管	D型1式管	NpⅡ	C3	+++	+	+	+
113	417	A型1式管	D型1式管	NpⅡ	C3	+++	+	++	+/++
114	419	A型1式管	D型1式管	NpⅡ	C3	+++	+	+	+
115	423	A型1式管	D型1式管	NpⅡ	C3	++/+++	+	+	+/++
116	424	A型1式管	D型1式管	NpⅡ	C3	++/+++	+	+	+/++
117	426	A型1式管	D型1式管	NpⅡ	C3	+++	+	+	+
118	431	A型1式管	D型1式管	NpⅡ	C3	+++	+	+	+
119	432	A型1式管	D型1式管	NpⅡ	C3	+++	+	+	+
120	434	A型1式管	D型1式管	NpⅡ	C3	++/+++	+	+	+
121	435	A型1式管	D型1式管	NpⅡ	C3	++/+++	+	+	+/++
122	436	A型1式管	D型1式管	NpⅡ	C3	++/+++	+	+	+/++
123	437	A型1式管	D型1式管	NpⅡ	C3	+++	+	+	+
124	439	A型1式管	D型1式管	NpⅡ	C3	+++	+	+	+
125	442	A型1式管	D型1式管	NpⅡ	C3	+++	+	+	+
126	444	A型1式管	D型1式管	NpⅡ	C3	+++	+/++	+	+

续表

序号	器物编号	器名和型式 发掘报告名称和型式	器名和型式 本文名称和型式	矿物成分	质地分类	光泽	半透明度	次生变化	埋葬受沁
127	446	A型1式管	D型1式管	NpⅡ	C3	+++	+/++	+	+
128	448	A型1式管	D型1式管	NpⅡ	C3	+++	+	+	+
129	467	A型1式管	D型1式管	NpⅡ	C3	+++	+	+	+
130	468	A型1式管	D型1式管	NpⅡ	C3	+++	+	+	+
131	481	A型1式管	D型1式管	NpⅡ	C3	++/+++	+	+	+/++
132	486	A型1式管	D型1式管	NpⅡ	C3	++/+++	+	+	+/++
133	487	A型1式管	D型1式管	NpⅡ	C3	+++	+	+	+
134	488	A型1式管	D型1式管	NpⅡ	C3	+++	+	+	+
135	490	A型1式管	D型1式管	NpⅡ	C3	+++	+	+	+
136	491	A型1式管	D型1式管	NpⅡ	C3	+++	+	+	+
137	492	A型1式管	D型1式管	NpⅡ	C3	++/+++	+	+	+/++
138	493	A型1式管	D型1式管	NpⅡ	C3	++/+++	+	+	+
139	494	A型1式管	D型1式管	NpⅡ	C3	++/+++	+	+	+/++
140	495	A型1式管	D型1式管	NpⅡ	C3	+++	+	+	+
141	496	A型1式管	D型1式管	NpⅡ	C3	++/+++	+	+	+/++
142	497	A型1式管	D型1式管	NpⅡ	C3	+++	+	+	+
143	498	A型1式管	D型1式管	NpⅡ	C3	++/+++	+	+/++	+/++
144	500	A型1式管	D型1式管	NpⅡ	C3	+++	+	+	+
145	502	A型1式管	D型1式管	NpⅡ	C3	+++	++	++	+/++
146	503	A型1式管	D型1式管	NpⅡ	C3	+++	+	+	+

续表

序号	器物编号	器名和型式 发掘报告名称和型式	器名和型式 本文名称和型式	矿物成分	质地分类	光泽	半透明度	次生变化	埋葬受沁
147	504	A 型 1 式管	D 型 1 式管	Np II	C3	+++	+	+	+
148	508	A 型 1 式管	D 型 1 式管	Np II	C3	+++	+	+	+
149	509	A 型 1 式管	D 型 1 式管	Np II	C3	+++	+	+	+
150	511	A 型 1 式管	D 型 1 式管	Np II	C3	+++	+	+	+
151	513	A 型 1 式管	D 型 1 式管	Np II	C3	+++	+	+	+
152	514	A 型 1 式管	D 型 1 式管	Np II	C3	+++	+	+	+
153	517	A 型 1 式管	D 型 1 式管	Np II	C3	+++	+	+	+
154	518	A 型 1 式管	D 型 1 式管	Np II	C3	+++	+	+	+
155	520	A 型 1 式管	D 型 1 式管	Np II	C3	+++	+	+	+
156	521	A 型 1 式管	D 型 1 式管	Np II	C3	+++	+	+	+
157	522	A 型 1 式管	D 型 1 式管	Np II	C3	+++	+	+	+
158	523	A 型 1 式管	D 型 1 式管	Np II	C3	++/+++	+	+	+/++
159	527	A 型 1 式管	D 型 1 式管	Np II	C3	+++	+	+	+
160	528	A 型 1 式管	D 型 1 式管	Np II	C3	++/+++	+	+	+/++
161	530	A 型 1 式管	D 型 1 式管	Np II	C3	+++	+	+	+
162	532	A 型 1 式管	D 型 1 式管	Np II	C3	+++	+	+	+
163	534	A 型 1 式管	D 型 1 式管	Np II	C3	+++	+	+	+
164	535	A 型 1 式管	D 型 1 式管	Np II	C3	+++	+	+	+
165	537	A 型 1 式管	D 型 1 式管	Np II	C3	+++	+	+	+
166	539	A 型 1 式管	D 型 1 式管	Np II	C3	+++	+	+	+

三　玉石器材质

续表

序号	器物编号	器名和型式 发掘报告名称和型式	器名和型式 本文名称和型式	矿物成分	质地分类	光泽	半透明度	次生变化	埋葬受沁
167	542	A型1式管	D型1式管	NpⅡ	C3	+++	+	+	+
168	545	A型1式管	D型1式管	NpⅡ	C3	+++	+	+	+
169	547	A型1式管	D型1式管	NpⅡ	C3	++/+++	+	+	+/++
170	563	A型1式管	D型1式管	NpⅡ	C3	+++	+	+	+
171	564	A型1式管	D型1式管	NpⅡ	C3	+++	+/++	+	+
172	567	A型1式管	D型1式管	NpⅡ	C3	+++	+/++	+	+
173	584	A型1式管	D型1式管	NpⅡ	C3	++/+++	+	+/++	+/++
174	597	A型1式管	D型1式管	NpⅡ	C3	+++	+	+	+
175	601	A型1式管	D型1式管	NpⅡ	C3	+++	+	+	+
176	363	B型觿	A型2式璜	NpⅢ	D	+++	+++	+	+
177	380	B型觿	A型1式璜	NpⅢ	D	+++	+++	+	+
178	347	B型觿	A型2式璜	NpⅢ	D	+++	+++	++	++
179	387	B型兽面饰	兽面插饰	NpⅢ	D	+++	++/+++	+	+
180	316	A型3式管	策末饰	NpⅢ	D	++/+++	+++	+/++	+
181	317	A型3式管	策末饰	NpⅢ	D	++/+++	+++	+/++	+
182	550	B型管	A型管	NpⅢ	D	+++	++++	+	+
183	367	石戚	A型2式钺	At	S	++	+	+/++	++++
184	578	石钺	B型玨	Dc	S	+++	++++	+	+
185	331	A型1式管	D型1式管	Ct	S	++	+/++	+	+
186	339	A型1式管	D型1式管	Ct	S	++	+	+	+

续表

序号	器物编号	器名和型式 发掘报告名称和型式	器名和型式 本文名称和型式	矿物成分	质地分类	光泽	半透明度	次生变化	埋葬受沁
187	410	A型1式管	D型1式管	Ct	S	++	+/++	+	+
188	411	A型1式管	D型1式管	Ct	S	++	+/++	+	+
189	418	A型1式管	D型1式管	Ct	S	++	+/++	+	+
190	420	A型1式管	D型1式管	Ct	S	++	+/++	+	+
191	430	A型1式管	D型1式管	Ct	S	++	+/++	+	+
192	440	A型1式管	D型1式管	Ct	S	++	+/++	+	+
193	441	A型1式管	D型1式管	Ct	S	++	+/++	+	+
194	443	A型1式管	D型1式管	Ct	S	++	+/++	+	+
195	449	A型1式管	D型1式管	Ct	S	++	+/++	+	+
196	453	A型1式管	D型1式管	Ct	S	++	+/++	+	+
197	465	A型1式管	D型1式管	Ct	S	++	+/++	+	+
198	483	A型1式管	D型1式管	Ct	S	++	+/++	+	+
199	501	A型1式管	D型1式管	Ct	S	++	+/++	+	+
200	506	A型1式管	D型1式管	Ct	S	++	+/++	+	+
201	512	A型1式管	D型1式管	Ct	S	++	+/++	+	+
202	524	A型1式管	D型1式管	Ct	S	++	+/++	+	+
203	525	A型1式管	D型1式管	Ct	S	++	+/++	+	+
204	526	A型1式管	D型1式管	Ct	S	++	+/++	+	+
205	529	A型1式管	D型1式管	Ct	S	++	+/++	+	+
206	531	A型1式管	D型1式管	Ct	S	++	+/++	+	+

续表

序号	器物编号	器名和型式 发掘报告名称和型式	器名和型式 本文名称和型式	矿物成分	质地分类	光泽	半透明度	次生变化	埋葬受沁
207	536	A 型 1 式管	D 型 1 式管	Ct	S	++	+/++	+	+
208	538	A 型 1 式管	D 型 1 式管	Ct	S	++	+/++	+	+
209	540	A 型 1 式管	D 型 1 式管	Ct	S	++	+/++	+	+
210	541	A 型 1 式管	D 型 1 式管	Ct	S	++	+/++	+	+
211	565	A 型 1 式管	D 型 1 式管	Ct	S	+/++	++	+	+
212	585	A 型 1 式管	D 型 1 式管	Ct	S	++	+/++	+	+
213	600	A 型 1 式管	D 型 1 式管	Ct	S	++	+/++	+	+
214	447	A 型 1 式管	D 型 1 式管	It	S	++	+/++	+	+
215	561	A 型 1 式管	D 型 1 式管	It	S	++	+/++	+	+
216	425	A 型 1 式管	D 型 1 式管	UN	S	++	+	+	+
217	433	A 型 1 式管	D 型 1 式管	UN	S	+/++	+	+	+
218	438	A 型 1 式管	D 型 1 式管	UN	S	++	+	+	+
219	551	A 型 1 式管	D 型 1 式管	UN	S	++	+	+	+
220	560	A 型 1 式管	D 型 1 式管	UN	S	++	+	+	+
221	602	A 型 1 式管	D 型 1 式管	UN	S	++	+	+	+
222	402	水晶环		Qz	S	+++	++++	+	+
223	332	石管							
224	207	石磬							
225	209	石刀							
226	210	石刀							

续表

序号	器物编号	器名和型式 发掘报告名称和型式	器名和型式 本文名称和型式	矿物成分	质地分类	光泽	半透明度	次生变化	埋葬受沁
227	369	石调色器							

说明：

1. 本表根据《安阳殷墟花园庄东地商代墓葬》和荆志淳先生等《M54 出土玉器的地质考古学研究》编制。

2. 近红外光谱分析之矿物成分代号：NpⅠ指Ⅰ型软玉，NpⅡ为Ⅱ型软玉，NpⅢ指Ⅲ型软玉。At 为叶蛇纹石。Ct 为绿泥石。It 为伊利石。Dc 为迪开石。Qz 为玉髓、隐晶质石英。UN 为未知矿物或岩石。

3. 根据近红外光谱特征、受沁程度、器物类别的质地分类：A 为矿物组成为 NpⅠ的器物。B1、B2、B3 的矿物组成也是 NpⅠ，但含有微量蛭石，其中 B1 未受沁或微受沁（A 型 1 式管除外。这里的玉管型式为荆志淳先生论文表一中型式划分，下同），B2 中等或强烈受沁（A 型 1 式管除外），B3 系 A 型 1 式管，未受沁或微弱受沁。C1 为矿物组成为 NpⅡ的器物（A 型 1 式管除外），C3 为矿物组成为 NpⅡ的 A 型 1 式管。D 为矿物组成为 NpⅢ之器物。S 为非玉之矿物或岩石。

4. 按《安阳殷墟花园庄东地商代墓葬》玉器小节（页 175）综述，M54 出土玉器 224 件，"这种归类的方法是出于'石之美者即为玉'的考虑成分较多"。在表二中统计为 222 件（表中"兵器类"合计为 27 件，应为 22 件之误）。根据科学检测结果，剔除了非玉矿物的 37 件管珠（29 件绿泥石，2 件伊利石，另有 6 件材质不明）、1 件戚（M54: 367 是叶蛇纹石）、1 件珑（M54:578 为迪开石）、1 件环（M54:402 是水晶），因此该墓出土玉石器 227 件，其中玉器 182 件，宝石（水晶）器 1 件，石器 44 件。

（三）材质与器类关系分析

关于 M54 出土玉石器材质与器类的对应分析，可从以下四个方面分别做进一步探讨。

第一，以材质为视角。（表 2）

总体上看，M54 出土玉器以 NpⅠ矿类占绝大多数，这是 M54 出土玉器材质的基本面。其中，NpⅠA 包括琮、瓒玉、牙璧、系璧、璋、珑、器鏊、璜、箍形器、戈缨坠、御器策本饰、熊、鹅和部分管珠。以佩饰（或配饰）为主，礼玉、礼兵（只是配件）很少，弄器（艺术品）更少，冠饰（或发饰）仅有 1 件；NpⅠB1 包括瓒玉、玦、戉、矛、矢、刓、刻刓、箍形器和管珠等，以礼兵为主，另有少量礼玉、文具。NpⅠB2 包括璧、环、圭、璈、玦，几乎全部是礼器，以礼兵为主，礼玉次之。石质礼器有璈、玦、磬各 1 件。

NpⅡ只有 2 件礼器——A、B 型璈各 1 件，且皆系遗玉。

NpⅢ数量也很少，包括 3 件璜、2 件策饰、1 件兽面插饰、1 件戈缨坠。值得注意的是，NpⅢD 主要属于兵器、御器配件。

表 2　M54 出土玉石器材质归类统计表

材质	器名器号	器型	器类	备注
NpⅠA	琮 349		礼玉	龙山遗玉
	瓒玉 398	B	礼玉	
	兽面缀饰 377		配饰佩饰	
	兽面缀饰 401		配饰佩饰	
	兽面坠饰 326		配饰佩饰	

续表

材质	器名器号	器型	器类	备注
NpⅠA	兽面坠饰 343		配饰佩饰	
	兽面坠饰 341		配饰佩饰	
	兽面坠饰 342		配饰佩饰	
	兽面插饰 388		配饰佩饰	
	牙璧 340		佩饰	
	熊 350		弄器	
	鹅 353		弄器	
	笄 399		冠饰发饰	
	章 328		配饰佩饰	
	章 372		配饰佩饰	
	系璧 362		配饰佩饰	
	珑 450	A	配饰佩饰	
	珑 327	B	配饰佩饰	
	珑 368	B	配饰佩饰	
	珑 371	B	配饰佩饰	
	器錾 394	1	配饰	
	器錾 595	2	配饰	
	箍形器 159		配饰	
	璃 370	C	兵器	
	璃 325	B	兵器	
	圆泡饰 324		配饰佩饰	

三 玉石器材质

续表

材质	器名器号	器型	器类	备注
NpⅠA	策本饰 329	A	御器	
	玲 479	管 A2	葬器	
	管 421		戈缨坠	
	管 389	A3	戈缨坠	
	管 510		戈缨坠	
	管珠 312		佩饰	
	管 484		戈缨坠	
	管 485		戈缨坠	
	管珠 480	C	佩饰	
NpⅠB1	珑 379	A	礼兵	
	瓒玉 386	B	礼器	
	玓 382		礼器	
	铜骹矛 148	A3	礼兵	
	铜骹矛 463	B	礼玉	
	矢 364	A	礼玉	
	矢 365	A	礼兵	
	矢 366	B	礼兵	
	珑 357	A	礼兵	
	珑 351	C	礼兵	
	铜内珑 464	E2	礼兵	
	铜内珑 313	E1	礼兵	

续表

材质	器名器号	器型	器类	备注
Np Ⅰ B1	铜内玦 309	B2	礼兵	
	刻珥 354		文具	
	箍形器 160		配饰	
	管 395	D2	佩饰	
Np Ⅰ B2	璧 352	A	礼玉	
	璧（环）356	B	礼玉	
	璧（环）361	B	礼玉	
	圭 322	1	礼玉	
	圭 338	2	礼玉	
	璧式钺 315	B2	礼兵	
	璧式钺 358	B3	礼兵	
	璧式钺 359	B4	礼兵	
	钺式钺 360	A1	礼兵	
	玦 211	B1	礼兵	
	玦 319	B1	礼兵	
	玦 375	D2	礼兵	
	玦 321	B1	礼兵	
	玦 376	D1	礼兵	
	小玉玦 308	B2	弄器	
Np Ⅱ C1	璧式钺 314	B1	礼兵	遗玉
	钺式钺 320	A1	礼兵	遗玉

三　玉石器材质

续表

材质	器名器号	器型	器类	备注
NpⅢD	璊 380	A1	兵器	
	璊 347	A2	兵器	
	璊 363	A2	兵器	
	策末饰 316	A	御器	
	策本饰 317	A	御器	
	管 550	A	戈缨坠	
	兽面插饰 387		佩饰配饰	
AtS	钺式石瑹 367	A2	礼兵	
DcS	石玹 578	B	礼兵	

第二，以器类为视角。（表3）

如果暂且抛开长短直管不说，其他玉石器种类的材质分布情况为：礼玉类璧（含环）、圭、琮、B型瑹和瓒玉以NpⅠB2为主，此外NpⅠB1有2件，NpⅠA、NpⅡC1各1件；礼兵类A型瑹、玹、矛、矢等，NpⅠB1与NpⅠB2大约各占一半；艺术品熊、鹅等动物雕像皆NpⅠA；佩饰或配饰中，以NpⅠA为主，其次是NpⅢD；服饰（含冠饰、履饰）基本全是NpⅠA，只有1件兽面插饰为NpⅢD；作为葬器的管形琀和杂器箍形器，分别为NpⅠA和NpⅠB1。

表3 M54出土玉石器分类统计表

		器名与器号	型式	材型	时代	位置
礼仪器具	礼玉类	琮 349		NpⅠA	龙山？	墓主人左胸（背）部（以下言方位，凡未特别说明者，皆指墓主人）
		璧 352	A	NpⅠB2	殷商	右小臂外侧

续表

	器名与器号	型式	材型	时代	位置
礼仪器具	礼玉类	璧（环）356	B	NpⅠB2	殷商	未查到。按玉器 350—360 等皆在腰腹部，推测此器亦在腰部
		璧（环）361	B	NpⅠB2	殷商	棺外西侧与墓主人左肩平行位置。与瓒玉 386 相邻，属于殉葬人 XZ7。与玦 382 配套
		圭 322	1	NpⅠB2	殷商	头左，与玦 319、璋 320、玦 321 叠置
		圭 338	2	NpⅠB2	殷商	头右，与玦 313，璋 314、315 相邻。两件圭对称分布头左右
		玦 379	A	NpⅠB1	殷商	右小腿外侧，与璜 380 相邻。其上有圆形骨饰 378
		璧式璋 314（遗玉）	B1	NpⅡC1	夏	头右侧，与璋 315 叠置
		璧式璋 315	B2	NpⅠB2	殷商	头右侧，与璋 314 叠置
		璧式璋 358	B3	NpⅠB2	殷商	左手外侧，与璋 360 紧挨
		璧式璋 359	B4	NpⅠB2	殷商	右手外侧，与璋 358 对称
		瓒玉 386	A	NpⅠB1	殷商	棺外西侧，与璧（环）361 紧挨
		瓒玉 398	B	NpⅠA	殷商	棺外西侧，与瓒玉 386 成双
	兵器类	钺式璋 320（遗玉，改制）	A	NpⅡC1	夏	头左，与玉玦 319、321，圭 322 相邻。另一件玉圭 338 在墓主人右肩部。这样玉璋 314、320，玉圭 322、338 对称放置在墓主人头肩两侧
		钺式璋 360	A	NpⅠB2	殷商	棺内西侧右腿外，与璋 358 紧邻
		钺式石璋 367	A	AtS	殷商	右膝外侧，与玉矢 364、365、366 相伴。更近墓主人腿骨处是玉璜 363、长方坠饰（残章改件）362

三 玉石器材质 075

续表

	器名与器号	型式	材型	时代	位置
礼仪器具	戈 211	B1	NpⅠB2	殷商	头箱东北角，铜鼎240北侧，旁边是铜戈243、244、245、246
	戈 319	B1	NpⅠB2	殷商	头左，与瑹320、戈321、圭323相叠
	戈 375	D2	NpⅠB2	殷商	右侧盆骨外侧
	戈 321	B1	NpⅠB2	殷商	头左，与瑹320、戈319、圭323相叠
	戈 357	A	NpⅠB1	殷商	不明
	戈 376	D1	NpⅠB2	殷商	右小腿外侧
	戈 351	C	NpⅠB1	殷商	左侧腰部
兵器类	铜内戈 464	E2	NpⅠB1	殷商	不明
	铜内戈 313	E1	NpⅠB1	殷商	头右贴棺壁，旁有瑹314、315
	铜内戈 309	B2	NpⅠB1	殷商	南部棺椁之间，殉葬人XZ6胸部，与玉戈308、铜戈310叠置。可能这一组器物是殉葬人XZ6的随葬品
	矛 158	A2	NpⅠB2	殷商	不明
	矛 268	A1	NpⅠB2	殷商	不明
	铜骹矛 148	A3	NpⅠB1	殷商	棺外西北方约50厘米处，对应殉葬人XZ7头部，应属于殉葬人XZ7
	铜骹矛 463	B	NpⅠB1	殷商	不明
	矢 364	A	NpⅠB1	殷商	与玉矢365、366排列在右大腿骨外侧，与瑹367挨着
	矢 365	A	NpⅠB1	殷商	同上
	矢 366	B	NpⅠB1	殷商	同上
	石戉 578		DcS	殷商	属于棺椁下XZ13

续表

		器名与器号	型式	材型	时代	位置
礼仪器具	用具类	玘 382		NpⅠB1	殷商	棺外西侧，与璧（环）361、笄 399、瓒玉 398 在一起
	乐器类	磬 207			殷商	棺上南部
生产工具		石刀 209			殷商	位于棺椁之间西北部，与石刀 210 叠置在铜觚 206 下面
		石刀 210			殷商	同上
文具	刻刀	玉刻玘 354		NpⅠB1	殷商	不明。图上没有
	调色器	调色石器 369			殷商	不明。图上没有
弄器		小玉玦 308	B2	NpⅠB2	殷商	南部棺椁之间，殉葬人 XZ6 胸部，与玉玦 309、铜戈 310 叠置。这一组器物是殉葬人 XZ6 的随葬品
		熊 350		NpⅠA	殷商	腰部左外侧，与鹅 353、鸟形饰（残戈内）351 在一起
		鹅 353		NpⅠA	殷商	腰部左外侧，与熊 350、鸟形饰（残戈内）351 在一起
装饰	佩饰与配饰	笄 399		NpⅠA	殷商	棺外西侧，与璧（环）361，瓒玉 386、398，玘 382 放在一起。属于殉葬人 XZ7
		璋 328		NpⅠA	殷商	约颈部颌下，与兽头串饰 326、璜 325 在一起
		璋 372		NpⅠA	殷商	右膝外侧，与玦 368 相邻
		系璧 362		NpⅠA	殷商	左膝部，与璜 363 左右对应
		珑 450	A	NpⅠA	殷商	左盆骨外，外侧是璧戚 358，附近有管珠 444、445、446、447
		珑 327	B	NpⅠA	殷商	约颌下胸部，与兽头饰 326、璜 325、璋 328 相距不远

三　玉石器材质

续表

		器名与器号	型式	材型	时代	位置
装饰	佩饰与配饰	珑 368	B	NpⅠA	殷商	约右膝下方
		珑 371	B	NpⅠA	殷商	约左脚部,在璜 370 西南侧
		器銎 394	1	NpⅠA	殷商	小腹部,左有熊、鹅,右有璜 347、璧 352
		器銎 595	2	NpⅠA	殷商	不明
		牙璧 340		NpⅠA	殷商	右大臂外侧,与兽面饰 341、342、343 邻近,或系组佩
		璜 370	C	NpⅠA	殷商	小腿部
		璜 380	A1	NpⅢD	殷商	右脚部
		璜 325	B	NpⅠA	殷商	约颈部颌下,与兽头串饰 326、章 328 在一起,紧邻铜铃 326
		璜 347	A2	NpⅢD	殷商	右小臂外,与涡纹骨饰 346 邻近。配套?
		璜 363	A2	NpⅢD	殷商	右膝部,与穿孔玉饰 362 左右对称
		圆泡饰 324		NpⅠA	殷商	左肩外,邻近玉玦 319。或是缨坠
		策末饰 316	A	NpⅢD	殷商	棺内西北角
		策本饰 317	A	NpⅢD	殷商	棺内西北角
		策本饰 329	A	NpⅠA	殷商	右大臂外
		管 395	D2	NpⅠB1	殷商	右小臂外侧
		管 539	C		殷商	盆骨
		管 521	C		殷商	左大腿外侧
		管 543	C		殷商	左大腿
		管 532	D3		殷商	左大腿

续表

		器名与器号	型式	材型	时代	位置
装饰	佩饰与配饰	管 547	D1		殷商	两大腿间
		管 410	C		殷商	左大臂外
		管 413	C		殷商	左臂肘外
		管 433	C		殷商	左大腿外贴棺壁
		管 437	D3		殷商	棺外西侧中部贴近棺
		管 406	C		殷商	右侧盆骨
		管 441	D1		殷商	棺外西侧中部贴近棺
		管 444、445	C		殷商	左大腿外侧
		管 465、467	D3		殷商	两大腿间
		管 490、494	C		殷商	胸部
		管 514	C		殷商	盆骨左侧
		管 523	C		殷商	盆骨左侧
		管 404	D1		殷商	右肘部
		管 430	C		殷商	左侧盆骨外侧
		管 421	C	$Np\ I\ A$	殷商	左侧盆骨外侧
		管 333	C		殷商	右大臂外与策本饰329相近
		鸟形饰（戈内）351	C	$Np\ I\ B1$	殷商	左腰部
		管 389	A3	$Np\ I\ A$	殷商	左脚
		管 550	B	$Np\ III\ D$	殷商	孤立在左脚下方
		管 510		$Np\ I\ A$	殷商	右腹部外侧
		管珠 312		$Np\ I\ A$	殷商	头顶

三　玉石器材质

续表

		器名与器号	型式	材型	时代	位置
装饰	佩饰与配饰	管 484		Np I A	殷商	头顶
		管 485		Np I A	殷商	头顶，与管 484 并排
		管珠 480	C	Np I A	殷商	头顶右侧
		水晶环 402			殷商	棺内南端，独自存在
	服饰	兽面缀饰 377		Np I A	殷商	不明
		兽面缀饰 401		Np I A	殷商	棺外东侧中部
		兽面坠饰 326		Np I A	殷商	约颈部颌下，与珑 327、章 328 在一起。或有组合关系
		兽面坠饰 343		Np I A	殷商	右大臂外侧，与兽面坠饰 342、341，牙璧 340 邻近
		兽面坠饰 341		Np I A	殷商	右大臂外侧，与兽面坠饰 342、343，牙璧 340 邻近
		兽面坠饰 342		Np I A	殷商	右大臂外侧，与兽面坠饰 341、343，牙璧 340 邻近。或是一组串饰
		兽面插饰 388		Np I A	殷商	右脚部。履饰？
		兽面插饰 387		Np III D	殷商	左脚部。履饰？
葬器		玲 479	管 A2	Np I A	殷商	口中
杂器		箍形器 159		Np I A	殷商	头箱铜簋 171 内
		箍形器 160		Np I B1	殷商	头箱中部，铜簋 171、铜鼎 181、铜方鼎 170 之间
		小石子				南二层台

第三，关于对器。M54出土玉石器中有部分器物属于对器，对器的材质一般是相同的，但也有少数是不同的。

B型瑹中，依据器型，瑹314与瑹358、瑹359与瑹315应该分别是对器。但根据出土时配对情况，却是瑹314与瑹315叠置在墓主人头右侧，瑹358与瑹359同置于墓主人右手部，应分别为对器。它们的材质，除了瑹314为NpⅡC1，其余皆为NpⅠB2。根据形制、工艺、尺度等分析，瑹314是前代遗玉，不与其他3件同型瑹同材，说明它们不仅时代不同，来源也不同。

策饰316、317分属策末饰和策本饰，其纹饰相同，材质也相同（皆为NpⅢD），出土时上下相对，为对器无疑。策本饰329为NpⅠA，而与之配对的是骨策本饰150。

兽面插饰387、388分别出自墓主人两脚下，形制基本相同，为对器。但材质分属NpⅠA（388）、NpⅢD（387），且尺寸也有一定差异，很可能不是同批次产品。相比之下，兽面坠饰341、342同属NpⅠA，造型、纹饰、尺寸皆基本相同，是真正的对器，为同批次产品。

戈缨坠中，笔者认为管421与管510、管484与管485、管389与管550各成一对，其中前两对皆为NpⅠA，后一对却分属NpⅠA、NpⅢD，可能不是"原配"。

第四，关于同类器。

M54中出现的同类器中，其材质关系如何？

5件璜中，璜380、璜347、璜363皆为上部龙形，下部戈形。而璜325是上下二龙相对。璜370虽然也是上部龙形，下部戈形，但型材是板式，有别于其他3件。再观察材质，璜370、璜325为NpⅠA，璜380、璜347、璜363则是NpⅢD。可见，5件璜可分为2组——不但造型不同，材质也不同。

4件珑的型式虽有不同，但材质完全一样，均为NpⅠA。

2件璋328、372，以及璋改制的长方坠饰362，均系NpⅠA。

2件圭全是NpⅠB2。

11件玦分为2组：NpⅠB1组有玦309、313、351、357、464，NpⅠB2组有玦211、308、319、321、375、376。

可见，同类器物的材质，有的完全相同，有的并不相同。

总体上看，M54出土玉石器材质是以玉为主，玉石并用。石器中又以类玉美石为主，真正的普通岩石很少见。

注释

[1] 荆志淳、徐广德、何毓灵、唐际根：《M54出土玉器的地质考古学研究》，《花园庄》附录十，页353。
[2] 荆志淳、徐广德、何毓灵、唐际根：《M54出土玉器的地质考古学研究》表一《殷墟M54出土玉器矿物组成近红外光谱鉴定结果》，《花园庄》附录十，页355—365。

四 玉石器型式

所谓型式，是指考古类型学意义上对器物形制的划分和描述。

（一）璧

璧，中孔出廓（领），按肉、好比例不同分为二型。A 型，孔径小于肉宽。标本 352，材型 Np I B2，青白色，中孔两面对钻，孔壁经过修磨。器体规整，两面抛光，璧面有 5 组、每组 3 周同心圆阴刻线，各组刻线之间间隔有 1 周凹槽。线条规则流畅，双面对称。发掘者认为应系机械施刻而非手工所刻。直径 17.6 厘米，厚 0.3 厘米，中孔径 5.7 厘米。B 型，孔径大于肉宽，即所谓"环"。标本 356，材型 Np I B2，黄褐色，正圆形，孔周有廓。器体规整，加工精细。表面抛磨光滑，周缘边棱圆滑。中孔圆正，廓壁厚薄均匀。直径 10.56 厘米，孔径 5.21 厘米，厚 0.23 厘米。疑似旧器。标本 361，材型 Np I B2，牙黄色，器体比较规整，器表和孔壁留有纤细的同心圆旋纹。直径 11.58 厘米，厚 0.29 厘米，孔径 5.83 厘米。[1]（图 4-1：1—3，图版二一：1、3、4）

（二）琮

琮 349，材型 Np I A，黄褐色，四棱体，器体不规整，射部不很圆整，外侧面有四个直面与琮体四面重合。中孔亦非正圆，近似圆角正方形。通体光滑。边长 6.36—6.68 厘米，内孔直径 5.35 厘米，通高 4.47 厘米。（图 4-1：4，图版二〇：3）

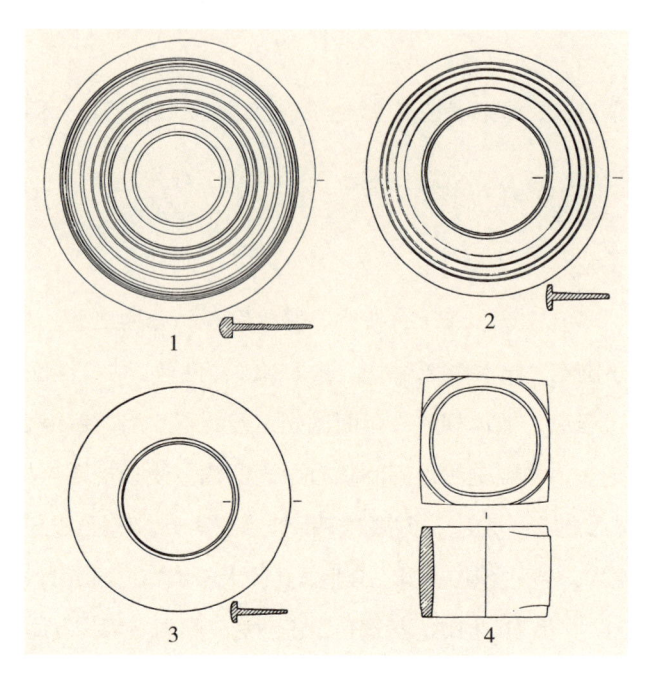

图 4-1 M54 出土玉璧、琮（比例尺不统一）
1.A 型璧 M54：352   2、3.B 型璧 M54：361、M54：356
4. 琮 M54：349

（三）瑴

瑴，两侧有扉齿，每侧各 3 组、6 齿。分二型。

A 型，珑式，器体作长方形，刃宽于内。分 2 式。1 式，形体相对宽短。标本 360，材型 NpⅠB2，青色，形制规整。端刃双面磨制，平首倒棱，两侧扉齿为矮平无锋方齿状，内部对钻穿孔。通高12.55厘米，宽7.1厘米，厚0.7厘米，孔径1.22厘米。[2]标本320，材型NpⅡC1，墨绿色，端刃两面磨制，器体厚薄不匀，一面有解料时遗留的凹槽。器体两侧扉齿作平顶无锋宽齿状。内部有2个圆穿，一个因器体残断仅剩半圆孔，另一个为二次利用所钻，故与扉齿齐平，孔为单面桯钻。另在体侧近扉棱处有一个单面桯钻小孔，应是原器之孔。存高11.07厘米，刃宽8.45厘米，厚0.48—0.56厘米，孔径1.13厘米。2式，形体相对窄长。标本367，材型AtS（叶蛇纹石），长条状，两侧各有6个扉牙，扉牙短平无弧锋。内部穿孔两面对钻。长15.5厘米，宽6.8厘米，厚0.55厘米。（图4-2：1、2、3，图版二〇：1、2、4）

B型，璧（环）式，系用圆形片材加工制成。分4式。1式，无领，分刃。标本314，材型NpⅡC1，刃部分割成4个分刃，分刃之间有折角。标本是早期遗玉，解料时，因"刀具"方向控制不够精细，留有台阶状切痕（报告说"倾斜沟状凹槽"），造成器体厚薄不匀。其扉牙有尖锋，起伏度大，富有灵动性。刃部两肩无弧尖。中孔单面管钻，剖面呈梯形。近刃扉牙之连线恰过中孔中线。形体小巧，通径（高）14.9厘米，刃宽14.4厘米，厚0.4—0.8厘米，孔径5.6厘米。2式，无领，通刃。标本315，材型NpⅠB2，牙黄色，刃部呈完整弧状，圆钝，中孔管钻，孔壁打磨光滑。内部有两组4条阴刻直线，两组刻线之间有桯钻小孔2个。通高19.9厘米，刃宽19.2厘米，中孔直径5.94厘米，器厚0.36厘米。3式，有领，分刃。标本358，材型NpⅠB2，有廓分刃式，牙黄色，器体薄而规整。宽齿状扉棱，无锋尖。近刃之左右扉牙之连线，不在中孔中线而偏在近刃方向。刃部有11

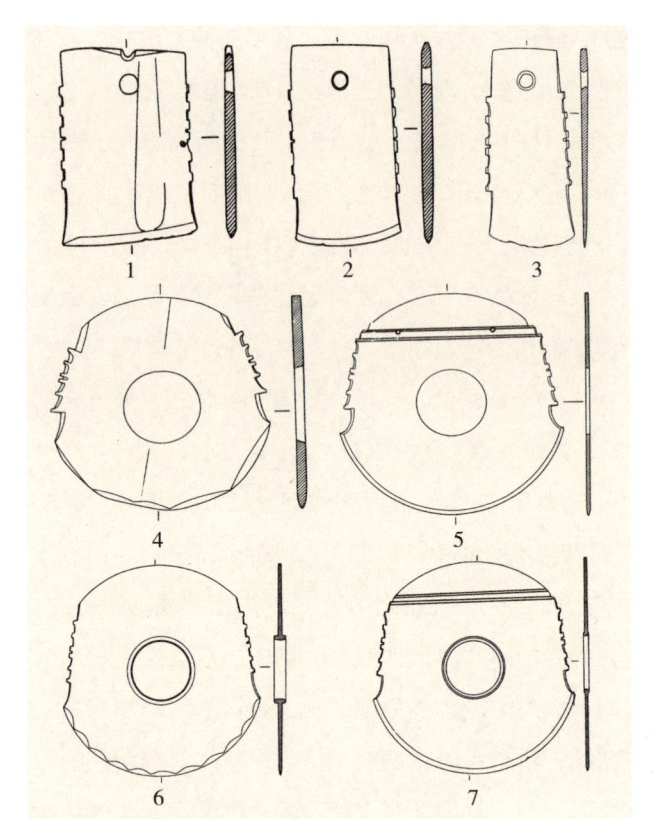

图 4-2 M54 出土玉玑（比例尺不统一）
1.A 型玑 M54: 320　2.A 型玑 M54: 360　3.A 型玑 M54: 367
4.B 型玑 M54: 314　5.B 型玑 M54: 315　6.B 型玑 M54: 358
7.B 型玑 M54: 359

个分刃，但分刃之间无折角，即刃口是圆弧形的。中孔为两面管钻，孔壁经打磨无棱线。通高 22.1 厘米，刃宽 21.1 厘米，孔径 6.35 厘米，器厚 0.5 厘米，廓壁厚 1.3 厘米。放置在棺内中部西侧，靠棺木壁。其右侧是龙形玦 450。4 式，有领，通刃。标本 359，材型 NpⅠB2，为有廓通刃式，牙黄色，宽齿状扉棱，无锋尖。

近刃之左右扉牙之连线，不在中孔中线而偏在近刃方向。刃口圆钝。中孔出廓，孔系两面管钻，孔壁经打磨。内根部有两组 4 条阴刻细线。通高 22.3 厘米，刃宽 21.3 厘米，壁厚 0.4 厘米，孔径 5.7 厘米。（图 4-2：4、5、6、7，图版一九）

应注意，关于 B 型瑴，《花园庄》图一三六和图一三七中各器线图皆变形，即高、宽比例失真，可以根据《花园庄》拓片三八矫正。[3]（图 4-3）

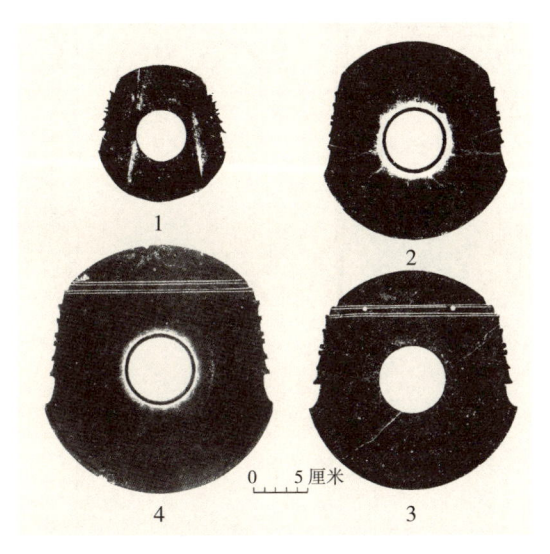

图 4-3　M54 出土 B 型玉瑴拓片
1.M54：314　2.M54：358　3.M54：359　4.M54：315

（四）珓

珓分二型。A 型，直刃，铲式。标本 379，材型 NpⅠB1，造型不规整，两面刃，两侧亦磨出钝刃，内部有几条阴刻细线。

圆孔单面钻，孔壁未经打磨。珹体由上而下逐渐变薄。玉料裁制不够规整，器型不甚对称。B 型，弧刃，斧式。标本 578，材型 DcS（迪开石），弧刃，首部两肩皆有残缺，穿孔为两面对钻。通长 12.39 厘米，宽 6.92 厘米，厚 1.07 厘米。（图 4-4：1、2，图版二二：4、5）

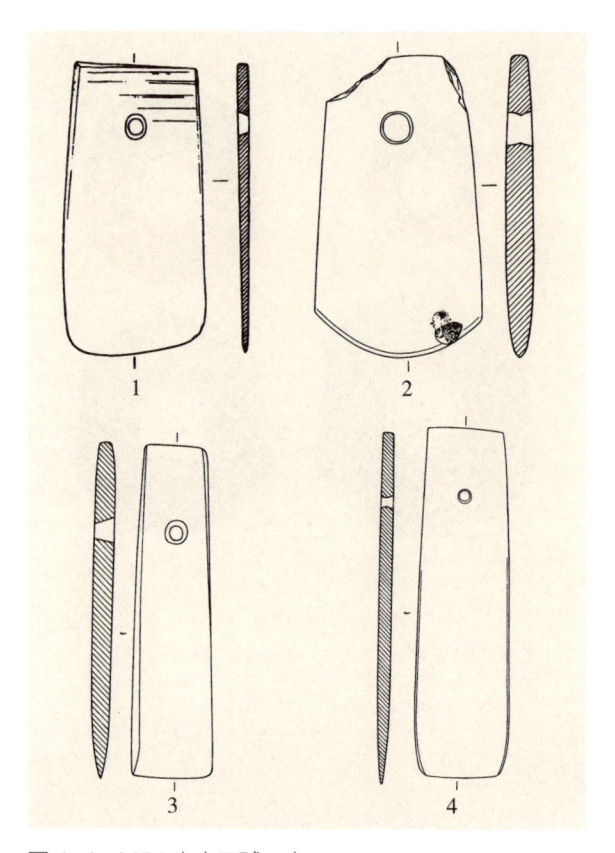

图 4-4　M54 出土玉珹、圭
1.A 型玉珹 M54：379　2.B 型石珹 M54：578
3.玉圭 M54：322　4.玉圭 M54：338

（五）圭

长条状，平首直刃，内部单穿，素面，可分2式。1式，刃部稍外展。标本322，材型NpⅠB2，暗青色，单面钻孔。内部沁色深重，似有纳柲捆缚痕迹。长12.58厘米，刃宽3.1厘米。2式，刃部弧收。标本338，材型NpⅠB2，牙黄色，局部泛黄，四棱圆滑，磨制光润。圆穿两面钻。通长18厘米，厚0.7厘米。（图4-4：3、4；图版二二：1、2）

（六）戈

根据援部形制和内部结构与尺度，可分为五型。

A型，直援直内，援、内无明显分界。中脊突起，刃脊线清晰，中脊线与刃脊线之间弧凹。标本357，材型NpⅠB1，青绿色。援体近于中轴对称，内根有一对钻圆穿。通长20.7厘米，宽7.1厘米，厚0.35厘米。

B型，直援直内，中脊线和刃脊线清晰，两线之间弧凹。前锋微下倾，援宽内窄，内尾无装饰。分2式，1式形体较大。标本211，材型NpⅠB2，青色。内根有一圆穿。通长18.2厘米，内长3厘米。标本319，材型NpⅠB2，黄灰色。直援微曲，内跟桯钻一个销孔。通长21.45厘米，援宽6.28厘米。标本321，材型NpⅠB2，黄灰色，援根有一圆穿，内首缺一角。通长19.81厘米，援宽6.71厘米，内宽6.16厘米，厚0.44厘米。2式形体小巧。标本308，材型NpⅠB2，灰白色。通长6.5厘米，援宽1.6厘米，厚0.3厘米。

C 型，直援，内部雕作蹲立歧冠鹰鸟状，耳目身纹样用"双阴挤阳"手法表现。标本351，材型 NpⅠB1，青褐色，已残，器型与同墓歧冠内铜戈(《花园庄》B 型戈，图一一三)相同。存长9.02厘米。

D 型，曲援，援面平坦无脊线，前锋垂勾。分2式。1式弓背曲刃，援内无分界，内前有一穿。标本376，材型 NpⅠB2，牙黄色，通长14.6厘米，援宽4.4厘米，厚0.4厘米。2式援宽内窄，内部有一圆穿。[4]标本375，材型 NpⅠB2，灰白色，两面刃，无使用痕迹，锋尖稍残。通长18.65厘米，援宽5.2厘米，厚0.3厘米。

E 型，玉援铜内，玉援中脊突起，援身以中脊线为轴线上下对称，前锋近于等腰三角形，中脊两侧援面内凹，边脊线清晰，刃部锋利，内短促。分2式。1式援长，标本313，材型 NpⅠB1，灰色。前锋微残，残长13.97厘米，援宽5.26厘米。后接铜内，上有绿松石镶嵌的饕餮纹。2式援短，标本464，材型 NpⅠB1，青色。援根有一个圆穿。短内稍残，上有2个销孔。通长18.85厘米，宽5.47厘米。铜内残失。标本309，材型 NpⅠB1，青色。援身内上有一销孔。铜内残失。通长10.9厘米，宽4.5厘米，厚0.35厘米。(图4-5，图版二三)

(七) 矛

根据援部形制分二型。

A 型，宽援，有中脊线，后部圆弧饱满。分3式。1式，援相对宽短。标本268，材型 NpⅠB2，黄灰色。前锋尖锐，通体磨光。通长7.1厘米，宽4.6厘米，厚0.4厘米。2式，援相对窄长。标

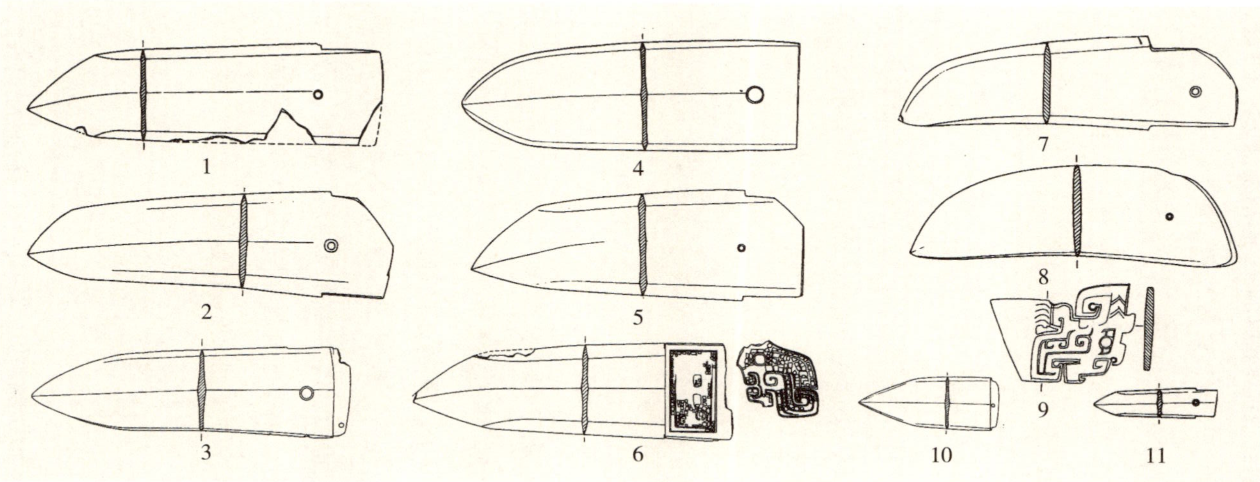

图 4-5 M54 出土玉戈（比例尺不统一）
1.B 型 M54:211 2.B 型 M54:319 3.E 型 M54:464 4.A 型 M54:357 5.B 型 M54:321 6.E 型 M54:313 7、8.D 型 M54:375、M54:376 9.C 型 M54:351 10.E 型 M54:309 11.B 型 M54:308

四 玉石器型式　093

本158，材型NpⅠB2，青色，援尾两面均有一道横线，线以下变薄，似是嵌骸设置，旁有小穿孔，或是矛首与骸相接之销钉孔。通长10.5厘米，宽5.6厘米，厚0.5厘米。3式，形如2式，有铜骸。标本148，材型NpⅠB1，青色，边刃锋利。铜骸包夹援尾，并有销钉加固，饰饕餮纹和三角蕉叶纹，銎内残存木柄长9.3厘米。援长约12.8厘米，宽约6.4厘米。[5]

B型，援作长菱形，铜骸，无中脊线。标本463，材型NpⅠB1，青灰色。援体窄长，前锋圆钝，边刃较宽，无脊线。铜骸前端呈三角形包夹援体，饰简化饕餮纹。銎内残存有木柄。玉援长约18.1厘米，援宽约5.2厘米，厚0.8厘米。[6]（图4-6，图版二四：1、4、5）

（八）矢

约呈三角形，翼尾略下展，分二型。A型，有铤。标本364，材型NpⅠB1，青色。等角三角形，前锋尖锐，边刃锐利，后接短铤。残长7.09厘米，翼展2.87厘米。标本365，材型NpⅠB1，青色。长7.89厘米，翼展2.93厘米。B型，无铤。标本366，材型NpⅠB1，青色。器近等腰三角形，弧尾，沿中轴磨出凹槽，后部有一穿孔。铜铤已脱落。长5.64厘米，翼展3.11厘米。（图4-7：1—3，图版二四：2、3）

（九）刐

玉刐有二型。A型，形仿铜厨刀。标本382，材型NpⅠB1，

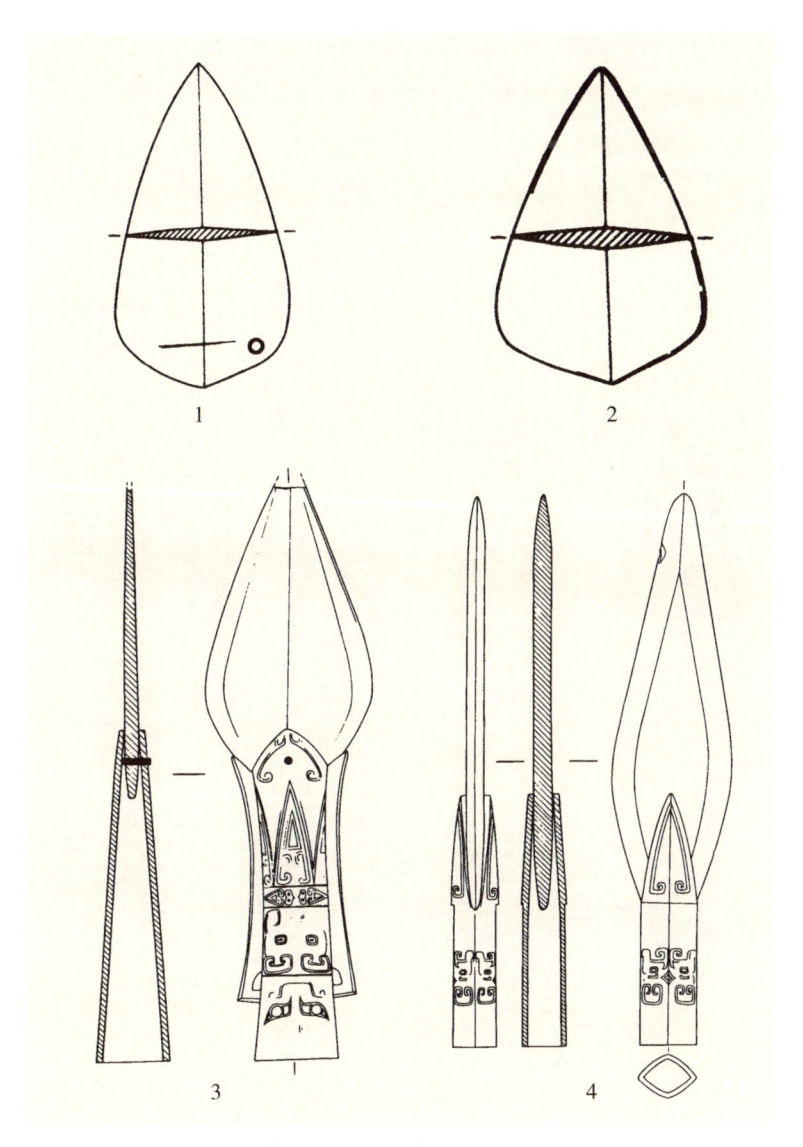

图 4-6　M54 出土玉矛（比例尺不统一）

1、2、3.A 型 M54:158、M54:268、M54:148　4.B 型 M54:463

四　玉石器型式

墨绿色。凹背曲刃，玌锋锐利。长柄，后端残失。玌背雕扉棱装饰，玌身近背部两面雕刻凤鸟纹带。通长25.2厘米，宽2.8—3.3厘米，厚0.5厘米。B型，刻玌。标本354，材型NpⅠB1，青色。片雕，素面。形作昂首卷尾龙状，尾后出榫有刃。龙眼为对钻小孔，恰作系孔。"似由他器改制而成"，应系由嵌片改制。通长6.58厘米，厚0.39厘米。（图4-7：4、5，图版二八：3、2）

石刀作镰刀状，弓背直刃，2件同型。标本209，通长24.4厘米，

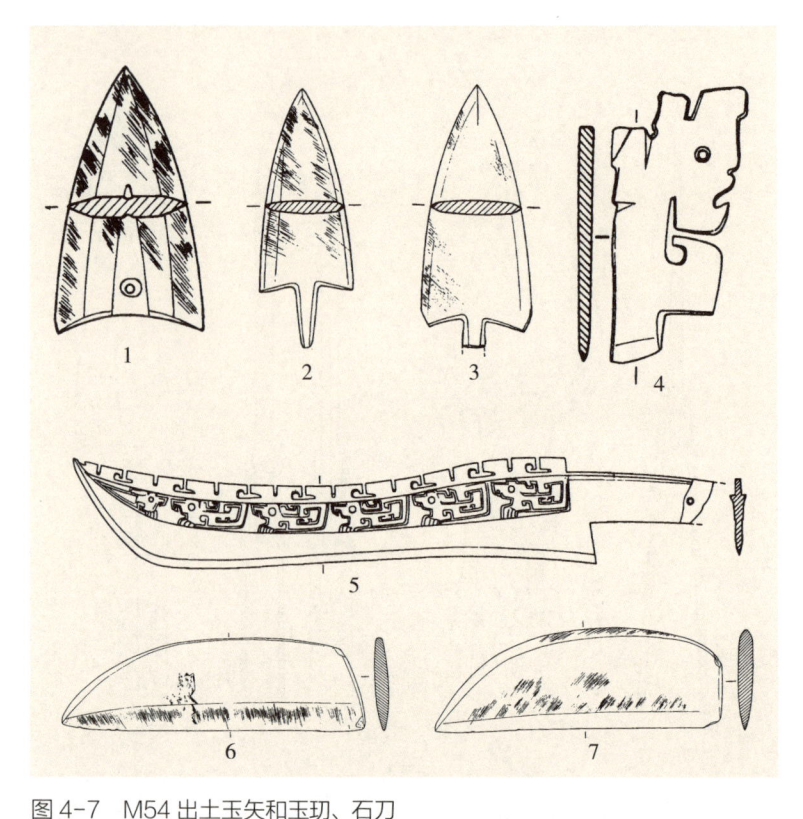

图4-7　M54出土玉矢和玉玌、石刀

1.B型 M54：366　2、3.A型 M54：365、M54：364　4、5.M54：354、M54：382
6、7.石刀 M54：209、M54：210

最宽7.5厘米。标本210，通长19.9厘米，宽6.9厘米。（图4-7：6、7，图版三七：3）

（十）瓒玉

窄条状，柄部凹腰，通体磨光，分二型。A型386，材型NpⅠB1，青色。器身修长，光素，前端斜切如刀刃。通长16.5厘米，宽2.81厘米，厚0.53厘米。B型398，材型NpⅠA，青色。器身短小，前端有小榫。通长6.34厘米，宽2.1厘米，厚0.53厘米。（图4-8：1、2，图版二八：1）

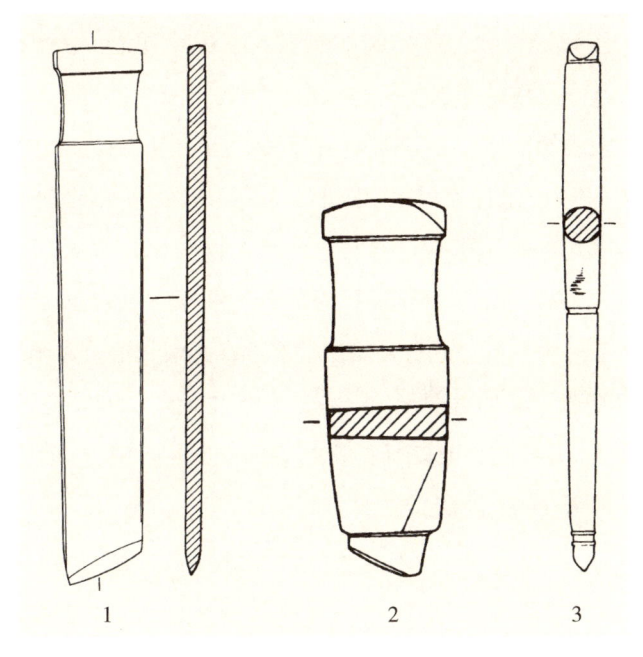

图4-8 M54出土瓒玉和玉笄
1.A型瓒玉 M54：386 2.B型瓒玉 M54：398 3.玉笄 M54：399

（十一）笄

标本399，材型NpⅠA，乳白色，光洁温润。圆柱体，前细后粗，上中部各有浅凹槽一周，近尖处有两三周阴纹形成的两周凸棱。通长12.6厘米，最大径0.91厘米。（图4-8：3，图版二二：3）

（十二）珑

分二型。A型，材型NpⅠA，龙身作蜷屈状，首尾相接。尖吻、凹面、凸眼，双耳肥短，中空较小状若"C"字形，身体宽肥。龙身两侧面雕刻勾云纹，脊背雕饰扉棱。标本450，青绿色，中部半圆弧形穿孔，直径5.67厘米，厚0.92厘米。B型，材型NpⅠA，龙身作蜷曲状，首尾相对。尖吻、凹面、凸眼，双耳肥短。边棱线条生硬，未施刻纹，似是A型的半成品或简约版。标本327，青白色，中空处呈半圆形，系由单面管钻（半圆）形成。龙身两侧边棱基本磨蚀。素面。直径4.47厘米，厚1.01厘米。标本368，青白色，下颌至后颈留有一道凹槽。颈后背部有穿孔。龙体中空呈半圆形。龙身两侧边棱磨蚀，圆滑无痕。素面。最大径4.87厘米，厚1.08厘米。标本371，青白色，龙身中空近圆形，单面管钻。龙身两侧边棱尚未磨蚀。素面。直径5.57厘米，厚0.76厘米。（图4-9，图版二五）

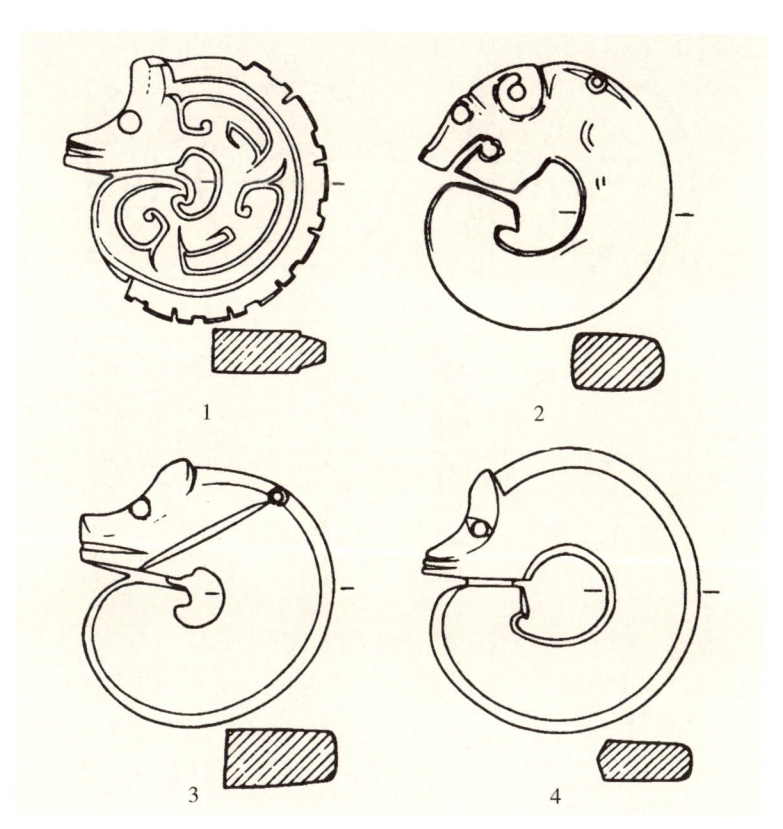

图 4-9　M54 出土玉珑（比例尺不统一）
1.A 型 M54：450　2、3、4.B 型 M54：327、M54：368、M54：371

（十三）牙璧

标本 340，材型 NpⅠA，青白色，不规则长圆形，有两个微微突出的旋牙，周缘光滑。中孔对钻，因长期系绳悬挂，孔壁上方（器体窄端）有磨蚀沟痕。高 3.41 厘米，宽 2.28—3.04 厘米，厚 0.52 厘米。（图 4-10：1，图版二六：1）

四　玉石器型式　099

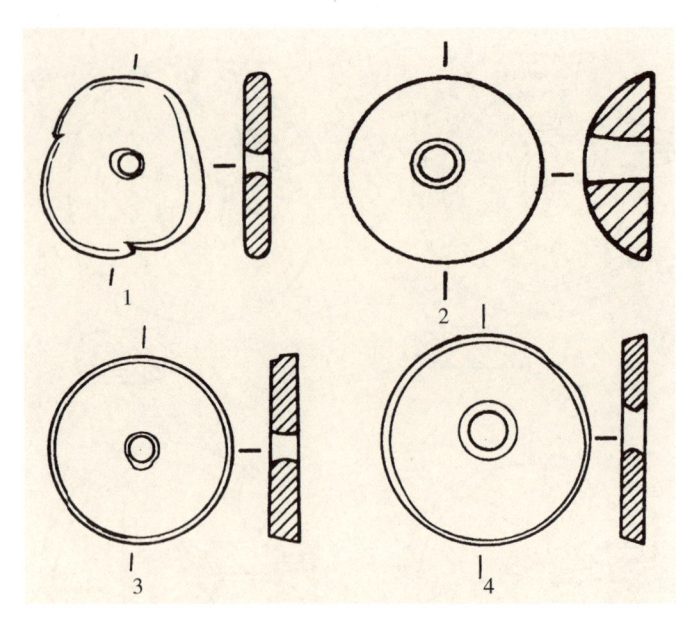

图 4-10　M54 出土玉牙璧、玉章（比例尺不统一）

1. 牙璧 M54:340　2. 特殊型玉章 M54:324　3、4. 玉章 M54:328、M54:372

（十四）章

　　系用制作璧类器物形成的管钻芯材制成，周壁旋痕与璧孔旋痕一致。（本墓出土之璧环和璧戚，其中孔直径 5.2—6.35 厘米）圆形，剖面呈梯形。中央有一穿孔，两面对钻。标本 328，材型 NpⅠA，直径 3.67 厘米，厚 0.54 厘米，孔径 0.55 厘米。标本 372，材型 NpⅠA，青色，中孔略偏离中心。直径 4.15 厘米，厚 0.5 厘米，孔径 0.77 厘米。（图 4-10：3、4，图版二六：3、4）

　　此外，圆泡形饰 324，材型 NpⅠA，青灰色。球冠状，中心有穿孔。直径 2.22 厘米，厚 0.81 厘米。可视为特殊型玉章。（图

4-10：2）

（十五）璃

主体形似戈，首部雕作龙虎状，束腰。有三型。A型，片雕，抛磨光洁，下部呈戈状，浑厚无开刃，前锋圆钝。器首雕作龙吞戈状。1式，龙形首尾俱全。标本380，材型NpⅢD，青色。龙身雕菱形纹，龙尾卷曲形成自然系孔。通长9.5厘米，宽1.9厘米，厚0.9厘米。2式，龙无尾。标本347，材型NpⅢD，青色。龙头有双角，侧面桯钻一系孔。通长7厘米，宽1.75厘米，厚1.1厘米。标本363，材型NpⅢD，乳白色。槌状双角，高冠有系孔。通长10.4厘米，厚0.95厘米。B型，器作两龙相对状。标本325，材型NpⅠA，黄褐色。器作二龙相对、张口吞噬状，圆雕。柄部龙勾尾，双角呈槌状，角下横穿一孔。首部龙翘尾，双角作锥状，器体前锋残失。通长10.4厘米。C型，标本370，材型NpⅠA，青色，片雕。器首作伏虎回首状，虎尾夸张粗宽形似戈状。通长8.83厘米，厚0.55厘米。（图4-11，图版二七）

（十六）器錾

器錾呈弧板状，前有短榫，上有一个穿孔，后有宽尾，正面看似鱼形。分2式。1式，器体稍大，雕刻纹饰。标本394，材型NpⅠA，青黄色。前端雕饰饕餮纹。宽1.63厘米，厚0.37厘米。2式，形体稍小，光素无纹饰。标本595，材型NpⅠA，青色。宽2.11厘米，厚0.66厘米。（图4-12：1、2，图版三一：1、2）

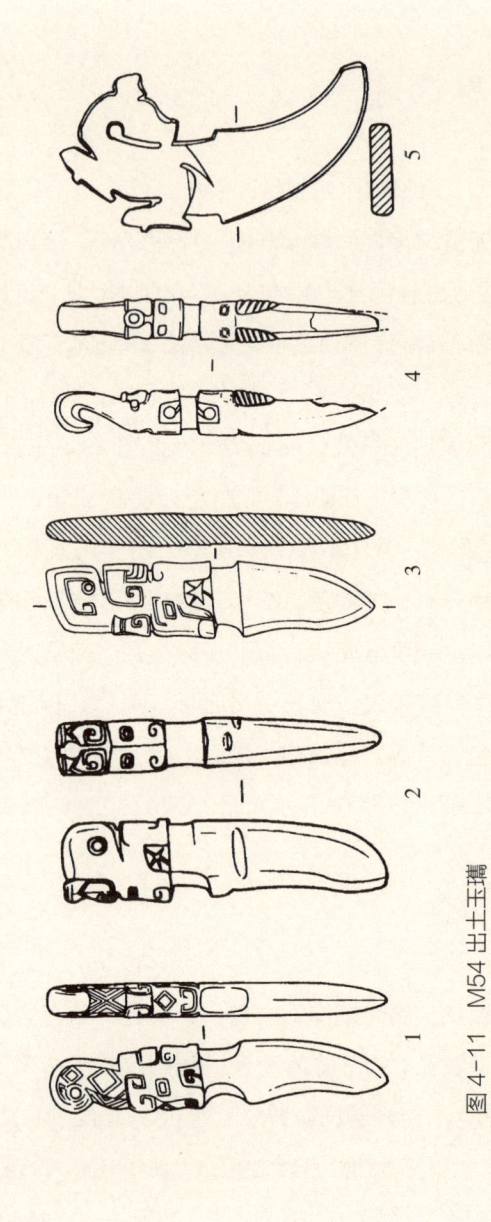

图 4-11 M54 出土玉觽
1、2、3.A 型觽 M54: 380、M54: 347、M54: 363 4.B 型觽 M54: 325 5.C 型觽 M54: 370

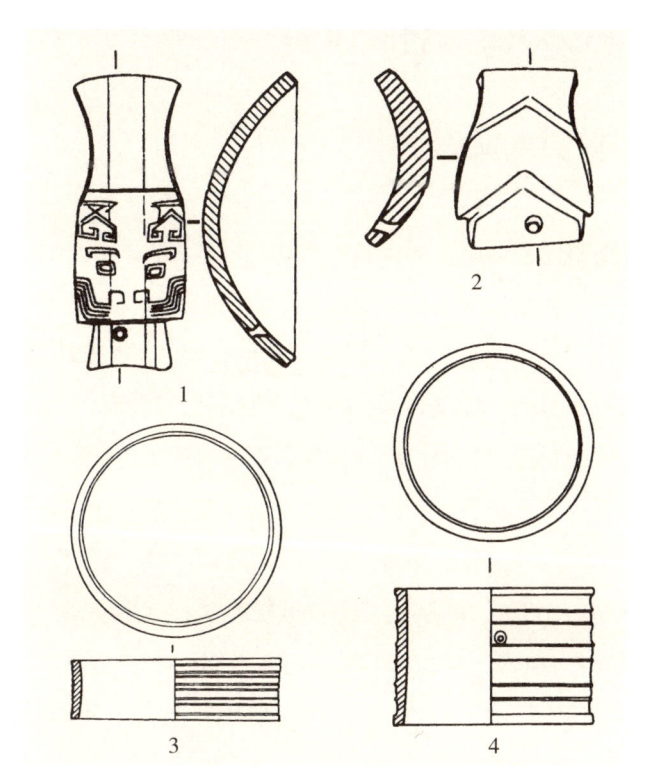

图 4-12　M54 出土玉器錾、箍形器（比例尺不统一）
1.1 式器錾 M54:394　2.2 式器錾 M54:595
3.1 式箍形器 M54:159　4.2 式箍形器 M54:160

（十七）箍形器

　　器作中空圆筒状，内壁光滑，外壁饰平行凸棱数周。分 2 式。1 式，器体细高。标本 159，材型 NpⅠA，乳白色。器壁中部有一桯钻小孔。直径 5.06 厘米，高 3.4 厘米，厚 0.37 厘米。2 式，器体粗矮，标本 160，材型 NpⅠB1，淡黄色。外壁饰单、双阴刻线，线条不很流畅，时有弯曲。器高不一致。直径 6.96 厘米，高 1.91

四　玉石器型式　　103

厘米，厚 0.47 厘米。（图 4-12：3、4，图版三一：3、4）

（十八）兽面坠饰

正面雕作兽面状，纵向有孔贯通。标本 326，材型 NpⅠA，青褐色。方牌形，正面兽面纹雕刻细致，眉目耳鼻口俱全，耳旁还有附饰。背面光素无纹。通高 3 厘米，宽 3.8 厘米，厚 2.2 厘米。标本 343，材型 NpⅠA，青色。方牌状，正面兽面纹无眉。左侧有横向圆穿未贯通，两眼间有一个对钻圆孔。此外，左眼瞳孔处也有一个小穿孔。背面有饕餮纹之"臣"字形眼纹。显然，这是一件改制器。高 2.89 厘米，宽 2.4 厘米，厚 0.91 厘米。标本 341，材型 NpⅠA，青色。正面兽面纹较简略，背面光素。高 2.41 厘米，宽 2.2 厘米，厚 0.76 厘米。标本 342，材型 NpⅠA，青色。形制、纹饰完全与标本 341 相同，似是对器。高 2.26 厘米，宽 2.17 厘米，厚 0.77 厘米。（图 4-13：1—4，图版二九）

（十九）兽面缀饰

方形弧板状，正面凸鼓，雕刻兽面纹，背面弧凹，光素。有 4—5 个小穿孔可供缝缀。标本 377，材型 NpⅠA，乳白色。正面用浮雕和阳凸线手法雕作兽面，额与两耳、两嘴角各有一个穿孔。高 2.13 厘米，宽 3.16 厘米，厚 0.31—0.78 厘米。标本 401，材型 NpⅠA，青色。正面用浮雕和阳凸线手法雕作兽面，两耳、两嘴角各有一个穿孔。高 2.69 厘米，宽 2.88 厘米，厚 0.23—0.38 厘米。（图 4-13：5、6，图版三〇：1、2）

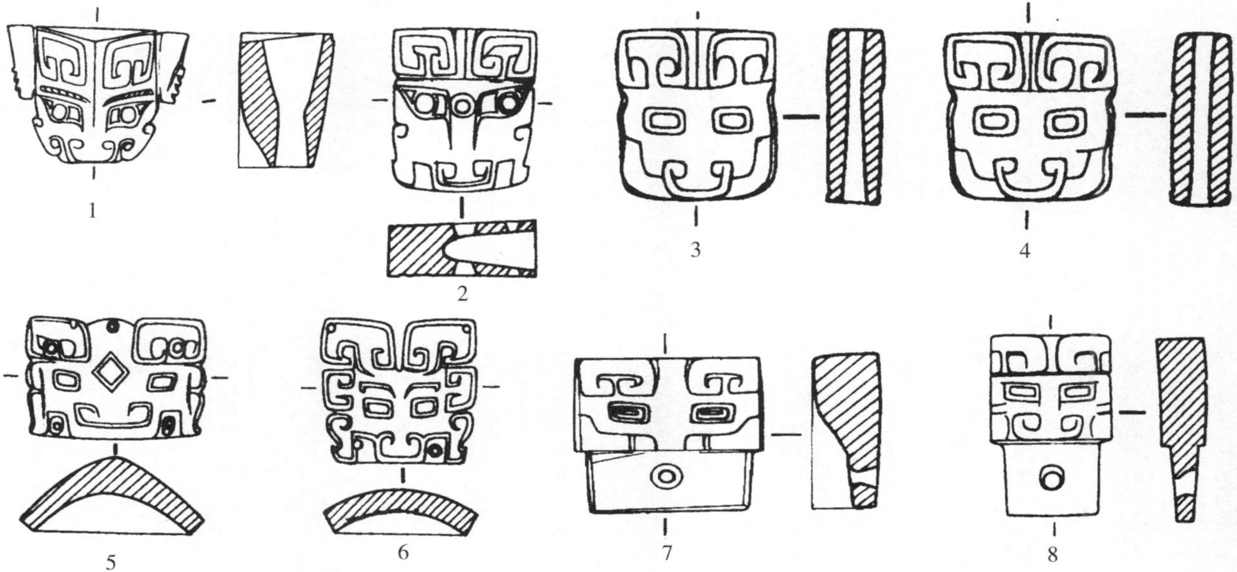

图 4-13 M54 出土玉坠饰、缀饰、插饰（比例尺不统一）

1、2、3、4. 玉坠饰 M54:326、M54:343、M54:341、M54:342 5、6. 玉缀饰 M54:377、M54:401 7、8. 玉插饰 M54:388、M54:387

（二十）兽面插饰

上部作方牌状，正面雕刻兽面纹，背面光素。下部为短榫，上面有一个销孔。标本388，材型NpⅠA，青褐色。通高2.69厘米，宽2.63厘米，厚0.92厘米。标本387，材型NpⅢD，青褐色。通高3.56厘米，宽2.24厘米，厚0.91厘米。（图4-13：7、8，图版三〇：3、4）

（二十一）鹅形饰（瑂）

标本353，材型NpⅠA，青灰色。片雕鹅形，鹅作屈颈站立状，正面有纹饰：颈部阴刻羽毛似鳞状，用勾云纹表示羽翅。背面光素。通高5.57厘米，厚0.28厘米。颌下与尾勾，各透雕圆孔，应为坠饰。发掘者认为"此器可能尚未完工即随葬"。（图4-14：1，图版三二：1）

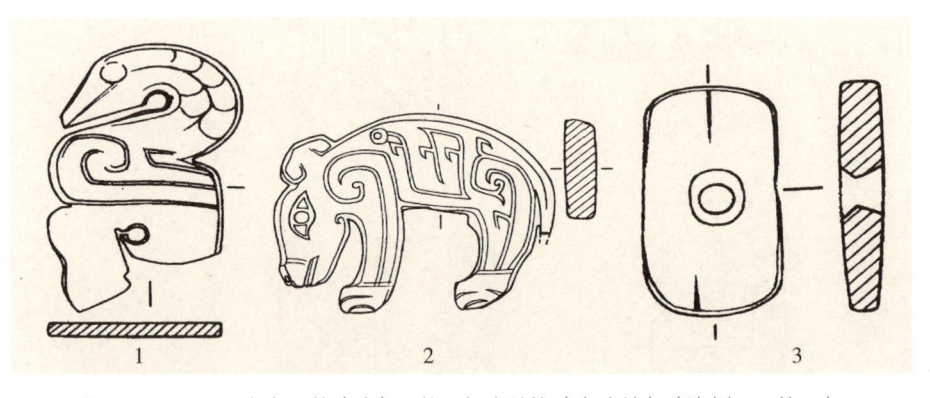

图4-14 M54出土玉鹅（瑂）、熊、长方坠饰（章改件）（比例尺不统一）
1.玉鹅 M54:353   2.玉熊 M54:350   3.长方坠饰 M54:362

（二十二）熊形饰

标本350，材型NpⅠA，青灰色。片雕熊形，垂首站立状，身饰"双阴挤阳"勾云纹，肩部有对钻穿孔，可用于系挂。长6.85厘米，高5.87厘米。（图4–14：2，图版三二：2）

（二十三）长方坠饰

标本362，材型NpⅠA，青白色。板状圆角长方形，中央有一个管钻大孔。一侧面有尚未钻透的浅窝。其穿孔与此器相比较有些过大，可能也是原器之孔。长3.74厘米，宽1.87厘米，厚0.6厘米，孔径0.72厘米。发掘者认为"此器可能是由他器改制而成"，可信。笔者推测应是由残损的玉章改制而成。（图4–14：3，图版二一：2）

（二十四）管

中孔贯通，长短不一。分四型。

A型，器体粗短，束腰，器表起棱。分3式。1式，管体相对稍长，标本312，材型NpⅠA，青色，八棱柱状，中孔两面对钻。通长5.16厘米。标本421，乳白色，八棱柱状，上腰饰二道弦纹。通长4.74厘米。标本484，材型NpⅠA，青色，中腰饰"回"字形纹带，粗端中孔单向磨损非常厉害，形成豁口，旁有一个小穿孔。通长6.63厘米。标本485，材型NpⅠA，乳白色，凹腰处是二周弦纹。通长6.21厘米。标本510，材型NpⅠA，乳白色，腰饰弦

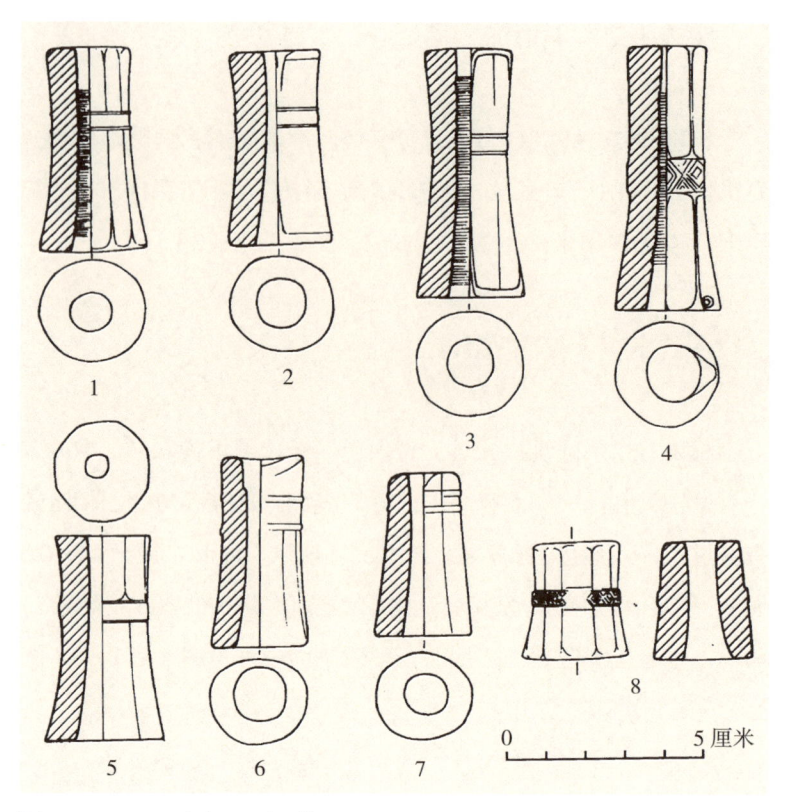

图 4-15　M54 出土 A 型玉管

1—7.A 型 1 式 管 M54：510、M54：421、M54：485、M54：484、M54：312、M54：550、M54：389　8.A 型 2 式管 M54：479

纹。通长 5.18 厘米。标本 550，材型 NpⅢD，青白色，粗端齐平，细端因磨蚀出现斜面。通长 4.55 厘米。标本 389，材型 NpⅠA，青白色，细端饰二周弦纹，口部磨蚀出一个豁口。通长 4.3 厘米（从弦纹偏在顶端看，该器为残器，即小径一端残缺后继续加工利用）。2 式，两端粗细相差明显，基本不见束腰。标本 479，材型 NpⅠA，青色，中腰起一周凸棱，上刻网格纹。通长 2.91 厘米。

此管为口琀。（图4-15，图版三三、三四）

B型，短管，一端有凸棱，器表有几何形纹饰。标本316，材型NpⅢD，乳白色，中腰有一周凸棱，周身饰连续三角纹。通长2.23厘米，直径1.12厘米。策末饰。标本317，材型NpⅢD，乳白色，周身饰连续三角纹。通长2.18厘米，直径1.29厘米。策末饰。标本329，材型NpⅠA，青白色，粗端呈球冠状，周身饰折线纹。通长1.71厘米，直径1.23厘米。策本饰。（图4-16：1、2、3，图版三五：1、2、3）

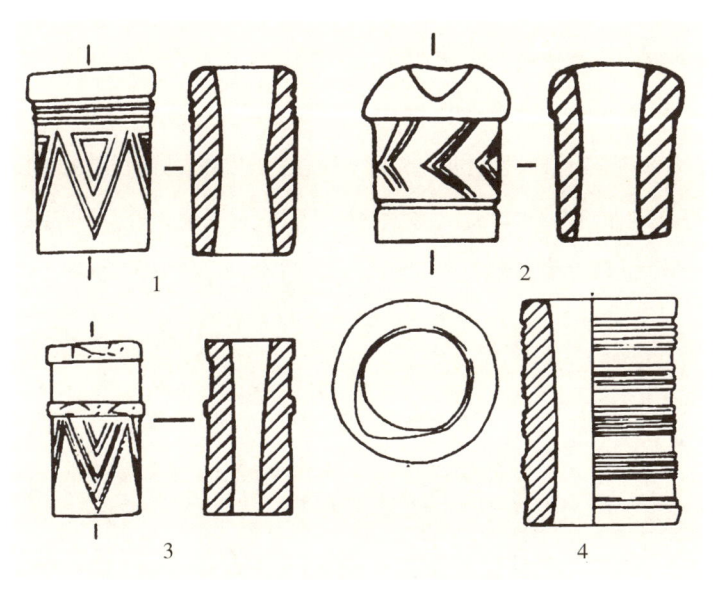

图4-16 M54出土B型、C型玉管（比例尺不统一）
1、2、3.B型管 M54:317、M54:329、M54:316 4.C型管 M54:480

C型，直管，外表饰弦纹。标本480，材型NpⅠA，青色，管身饰有四组弦纹，中孔周缘磨损严重。通长3.49厘米，直径2.38厘米，孔径1.65厘米。（图4-16：4，图版三五：4）

D 型，细直管，无纹饰。分 3 式。1 式，管较长。标本 404，材型 NpⅠB3，灰色，两端同向倾斜。通长 9.08 厘米，直径 0.96 厘米。标本 547，材型 NpⅡC3，青色，因长期使用磨损，两端孔径扩大许多。通长 10.25 厘米，直径 0.8 厘米。标本 441，材型 CtS，青灰色。通长 7.05 厘米，直径 0.96 厘米。2 式，一端有短榫。标本 583，材型 NpⅠB1，褐色，通长 6.22 厘米，直径 1.14 厘米，榫头长 0.56 厘米。标本 395，材型 NpⅠB1，青色，通长 6.05 厘米，直径 1.02 厘米，榫头长 0.62 厘米。3 式，管体相对较短，数量最多。标本 465，材型 CtS，青色，两端齐平。通长 5.24 厘米，直径 1.01 厘米。标本 563，材型 NpⅡC3，青色，两端斜平，通长 1.51 厘米，直径 0.83 厘米。标本 437，材型 NpⅡC3，青灰色，一端齐平，一端磨蚀成斜面，孔径磨出缺口。通长 2.32 厘米，直径 0.94 厘米。标本 532，材型 NpⅡC3，青灰色，两端同向倾斜，孔径皆因磨蚀而形成缺口。通长 5.77 厘米，直径 0.94 厘米。（图

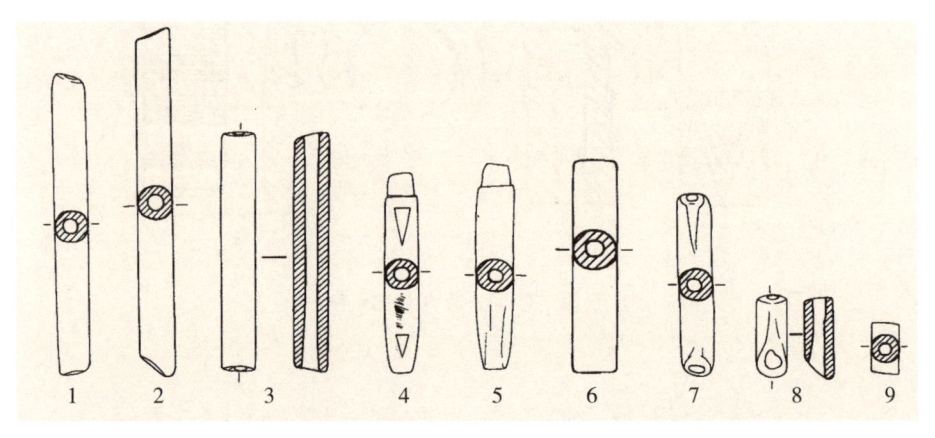

图 4-17　M54 出土 D 型玉石管

1—3.D 型 1 式管 M54：404、M54：547、M54：441　4、5.D 型 2 式管 M54：395、M54：583　6—9.D 型 3 式管 M54：465、M54：532、M54：437、M54：563

4-17，图版三二：4、图版三六）

（二十五）水晶环

标本 402，乃玉髓、隐晶质石英类。已残，横截面呈四棱形。环宽 1.03 厘米，外弧弦长现存 5.6 厘米。（图 4-18，图版二六：2）

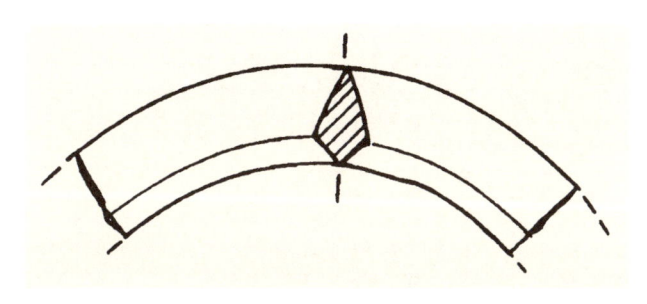

图 4-18　M54 出土水晶环

注释

[1]　《花园庄》图七七将 361 号器物右侧 386 号器物标为"玉刀"，然查该墓"玉刀"只有 382 号。
[2]　该器刃部宽于首（柄）部，但《花园庄》说柄宽 7.1 厘米，刃宽 7.02 厘米，或有误。
[3]　本文采用 B 型玔线图时，已做矫正。
[4]　按此器与其他玉戉差异很大，而与所谓小屯刀形似。《殷墟花园庄东地商代墓葬》图七八标注为"玉镰"。
[5]　《花园庄》未明玉援尺寸，只说通长 22.1 厘米，但按其图一三九比例尺核校之，玉援长约 13.7 厘米，宽约 7.5 厘米，援胶合体通长约 25 厘米。以拓片四〇核校之，通长约 22.6 厘米，援长约 12.8 厘米，援宽约 6.4 厘米。这

四　玉石器型式　　111

里取拓片尺寸。

[6]　《花园庄》未明玉援尺寸，只说通长23.4厘米，但按其图一三九比例尺核校之，玉援长约20.04厘米，宽约6厘米，援骹合体通长约29.8厘米。以拓片四○核校之，援长约18.1厘米，宽约5.2厘米，援骹合体通长约23.8厘米。这里取拓片尺寸。

五

玉石器分组与归属

（一）死者身份

在以前的出土玉器研究中，往往把同一座墓葬出土的玉器当成一个玉器组合单元看待，从而分析其组合与功用。在一般情况下，这样做也许没有太大问题，但在花园庄 M54，则不可取，因为该墓埋葬的不止墓主人一人，殉葬人也拥有自己的随葬品。

在该墓中，除了墓主人，还有另外 15 人的遗骸。根据其在墓葬中的埋葬位置和形态，可以分为人牲和人殉两大类。

在丧葬活动中作为祭祀献祭的人牲，其实与动物牺牲的性质并无大别，其身份应是战俘或奴隶等。该墓填土中发现 2 颗人头，编号 XZ1、XZ2，前者为 25 岁左右女性，后者是 2—3 岁幼儿。在椁外空间填充的夯土（所谓"二层台"）内，夹着 3 颗人头骨 XZ9、XZ10、XZ11，为一男二女成年人。（图 5-1）

人殉属于殉葬人，与墓主人有较密切关系，地位远高于人牲（详见《花园庄》图六二—六六）。

在墓底"二层台"夯土下，有殉葬人 3 个（XZ12、XZ13、XZ14），分布在木椁东壁外侧，其中 XZ12 和 XZ14 顺着棺壁俯卧，头朝南，XZ12 为 16—17 岁男性，XZ14 腹部下有土堆凸起，致使其头脚下垂，年龄 14—16 岁，性别不详；XZ13 则叠放在一个跨居棺椁底部的浅穴内，该穴与墓室底部中央的"腰坑"相联通。

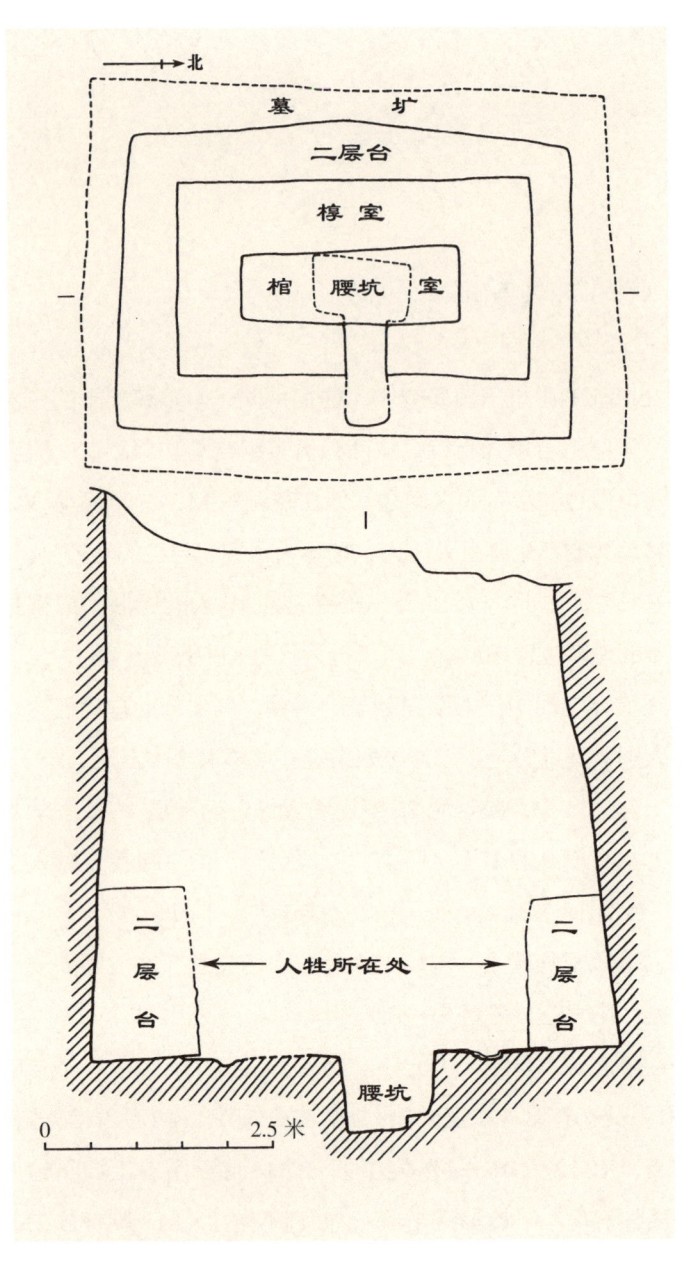

图 5-1　M54 墓室"二层台"

死者为14—15岁男性，仰面，双手交叠于胸前，随葬一件石玦（M54:578）。（图5-2）

在椁室内，殉葬人置于椁室底部，被大量墓主人随葬品覆盖，肢体完整但腐朽严重，仅头骨保存相对尚好。其中XZ3和XZ4

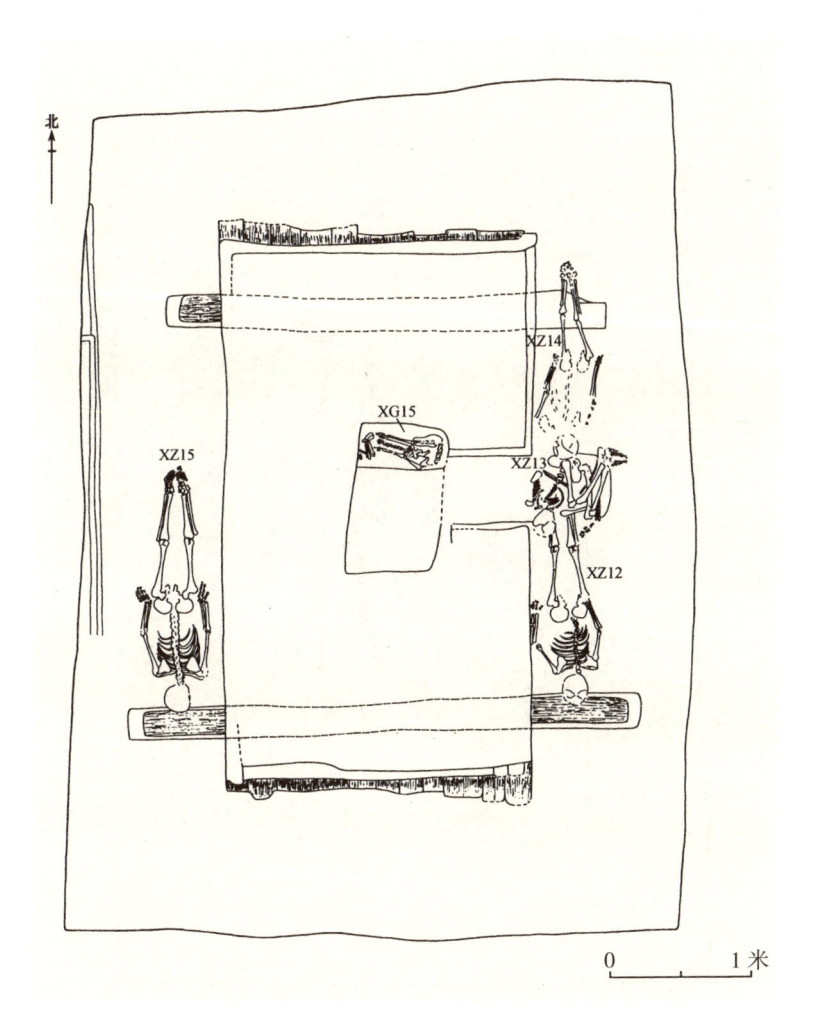

图5-2　M54墓底殉葬人

在东椁室，俯卧，头朝北。XZ4 为 18 岁左右女性，XZ3 年龄 12—14 岁，性别不详；XZ5 和 XZ6 在南椁室，俯身。XZ5 为 20 岁男性，XZ6 年龄 25 岁，性别不详。XZ7、XZ8 在西椁室，俯身，头朝北，年龄在 25—35 岁之间。在 XZ8 背部发现多件圆盘形铜器，经复原研究应是盾牌配件。从现场遗迹看，上述殉葬人均系用草席包裹后入葬。（图 5-3）

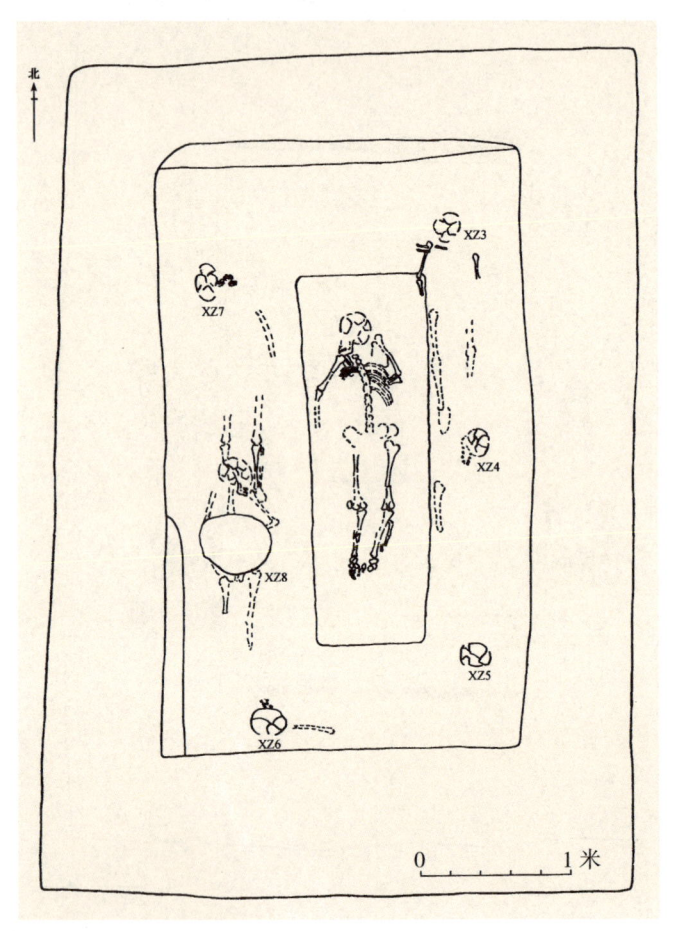

图 5-3 M54 椁室殉葬人

可见，殉葬人是墓主人的警卫和近侍。墓底的 4 个殉葬人代表警卫，其中 XZ3 是统领，握有代表指挥权的玉玦（尽管从现代科学意义上讲是石器）。这与王陵区 1001 号大墓底部殉葬人情况相仿——在 1001 号大墓底部中央和四角各有 2 个殉葬人，（图 5-4）四角殉葬人均持铜戈，中央殉葬人（统领）则持有大型玉（石）玦。[1]（图 5-5）只是 M54 的级别低于 1001 号大墓，所以墓底警卫为 4 人，墓底中央被殉狗占据，统领者 XZ3 只能偏据一侧，但仍享有一个单独的"墓穴"。可以认为，M54 墓底警卫之设置，

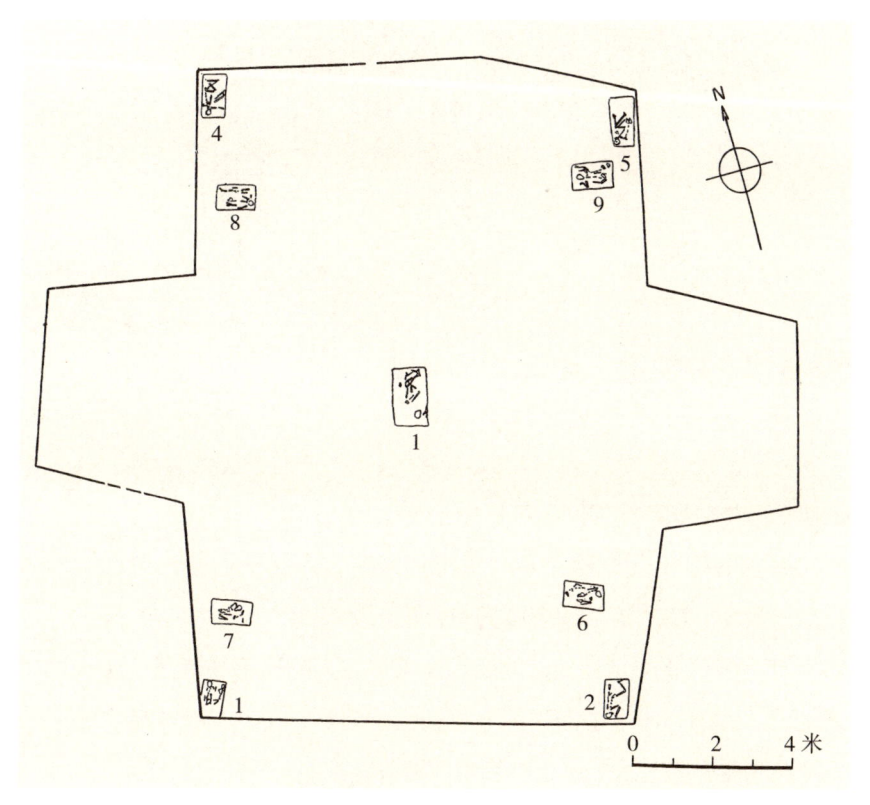

图 5-4　殷墟王陵区 1001 号大墓墓底警卫

五　玉石器分组与归属

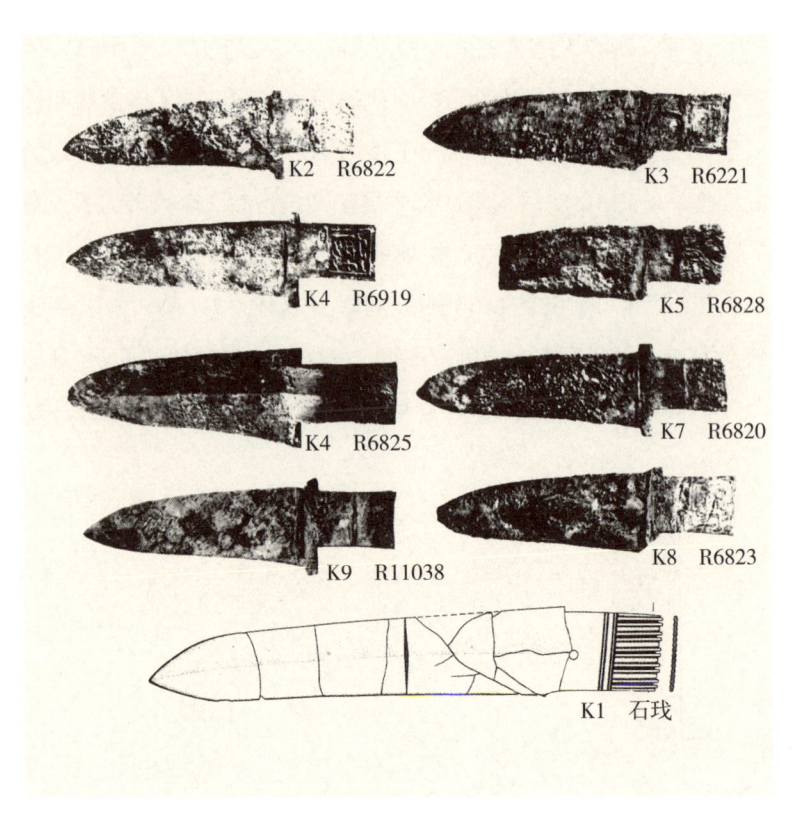

图 5-5　殷墟王陵区 1001 号大墓警卫所持兵器

是在王墓与普通墓葬之间做了折中。

椁室的殉葬人与墓主人关系更加亲密，应属于近侍，也许包括了妻妾。他（她）们应该拥有自己的随葬品。比较清楚的是 XZ8 拥有铜饰盾牌，其他人的随葬品被墓主人的随葬品覆盖，实际上无法准确分辨这些器物的人物属性。但是，在下层随葬品中（《花园庄》图七八）还是有线索可探寻。

（二）殉葬人随葬品

在殉葬人 XZ7 头侧有铜骹玉矛 148，腹（背）部有一组玉器，包括柄形玉器 398、玉笄 399、玉玦 382、玉环 361；在 XZ6 胸部发现有玉珑 308（弄器）、铜内玉援戈 309（弄器）、铜戈 310，还有铜兽头（残戈内）307；XZ5 头顶和胸部有多件铜泡、铜铃；XZ8 背部有多件铜饰盾牌；XZ4 肩部有玉矛 268（长7.1 厘米，弄器）和铜铃 267，颈部有贝制项链（图上有显示，但无器物号。该墓出土贝 1472 枚，有编号的只有 460、477）；[2] XZ3 胸部有骨器，膝部有金箔，腹部有一组器物，编号为 281、282、283、284、285，图形如玉管，但标注是"戈"。[3] 在《花园庄》图七八中，XZ3 头骨右侧有玉珑 211（残器）和铜镞 243—246。（图 5-6，图 5-7，图 5-8，图 5-9）

另外，在北椁室中部，出土 2 件箍形玉器 159、160。

（三）随葬品群组

综上，我们可以把 M54 出土玉石器分为棺内、棺外两群。棺内群属于墓主人，应无疑义。棺外群又可细分为 6 组，即 XZ3 组、XZ4 组、XZ6 组、XZ7 组、XZ13 组和北椁室组。前 5 组玉石器可能分别属于警卫和近侍所有。（图 5-10）这些玉器在墓中的空间层位关系是早于大批青铜器的放入时间（叠压在青铜器下面）、晚于殉葬人尸体的放入时间（覆盖在殉葬人身体上面）的，且集中在殉葬人头部和上身部位，因此可以大致推定为殉葬人所有。椁室的 2 件箍形器，从层位上看处在铜鼎、簋等食具之上，

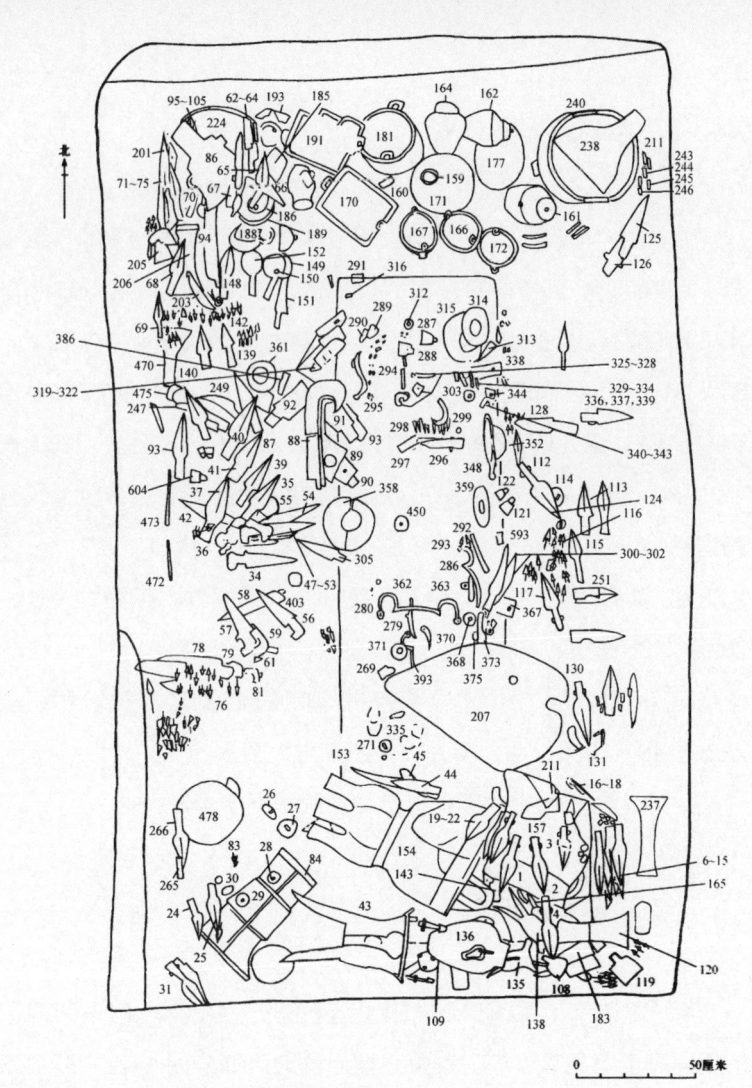

图 5-6 M54 第一层随葬品（《花园庄》图七七）

1—4、6—25、31—33、35、37、39—41、44、45、62—65、67—75、95—105、111—113、115、117、129、130、137、139—141、201、254、264、266、472. 矛 26—30、55、85、114、123、124、133、134、168、271、335、403. 铜 泡 34、42、46—54、56—59、66、77—82、90、93、125—127、239、241—253、256—258、260—263、296、297、302、305、344、473、476. 戈 36、38、76、83、110、116、128、142. 镞 43. 方瓒 60、121、122、269、287—291、304、311、461、593 60. 铃 61. 象牙器 84. 方尊 86、89、91、92、131. 钺 87、88、94. 卷头刀 108、119. 铙 109、135、138、153、165、184. 爵 120、192、205、206、237、470. 觚 136. 罍 143. 铲 146. 觚盖 148. 玉叶铜散矛 149、152. 勺 150、312、316、329—334、336、337、339. 玉管 151. 刀 154. 瓿 157、169. 盂 159、160. 圆箍形玉器 161、162、164、182、185、186、188、189、193、196. 陶罍 166、167、172、181. 分裆圆鼎 170、191. 方鼎 171、177. 簋 224、240. 圆鼎 183. 方彝 187. 斗 195. 觥 202. 圆形骨饰 203、280、286、303、348、393. 弓形器 207. 石磬 209、210. 石刀 211. 玉器 238. 陶盔形器 265. 镈 279、300、301、373. 兽首刀 292、294. 策 293. 铜镞 295. 铃首锥状器 298. 骨镞 475. 牛尊 299、478. 不明铜器 313. 铜内玉援戈 314、315、320、358、359、367. 玉戚 319、321. 玉玦 322、338. 玉圭 325、363. 玉璜 326. 玉兽头 327、369、371、450. 龙形玉饰 328、372. 玉纺轮 340. 玉璇玑 341—343. 玉兽面 352. 玉璧 361. 玉环 362. 穿孔玉饰 368. 龙形玦 370. 玉夔龙 375. 玉玦 386. 玉玓 477. 贝

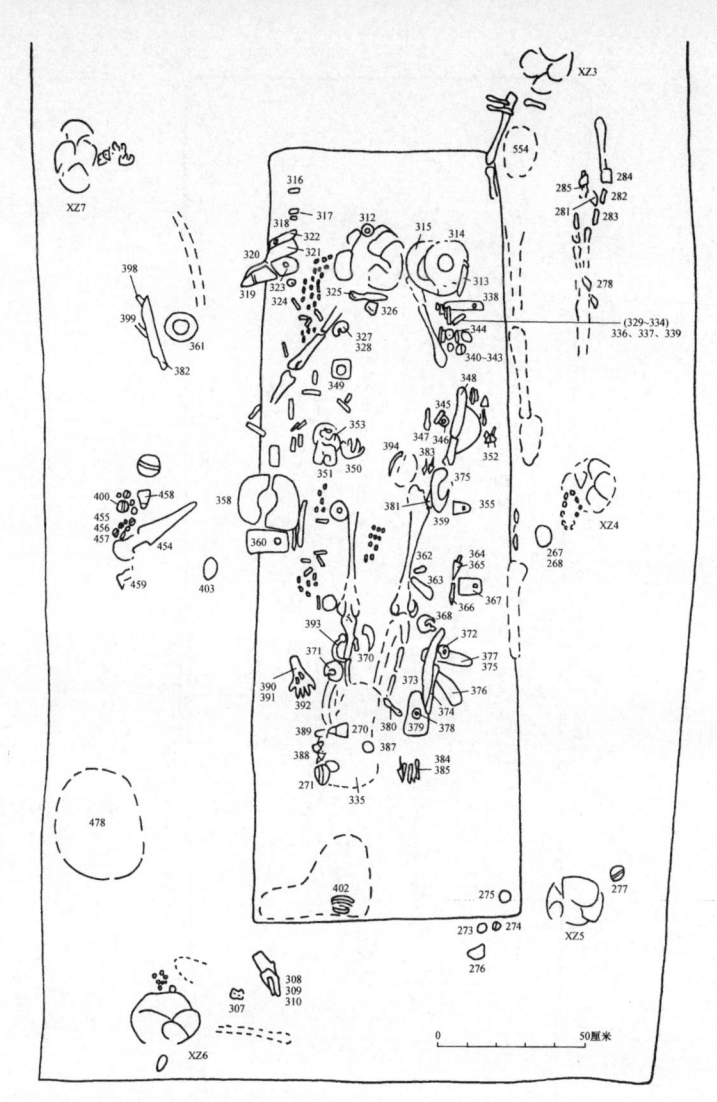

图 5-7　M54 第二层随葬品（《花园庄》图七八）

23、24、25.矛　26.铜泡，呈鸟状　27、267.铜泡　268.玉矛　270.铜铃　273、274、275、277.
铜泡　276.铜铃　278.金箔　281、283、284、285.戈　307.铜兽头　308.小玉瑗　309.大玉瑗
310.戈　312.玉管　313.铜柄玉援戈　314、315.玉戚　316、317、318.小玉管　319.玉瑗　320.
玉戚　321.玉圭　322.玉戚　323.铜镞2个　324.半球状玉器　325.玉璜　326.玉兽头　327.龙
形饰　328.玉纺纶　329.小玉管　330、331、332、333、334.长玉管　335.铜泡7个　336、337.
长玉管　339.玉管　340.玉璇玑　341、342、343.玉兽面　344.铜戈　345.铜策，残　346.圆形
涡纹骨饰，涡纹内有绿松石　347.玉瑗　348.弓形器　349.玉琮　350.玉熊　351.玉鹦鹉　352.
玉璧　353.玉鹅　355.铜铃　358、359、360.玉戚　361.玉环　362.穿孔玉饰　363.玉璜　364、
365、366.玉镞　367.玉戚　368.龙形玦　370.夔龙　371.龙形玦　372.玉纺轮　373.铜兽首刀
374.铜策　375.玉玦　376.玉镰　377.玉戚　378.圆形骨饰　379.铜铲　380.玉璜　381.圆形
骨饰　382.玉玏　383.铜镞51枚　384.铜镞17枚　385.铜镞5枚　387.铜泡　388.玉兽面　389.
390、391.骨锥　392.铜手形器　393.弓形器　394.玉璜　398.玉柄形器　399.玉笄　400.圆形涡
纹骨饰　402.玛瑙环　403.铜泡　454.戈　455.小型铜泡31个　456.中型铜泡2个　457.大型铜
泡18个　458.铜铃　459.铜戈，残存内部　554.骨器

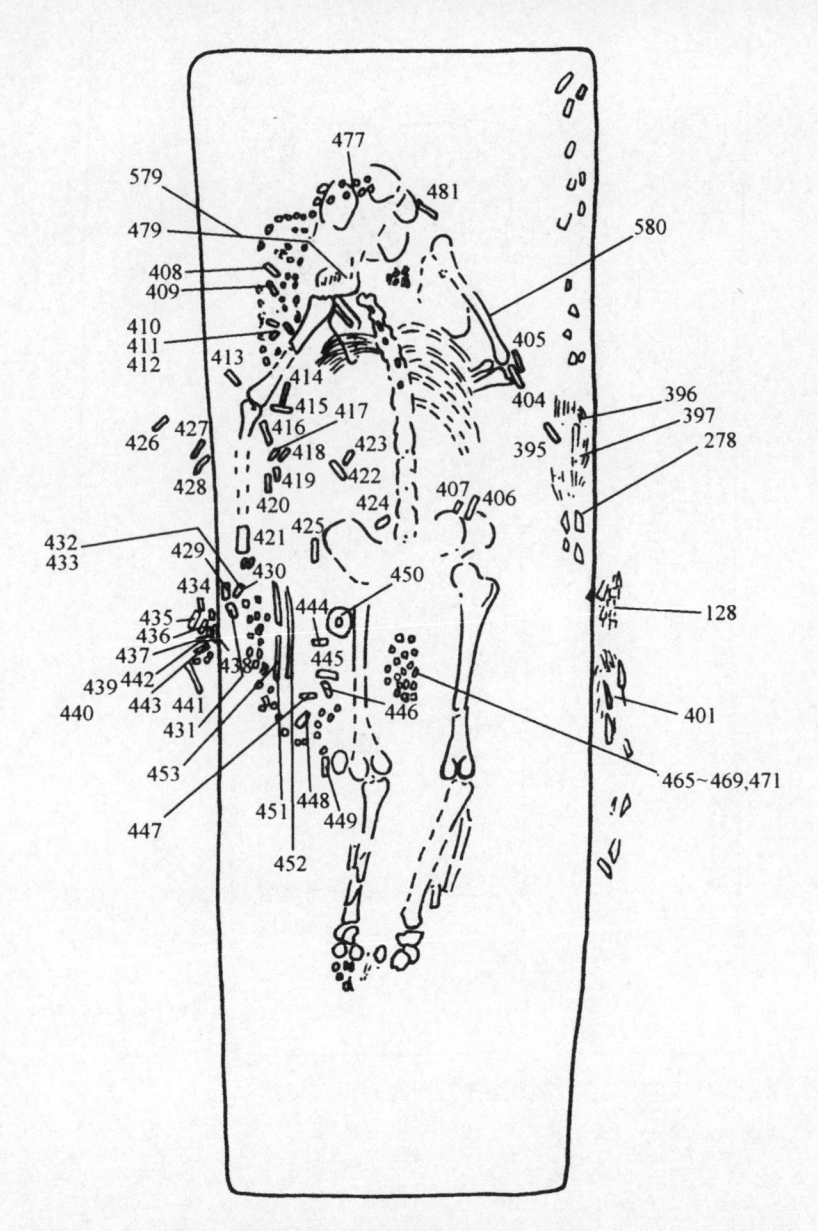

图 5-8　M54 第三层随葬品(《花园庄》图七九)

128.镞 62 枚　278.金箔　395.玉管　396.骨镞 25 个　397.铜镞 17 枚　401.玉兽面　404.玉管,长　405.玉管　406.玉管,长　407、408、409.玉管　410—412.玉管,小　413—420.玉管　421.玉管,大　422—449.玉管　450.龙形玦　451、452.四棱铜锥　453、465~469、471.玉管　477.贝　479.玉管,于墓主人口中　481.玉管　579.贝 1 个　580.玉管

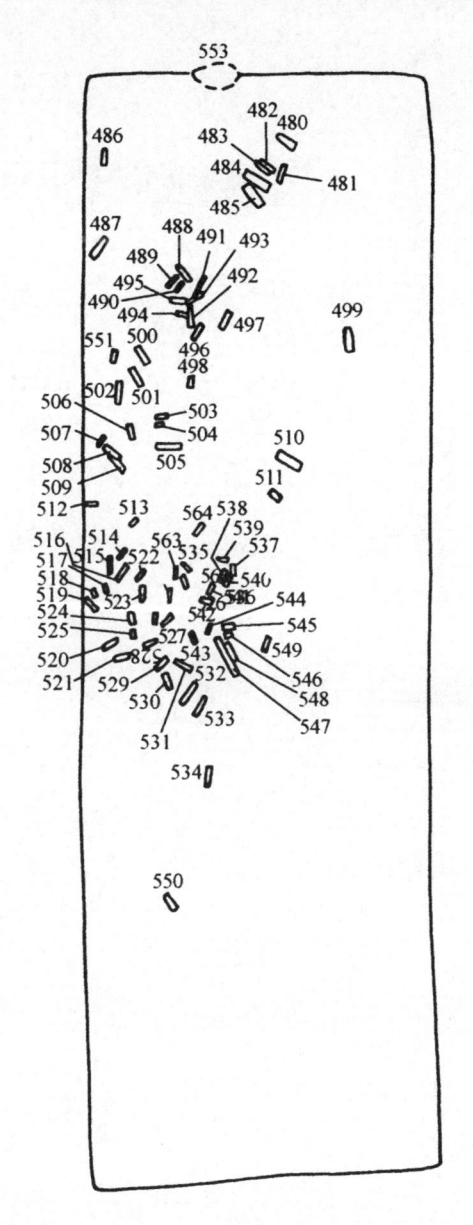

图 5-9　M54 第四层随葬品（《花园庄》图八〇）

480、510. 玉管，大　481—509、511—551、560、563、564. 玉管　552. 铜镞 7 枚　553. 绿松石

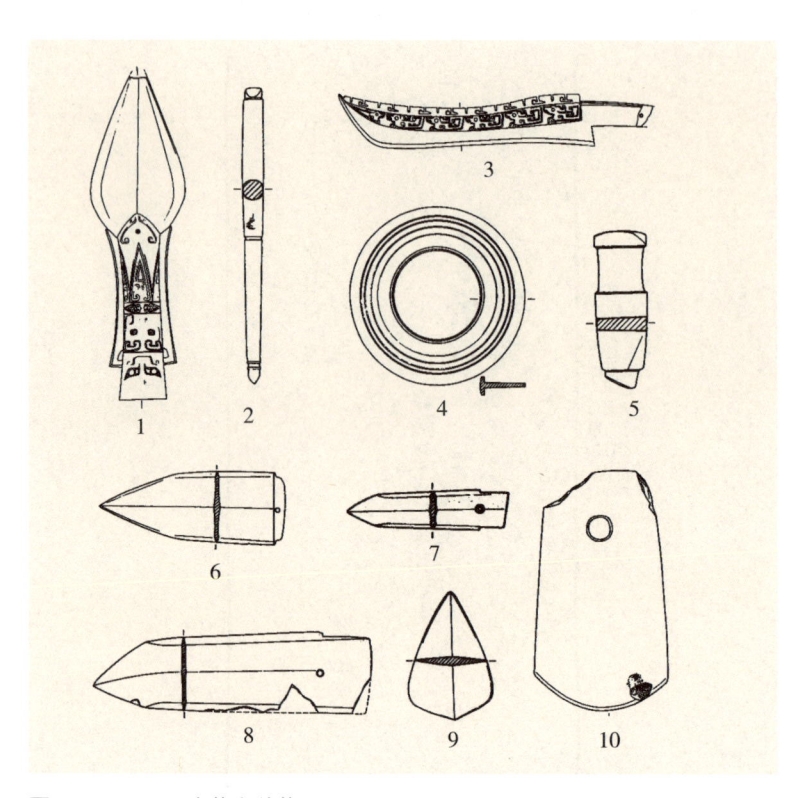

图 5-10　M54 殉葬人随葬玉石器

XZ7：1. 玉矛 148　2. 玉笄 399　3. 玉玦 382　4. 玉环 361　5. 瓒玉 398
XZ6：6. 铜内戊 309　7. 戊 308　XZ3：8. 玉戚 211　XZ4：9. 玉矛 268
XZ13：10. 石珌 578

可能是帷帐类设施上的附件或竹木类食器之玉镶口，可归于墓主人随葬品。

　　这只是初步的分析，但情况可能还要更复杂一点。我们发现在椁室中有随葬品的 6 个殉葬人中，XZ3 12—14 岁，性别不详，随葬的玉戚严重残损；XZ4 约 18 岁，女，随葬的玉矛长 7.1 厘米，为弄器； XZ5 约 25 岁，男，随葬品不详； XZ6 约 25 岁，性别不详，随葬的玉玦通长 6.5 厘米，铜内玉瑗玦通长 10.9 厘米，皆为弄器；XZ8 约 25 岁，性别不详，但身负盾牌，男性可能性较大；XZ7 30—35 岁，性别不详，随葬玉器最多，包括柄形玉器、玉笄、玉玦和玉环、铜骹玉援矛共 5 件，年龄是所有殉葬人中最年长者，所处位置也是最"显赫"的墓主人头侧，随葬玉器不仅数量多、完好无损，而且玉笄是该墓唯一所见之孤品。这里值得注意的是，墓主人头上没有戴笄，棺内也不见笄，这与殷墟商墓常见的死者头上一般都有骨笄、玉笄等显然不同（殉葬人也都未见戴笄），与同级别墓葬妇好墓出土大量骨笄（499 支，收藏在一个"首饰匣"里）、玉笄（28 支，集中于棺内北端）形成鲜明对比。[4] 而郭家庄 M160 则是棺内随葬有玉笄，椁室殉葬人头顶皆戴骨笄。[5]

上述现象可有两种解释：第一种解释是墓主人与殉葬人 XZ7 在文化属性（族属）上有所不同，XZ7 在 6 个殉葬人中身份地位最高，甚至拥有 2 件瓒玉（裸玉），其身上的玉器就是本人财产；第二种解释是 XZ7 只是一个墓主人的贴身侍者，替主人保管着几件贵重器物。目前看，应以第一种可能性为大，试述理由如下：

M54 随葬青铜器多有铭文作"亚长"，"亚"为爵号，"长"为其氏族名甚至死者私名。易言之，"长"与墓主人本人关系密切，因此学者往往称 M54 为"亚长墓"。"长"字作长发人形，手执一物如杖，（图 5–11）其发型为披发、不簪，这与墓主人不用笄束发正相符合。又有的"长"字还刻画出手拄长物，该墓恰好随葬一件长柄手状器物，安装木柄后正似手杖，（图 5–12）或说明"长"就是墓主人之名。"亚长"披发不簪，显然与商族非属同族。但殉葬人 ZX7 在一众殉葬人中是唯一用笄之人，我们不妨大胆推测其身份应与"亚长"为夫妻关系。"亚长"作为异

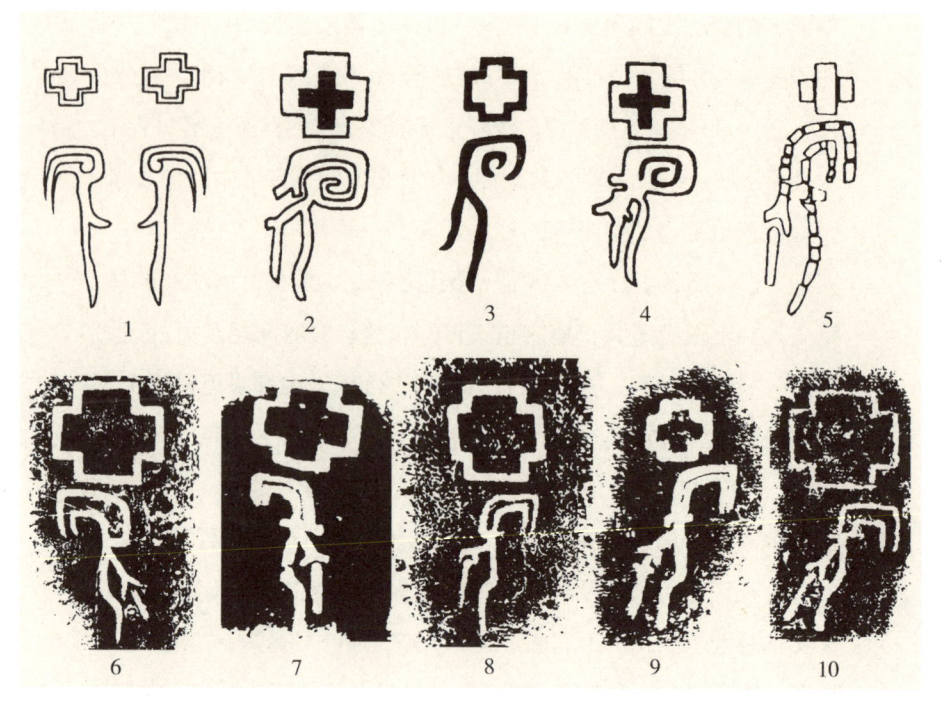

图 5-11　M54 青铜器铭文 "亚长"
1. 铜戈 246　2. 铜戈 256　3. 铜矛 129　4. 铜戈 255　5. 铜弓形器 395　6. 铜方彝 183　7. 铜盂 157　8. 铜尊 475　9. 铜鼎 240　10. 铜斝 43

族之人，与商人联姻，又有赫赫战功，赢得了葬身于大邑商核心区的荣誉。

因此，从入葬顺序、放置位置、器物性质和状态等情况看，棺外玉石器主要属于殉葬人，在讨论器物组合等问题时应将其与墓主人随葬品区别开来。

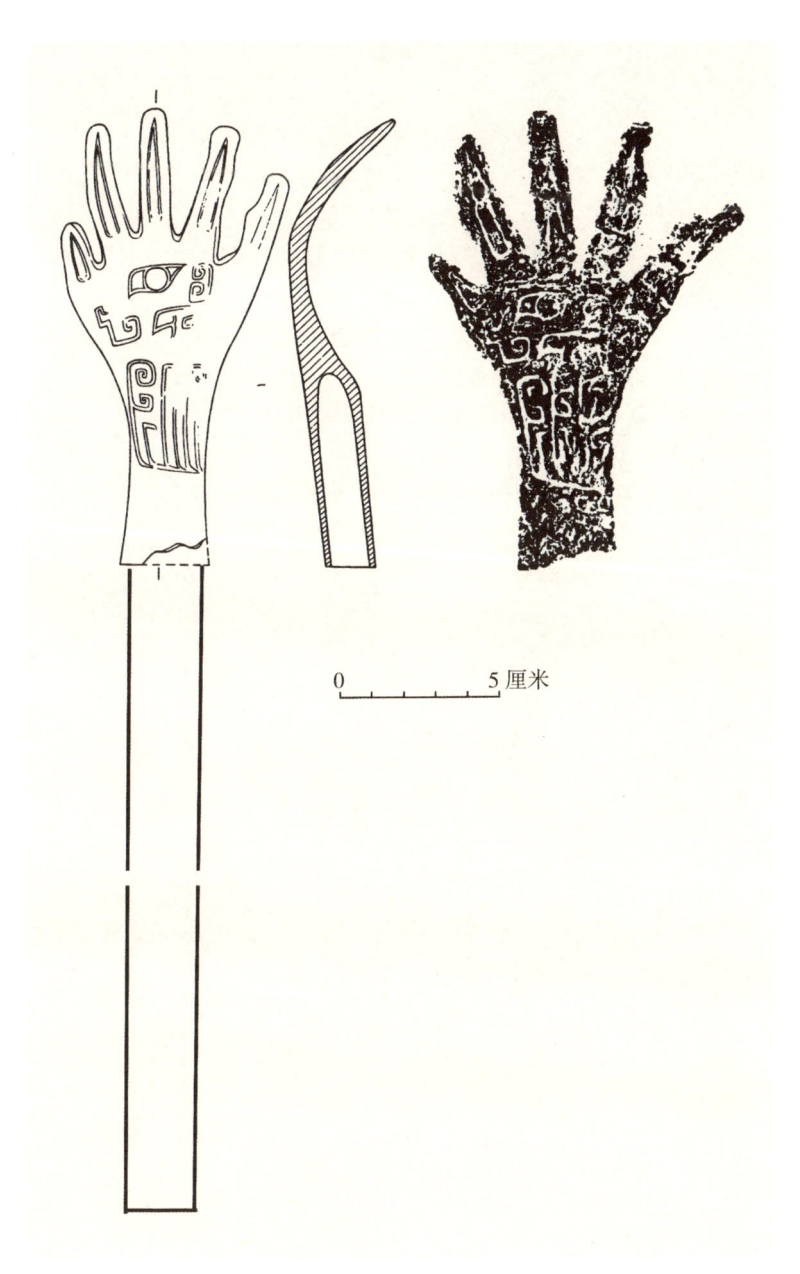

图 5-12　M54 手形铜器及复原示意

五　玉石器分组与归属　129

注释

[1] 梁思永、高去寻：《侯家庄·第二本·1001号大墓》，页28—31，插图十，台湾"中央研究院"历史语言研究所，1962年。

[2] 查《殷墟花园庄东地商代墓葬》图七七—七九，只见477、579号器物。海贝的分布和组合情况不明。

[3] 据查：281、282、283、284、285号器物皆非玉戉、铜戈，玉管也无此号，也不是其他玉器编号。

[4] 中国社会科学院考古研究所编著：《殷墟妇好墓》图九一、图一〇四——一〇七，文物出版社，1980年。

[5] 中国社会科学院考古研究所编著：《安阳殷墟郭家庄商代墓葬》图54、55，中国大百科全书出版社，1998年。

六 玉石器组合与功用

在研究古代墓葬出土玉石器功用时，应特别注意器物之间的组合关系，包括玉石器之间、玉石器与其他品类器物之间的关系。研究器物之间的关系，则必须从发掘现场所见器物之间的空间关系入手。同时，研究殷商玉石器功用，还需联系甲骨卜辞和铜器铭文的有关材料，适当参考古代文献中有关记载。

（一）瓒玉

商王和"子"等高级贵族用瓒行祼礼，见于卜辞记载。如：

《合》418 正："王祼，勿有伐。"

《合》905 正："贞，王梦祼，惟囚。"

《合》35708："贞，王宾羌甲祼，无忧。"

《合》35788："……王宾小辛祼，无忧。"

《村中南》259.2："壬午卜，其祼蘁于上甲，卯牛。二。"

《花东》226.6："戊，往祼酒伐祖乙，卯牡一，祐鬯一，囗又伐？"

《花东》376.1："戊申卜，子祼于妣丁？用。"

《花东》248.2："癸丑卜，子祼新鬯于祖甲？用。"

《花东》352.6："丙申夕卜，子有鬼梦，祼告于妣庚？用。"

《合》13619："癸巳卜，㱿贞，子渔疾目，祼告于父乙。"

六　玉石器组合与功用　133

《花东》493.6:"壬辰卜,向癸巳,梦丁祼,子用瓒,亡至艰?"上述卜辞明证,商代祼礼用瓒。

有商代玉柄形器自铭曰"瓒",其铭文曰:"乙亥,王易(赐)小臣𦥑瓒,才(在)大室。"[1](图2–1)"𦥑"字,李学勤考证认为应读为古文献所见之"瓒"。[2]

殷墟小屯商代祭祀坑M50出土一组佩饰,系由1件玉柄形器与2块绿松石片、7件蚌片组合而成。祭祀坑M52也有一组类似器物,其组合情况与M50出土的相似。在旁边还发现一件骨珠。[3](图6–1)

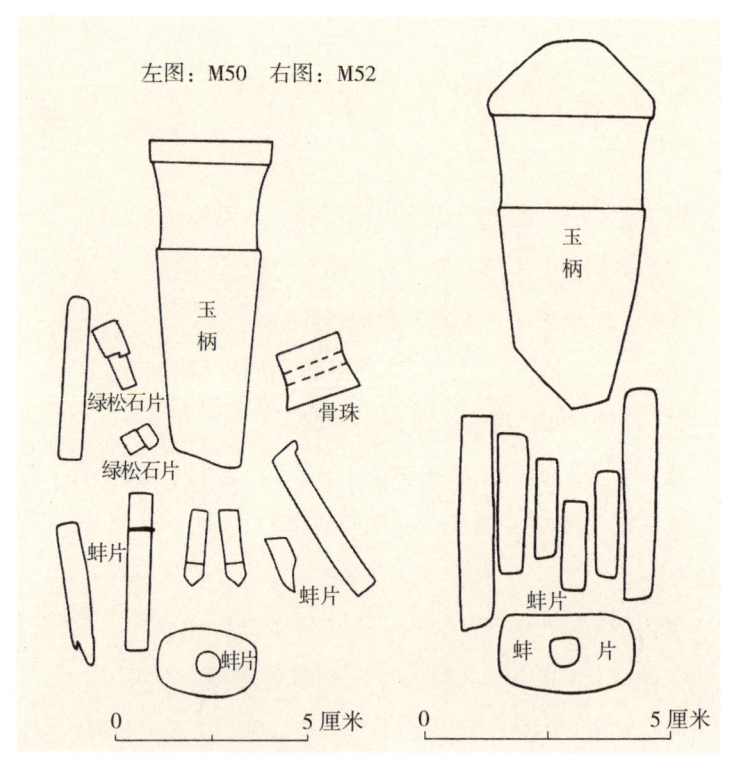

图6-1 殷墟小屯祭祀坑玉瓒出土状况

上述殷墟小屯两件玉瓒，其主体由玉柄和7件蚌片组成，其中2件长蚌片可能是瓒斗外两侧面镶嵌物，4件短蚌片可能是瓒斗底面镶嵌物，而圆角长方形穿孔蚌片，则是瓒斗前端立面镶嵌物。

据此笔者认为，商代玉瓒是祼礼用器，其器以玉柄形器为柄，用漆木制成长方形瓒斗，有的镶嵌蚌片为饰，其前端可能榫插有小玉棒（或有机质细棒），与觚尊类酒器组成完整祼器。[4]

M54瓒玉386、398（图1-2：5、6）在西椁室，与玉环、玉玦、玉笄集中在一起（瓒玉386在《花园庄》图七七中误标为"刀"），属于XZ7号殉葬人。瓒玉只是祼器瓒之组件，其前部组合体皆失配无存。后代文献有"玉瓒""圭瓒"之说，其"玉"和"圭"皆指瓒之柄（状器）。

（二）璧

在殷墟卜辞和铜器铭文中，璧是行礼之重要礼器。

卜辞有进献玉璧、征求玉璧的记载：

《花东》37.5："癸巳卜，子䌛叀白呼（璧）肇丁？用。"

《花东》180.2："甲子卜，乙，子肇丁𠃍（璧）、罙叔？"

《花东》198.10："癸巳卜，叀呼（璧）肇丁？"

《花东》198.11："子肇丁呼（璧）？用。"

《花东》475.2："乙巳卜，叀𠃍（璧）？用。"

《花东》475.3："乙巳卜，叀琅？"

《花东》196.1："丙午卜，在𡈽，子其呼尹入𠃍（璧），丁侃？"

《村中南》364.1："甲戌卜，于㠯来黿羊百、辛牛百、黄𠃌

六　玉石器组合与功用　135

（璧）五。四五。"

商末青铜器《虘稟卣》铭文曰："子赐虘稟玨（璧）一，虘稟用作丁师彝。"[5]

可见，殷商玉璧是珍贵、重要之礼器。M54出土玉璧（A型，图1-2：1）位于墓主人腰部右侧、小臂下，应是礼器。

我们知道，商代的中孔圆形玉器只有璧、瑗两个名称。璧类玉器包括了后来所说的环与瑗。M54出土的两件B型玉璧，即所谓环。

玉环356（图1-2：3），在发表的图上没有找到其位置。从器物编号看，熊350，鸟（残玦）351，璧352，珧358、359、360均集中在墓主人腰部，推测玉环356也应该在此范围内，性质也应与上述玉器类同（或者是这组宝玉中部分玉器的"系璧"）。只是其组合关系无法探究，目前不能有更加具体的答案了。

玉环361（图1-2：2），为殉葬人XZ7随葬品，与攒玉386、398和玉玓382成组放置。（《花园庄》图七七将玉环361右侧一器物386标注为玉刀，误，应为攒玉）根据殷墟宫殿区乙七基址车马坑（小屯M20）所见玉环与铜刀相配伍[6]，（图6-2，图6-3）推测M54玉环361或是玉玓382的"系璧"。（图6-4）

（三）琮

甲骨文"琮"字常用作地名、人名和国族名。

《合》667正："辛未卜，㱿贞，🔲告于祖乙。"既是祭告祖乙，应于宗庙中，"🔲"字从宀从🔲从冂，作人持琮跪拜于庙宇中之形，即以琮祭祖。卜辞有"🔲"字，乃"🔲"之省。

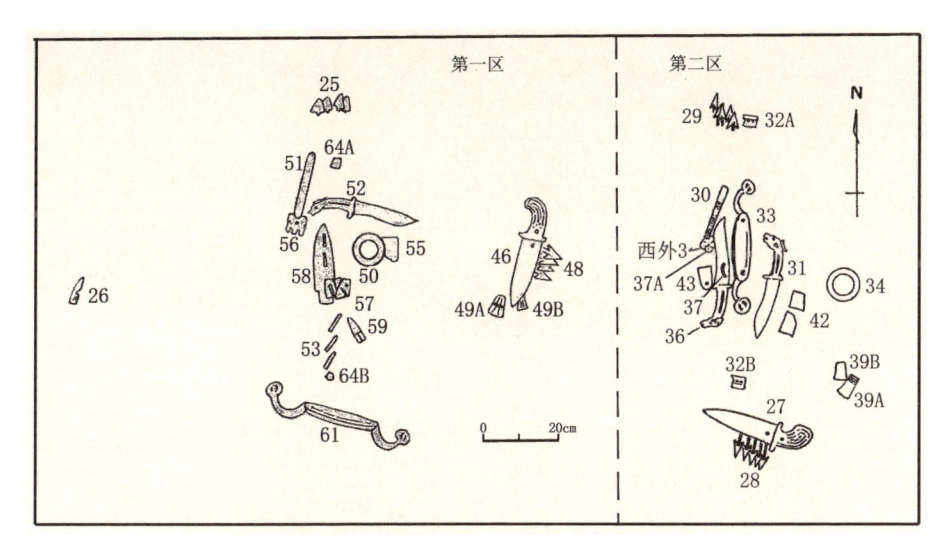

图 6-2 小屯 M20 三组（两区）兵器出土状况

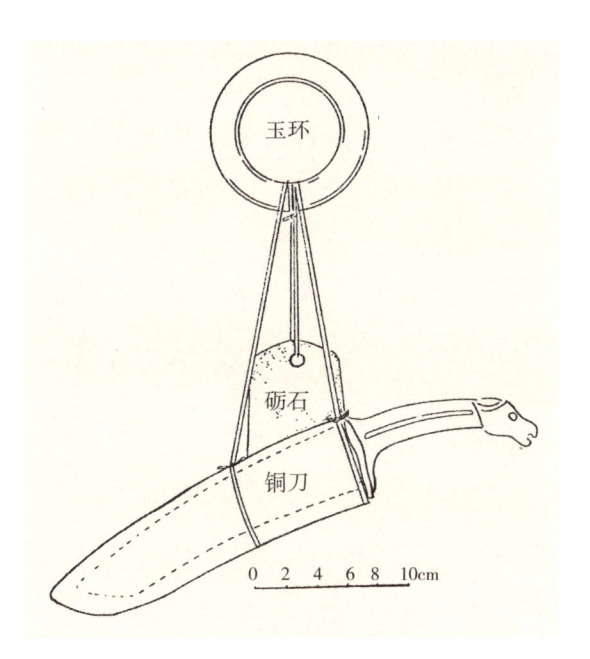

图 6-3 小屯 M20 玉环与铜刀的搭配（据《小屯·北组墓葬》插图四十）

六 玉石器组合与功用 137

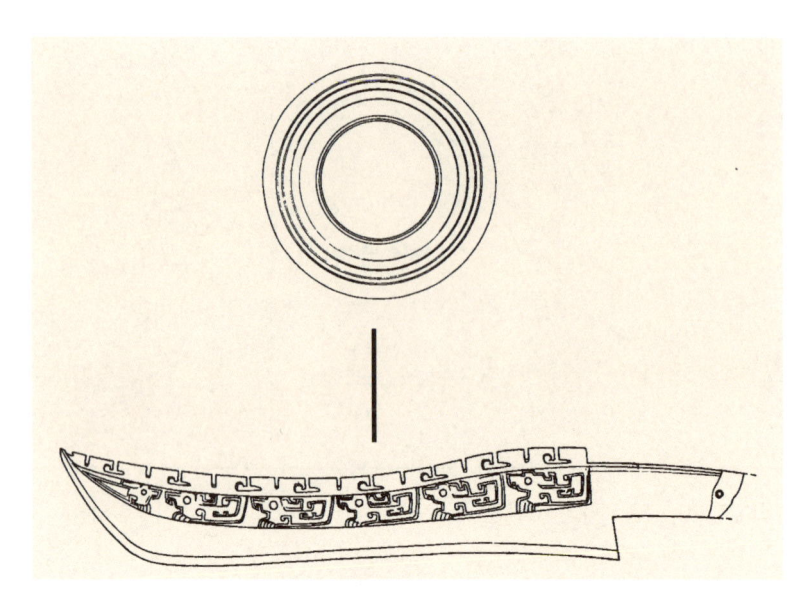

图 6-4　M54 玉环与玉玦组合关系

晚商《六祀邲其卣》铭文曰"乙亥，邲其赐作册䜌土（玉）一、琡（琮）一，用作祖癸尊彝……"，[7] 琮是宝玉可用作赏赐之物由此可知。

M54 出土玉琮（图 1-2：4），见于墓主人左胸部，其位置比较重要，应系礼器，未见关系密切之组合物。

（四）牙璧

《合》9509+《合》9322+《乙补》589+《乙》1426："贞，惠大玉㠯？"

《花东》180.3："叀黃㚔㠯？"

《花东》490.1："己卯，子见眔以㠯、琡于丁？用。"

《花东》490.2:"己卯,子见晡以玹罙肙于丁?用。"

由以上卜辞可见,牙璧与璧、玹、琡一样,可用于进献商王,是珍贵玉器。M54出土玉牙璧340(图1-5:12)有长期穿绳悬挂形成的磨损痕迹,属于坠饰无疑。且它出自墓主人右胸外侧,与兽面玉缀饰341、342、343聚拢一起,其前方则是玉管330、331、332、333、334、336、337、339,它们或许是一个组佩的组件。(《花园庄》图七七、七八)其中已经发表资料者只有玉管333,为细长直管(D型管),两端反向斜面,通长4.89厘米。(《花园庄》图一四五:5)据荆志淳论文,玉石管330—334、336、337与333同型,但材质较杂,分属NpⅠB3、NpⅡC3、CtS,长度不详。根据以上资料,我们大致可以推测这组玉石器是一个佩饰组合体,它以牙璧为主,兽面坠饰为辅,管珠为系联,组成完整组佩。(图6-5)本复原方案是否合理,以及是否可以有其他复原方案,取决于将来通过实物观察得到的玉石管的长度、

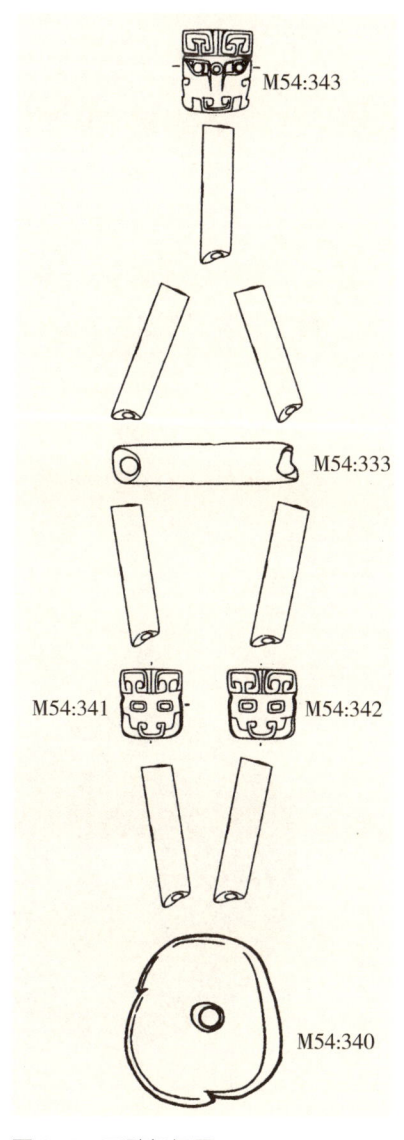

图6-5 牙璧组佩图

六　玉石器组合与功用

磨损方式和程度等数据。

（五）章

商代晚期青铜器《乙亥簋》铭文曰："乙亥，王赐觿𢦚玉十丯、章一，用作祖丁彝。亚舟。"[8] 在此，章与玉共同作为商王赏赐物，被"亚舟"用作铸造祭祀祖丁的青铜彝器之资费。

有件殷商时期玉牙璧，直径3.4厘米，铭刻"壬辰，姤易（赐）𤔲"五字，（图6-6）专家考证此乃商末某王后赏赐给一个名叫"𤔲"的人之物。[9] 可证玉牙璧曾用于王室赏赐。

《诗经·小雅·斯干》曰："乃生男子，载寝之床，载衣之裳，载弄之璋。其泣喤喤，朱芾斯皇，室家君王。乃生女子，载寝之地，载衣之裼，载弄之瓦。无非无仪，唯酒食是议，无父母诒罹。"《郑笺》云：生男子"明当主于外事也。玩以璋者，欲其比德焉"。

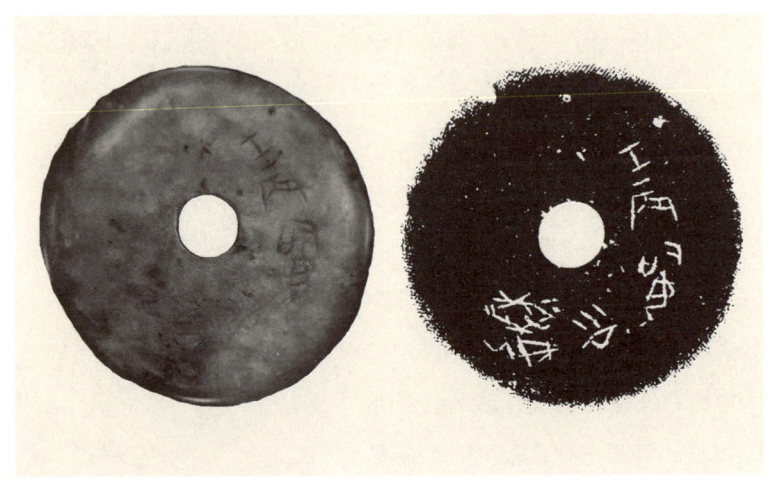

图6-6　香港私人收藏商玉章　（《熙墀藏玉》页51）

诗中所说给小男孩当玩具的璋，其概念就是来自商代玉章（璋）。

M54 出土有 2 件玉章。玉章 372（图 1-4：11）在墓主人右小腿外侧，出土时叠压在石磬下，置于玉玦 375 上面，[10] 接近铜刀 373 柄部。由此再往墓主人右膝部十几厘米处，为玉珑 368。玉章 328（图 1-4：12）出在墓主人左胸部，与玉珑 327 紧挨着，旁边有铃首铜锥（觽）295。（见《花园庄》图七八）值得注意的是，2 件玉章皆与玉珑关系密切。根据殷墟乙七基址车马坑 M20 中玉环用作铜刀的组系配饰[11]推测，玉珑 368 可能是铜刀 373 的配件，则玉章 372 很可能与玉珑 368 同属铜刀 373 组系配饰。同样，玉珑 327、玉章 328 可能同属铜觽 295 的组系配饰。（图 6-7）

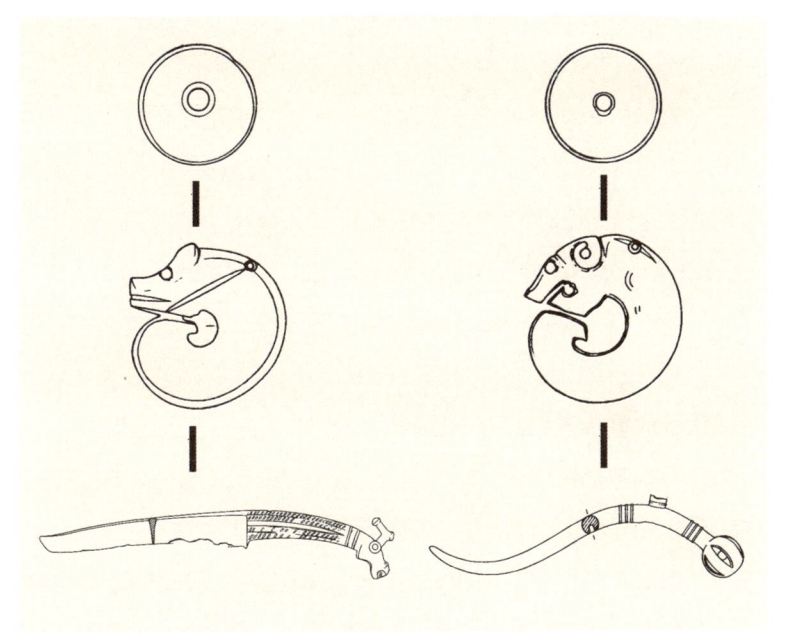

图 6-7　玉章、珑与铜刀、觽组合图（比例尺不统一）
左：玉珑 368、玉章 372、铜刀 373
右：玉珑 327、玉章 328、铜觽 295

M54出土的所谓长方坠饰362（图1-5：13），其实就是玉章残损后的改制件，出土时在墓主人右腿部，与玉璜363紧挨着，可能从属于玉璜，为玉璜之"系璧"。

（六）圭

圭的功用在商代甲骨文、金文中没有记录，但从考古发现看，应是礼器。其祖形直可追溯到山东龙山文化的所谓"神祖纹"玉圭，如山东日照两城镇的玉锛，[12]北京故宫博物院藏龙山文化玉圭、[13]台北故宫博物院藏龙山文化玉圭、[14]天津艺术博物馆藏龙山文化玉圭，[15]上面都有精心雕刻的神灵形象，其用途绝非实用工具。（图6-8、图6-9）

在偃师二里头遗址出土有夏代玉圭，[16]是重要礼器，应是殷墟玉圭更直接的文化源头。河南罗山天湖商墓出土有玉圭，雕刻兽面神徽，[17]也说明了玉圭的神圣性。

M54出土的2件玉圭分别出自墓主人头部两侧，其中圭322（图1-2：16）在左侧，与琡320，戉319、321成排放置。玉圭338（图1-2：17）在右侧，与琡314、315，戉313为伍。

从其放置位置和共存器物看，玉圭地位崇高，应是礼器。

玉圭有装柄使用者。如二里头遗址1980年出土的M2:5玉圭，其首部有从圆孔放射而出的三条绳索痕迹，应是安柄之遗痕。[18]二里头文化和殷墟文化时期皆见有带柄青铜圭，均可安柄。[19]二里头铜圭有阑，长方内上有方孔。殷墟铜圭亦有阑有内。（图6-10）

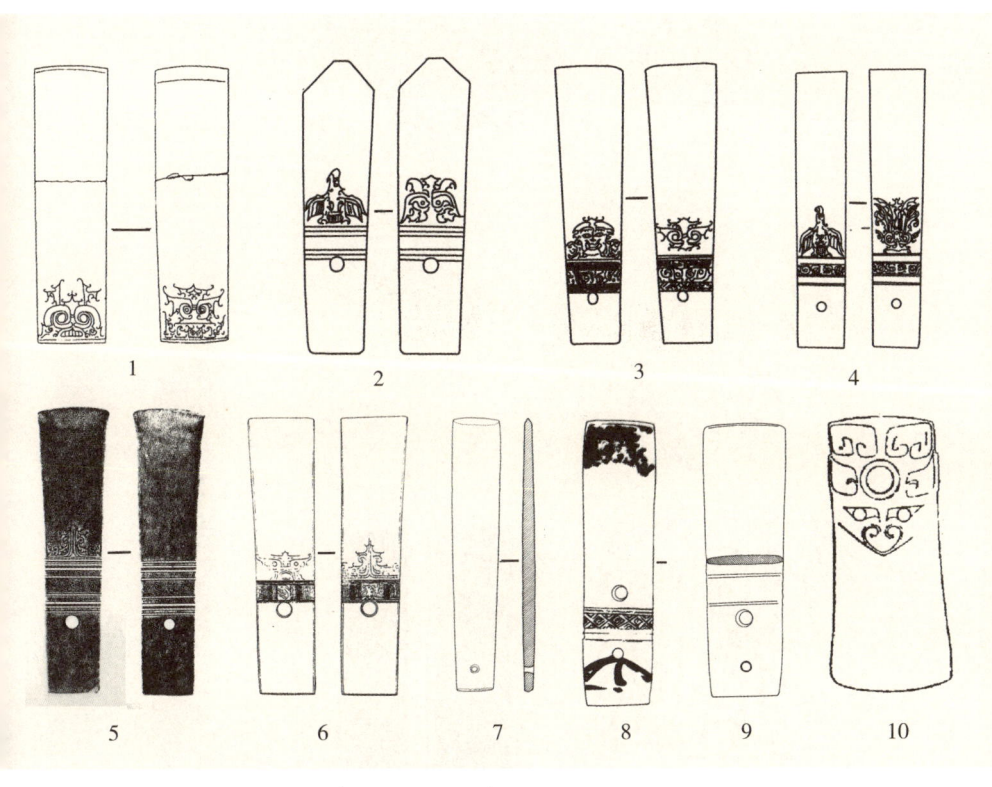

图 6-8 龙山时代至商代玉圭（比例尺不统一）

1. 日照两城镇 2. 天津艺术博物馆 3、4. 台北故宫博物院 5. 北京故宫博物院
6. 溧阳 7、8、9. 偃师二里头 10. 罗山天湖

六 玉石器组合与功用 143

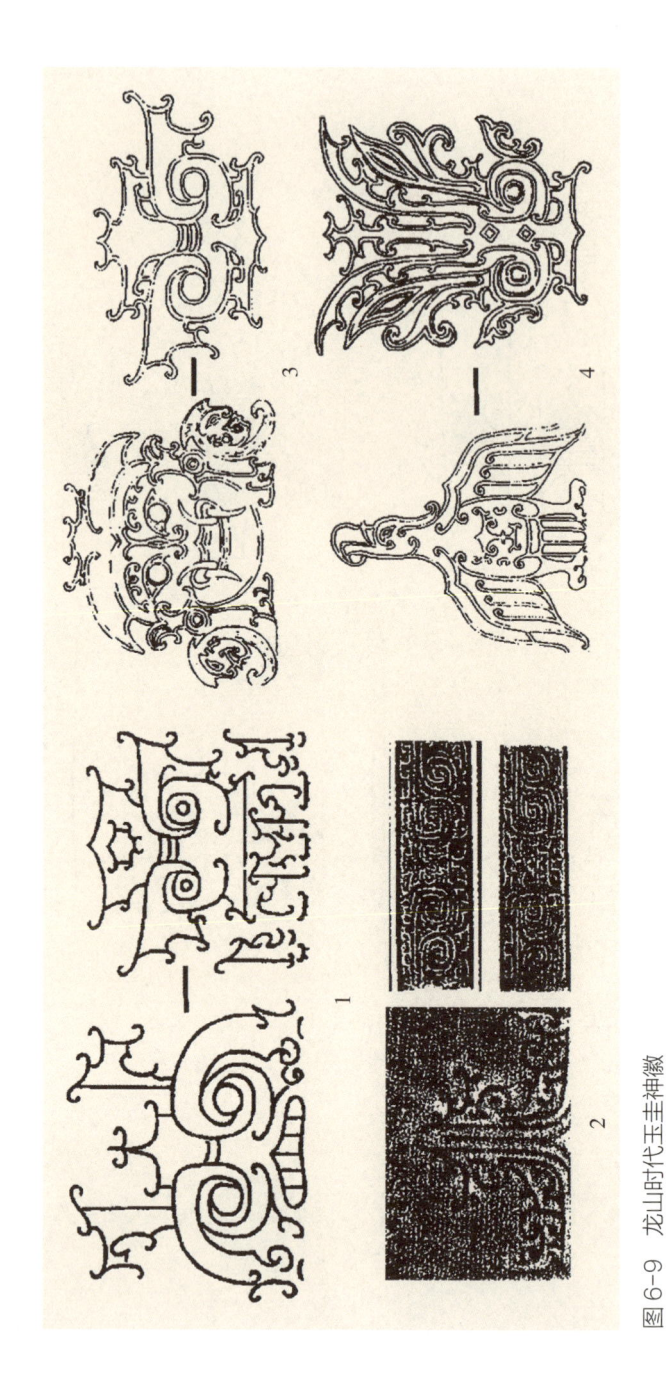

图 6-9 龙山时代玉圭神徽
1. 日照两城镇玉锛 2. 北京故宫博物院玉圭 3. 台北故宫博物院玉圭一 4. 台北故宫博物院玉圭二

144　殷墟亚长墓玉石器研究

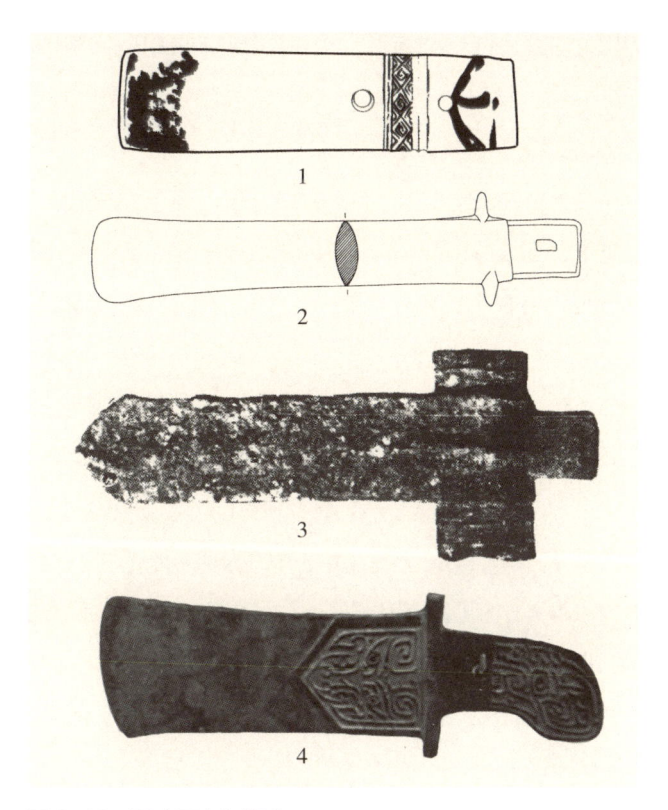

图 6-10　夏商玉圭和铜圭

1.二里头 M2:5　2.二里头 K3:1　3.殷墟大司空 M24:2　4.国家博物馆藏品

（七）玦

殷墟卜辞中常见玨：

《合》11006 正："丙戌卜，殷贞，燎王亥玨；贞，勿玨燎十牛。"

《花东》193："乙亥，子更白玨再用，惟子见（献）？"

《花东》203.11：“丙卜，叀子揩玦用罞珥再丁？用。”

《花东》363.4：“丁卯卜，子劳丁，再耑玦一、緝九。在劌，狩［自］辥。”

《花东》475.4：“乙巳卜，有玦，叀之畀丁，緝五？用。”

《花东》490.2：“己卯，子见甶以玦罞甹、璧丁？用。”

玦与璧、緝联称，用作祭祀先公先王的祭品和进献时王的礼品。

1985 年，殷墟刘家庄南商代墓葬出土 19 片玉玦残件，上面均有朱书文字，词句残缺不全，但大体可窥见属于裸祭之辞，如：M42:1“……公，玦一”；M54:1“裸于……玦一”；M54:3“裸于口辛，玦一”；M57:1“（裸）于小史，玦一”；M57:3“（裸）于祖口，玦一”。[20]（见图 2–4）1999 年，在殷墟刘家庄北 M1046 出土石玦中，18 件写有“裸于某君乙或丁”“裸于太子丁”“裸于祖乙、祖丁、亚辛、三辛”“裸于诸子”等墨书文字。[21]（图 6–11）

由此可知，玦还是祭祀先王行裸礼之礼器。但这种礼玦并非玉质，制作比较粗糙，与 M54 出土玉玦相比，有天壤之别。

M54 共出土玉玦 11 件，其中 3 件为铜内玉玦，（图 1–3: 1—11，图 4–5）分属墓主人 8 件，殉葬人 XZ3 1 件（211），殉葬人 XZ6 2 件（308、309），与铜戈 310 叠置一起，旁有铜兽头（残戈内部）307。殉葬人 XZ3 的玦 211，残损严重，旁有一组铜矢（243—246）和铜戈 2 件（125、126。《花园庄》图七八中殉葬人 XZ3 的右臂处还有标注为“戈”的 281—285 等 5 件器物，但形状似玉石管，或是误标），可能同属该殉葬人的随葬品。玉玦可能是具有军权性质的礼兵，殉葬人 XZ6 的 2 件玦皆为弄器。

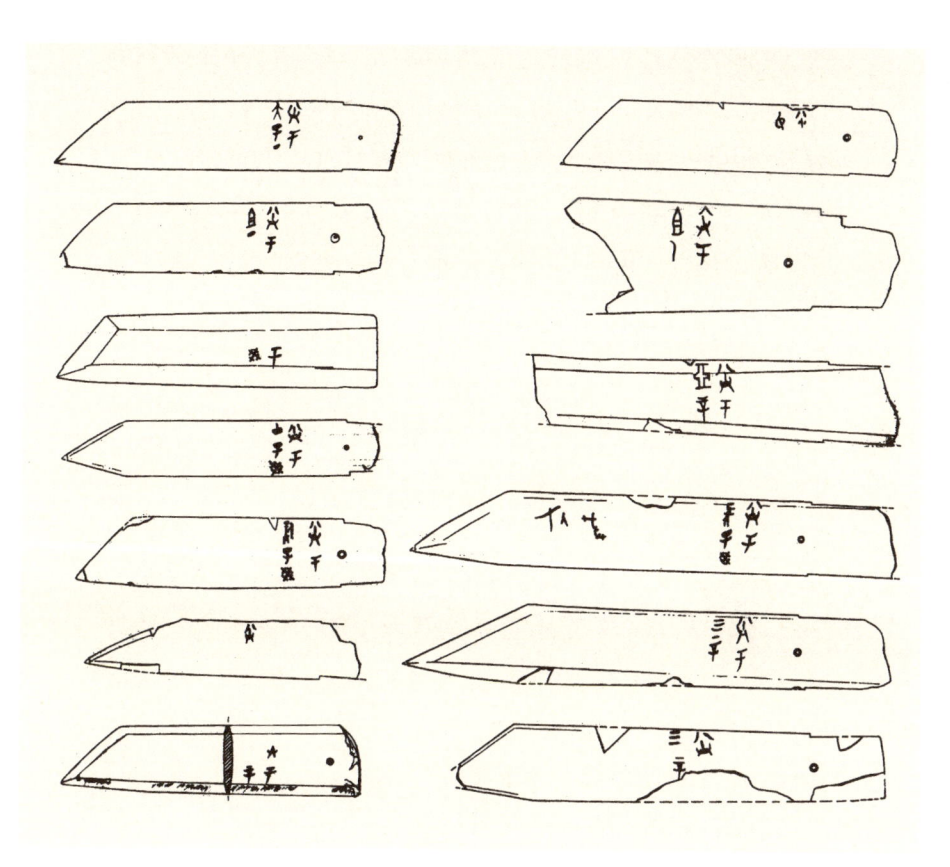

图 6-11 殷墟刘家庄北 M1046 出土朱书玉戈

墓主人 8 件玉戈中 319、321 在头左侧,与璋 320、圭 322 成排共存;戈 351 在左腰部,与玉熊 350、玉鹅 353 成组放置,按该器已残,仅存内部和援根,可能改作佩饰了(《花园庄》图七八标注为"玉鹦鹉",便是作为佩饰看待),故与熊、鹅共存;戈 313 在头右侧,与璋 314、315 叠置一处,应是礼器;戈 376、375 并排在右小腿外侧,旁有玉珏 379(上面压着骨饰 378),这 3 件玉器均被铜刀 373 叠压,按这 3 件玉器的形制与该墓其他同类玉器的形制有所不同，时代特征较早，或是作为古物收藏的早期遗玉，未纳入现行礼器序列，故放置位置卑下；玦357、464在发掘报告图中查无标注，不知所在，按其形制、尺度皆属正常，应皆是礼器。以器物350、351、352、353、355、359皆在墓主人腰部左右推定，靠近355的375很可能是357之误，而标在墓主人右腿外侧的玉玦375，是正确的。

（八）瑂

《合》14735正："甲申卜，争贞，燎于王亥，其瑂；甲申卜，争贞，勿瑂。"

《合》32420："丁卯贞，王其禹瑂，燎三牢。"

《合》32535："庚午贞，王其禹瑂于祖乙，燎三牢……乙亥酻；……王禹瑂于祖乙，燎三牢，卯三大（牢）……兹用。"

《花东》180.2："甲子卜，乙，子肇丁璧眔瑂？"

《花东》490.1："己卯，子见庚以璧、瑂于丁？用。"

瑂与璧并称，用作祭祀和进献，为玉礼器可知。

花园庄M54出土6件玉瑂，分为A、B两型。（图1–2：7—13，图4–2）

A型瑂320置于墓主人头左侧，与玉玦319、321，圭322成排放置。B型瑂314、315叠置于墓主人头右侧，旁有铜内玉援戈313。

A型360与B型瑂358紧挨着在墓主人左髋骨外侧，B型瑂359在墓主人右髋骨外侧，三者左右对称放置。

A型瑂367放置在墓主人右大腿外侧，与玉镞364、365、

366 相伴。更近墓主人腿骨处是玉璜 363、长方坠饰 362。因此，该器虽是石质，但在其主人看来应是玉器，只是其地位显然不及上述几件真玉琡。

（九）瑊

卜辞有"舞⚑（戉）"的记载：

《花东》206.1："丁丑卜，在🀰，子其更舞戉，若？不用。"

《花东》206.2："子弜更舞戉，于之若？用。多万有灾，引棘（急）。"

卜辞又有以"瑊"祭祀的记录：

《合》29783："其🀰戈一瑊九……"

执戈、瑊而祭，是知瑊为礼器。

M54 出土 2 件瑊，（图 1-2：14、15，图 4-4：1、2）其中玉瑊 379 位于墓主人右小腿外侧，与戉 375、376 并排，上面压着骨饰 378。两件玉瑊的时代特征偏早，似是遗玉，故该瑊也是遗玉。或可认为，这三件玉器虽然属于礼器，但集中放置在墓主人小腿部显得不太被重视，易言之，其地位不及放置在墓主人头部至胯部的玉礼器为高。

石瑊为殉葬人 XZ13 的随葬品，具有某种军事指挥权的象征意义。

（十）矛

M54 出土玉矛 4 件。（图 1-3：12—15，图 4-6）矛 268，

长仅 7.1 厘米，器体较小，为弄器，属于殉葬人 XZ4。矛 158，通长 10.5 厘米，尾部一侧有系孔，非实用器，应归入礼器。不知出自墓中何处，发掘报告文、图皆无记录。铜骹玉矛 148，出自殉葬人 XZ7 头右侧，旁有铜弓弣 203 和铜矢 142，铜骹銎内残存有 9.3 厘米长木柲。做工精湛，装饰华丽，但并非实用兵器，应是该殉葬人所持具有军权标志物性质的兵器。铜骹玉矛 463 应属象征兵权的玉兵，但不知出自墓中何处。

（十一）矢

殷墟卜辞曰：

《合》36481："……小臣墙比伐，擒危美……人二十人四……人五百七十鹵百……车二丙，盾百八十三，函五十，矢……"

本辞将车、盾、函、矢并列，可知矢为兵器。

《合》4787："贞勿崇矢束……二告。"

《合》5699："贞其矢；贞亚不矢。"

《合》30810："……矢于毓……"

《合》32193："矢元侑妣壬……"

《合》23053："丁巳卜，行贞，小丁岁眔矢岁酌。"

《屯》313："我以方矢于宗。"

由上辞可知，矢在宗庙祭祀活动中承担某种重要作用，是一种献祭的礼物。

卜辞有灸祭（"𤓓"，或释"炆"，不妥，应隶作"灸"。按甲骨文"交"与"矢"写法有所不同）：

《合》1121 正："贞，灸烽，有雨。"

《合》1130 乙："惟燎矢，有雨。"

《合》1130 甲："勿燎矢，无其雨。"

《合》12842 正："贞，燎有雨；勿燎，无其雨。"

《合》29993："今日燎，有雨。"

《合》30792："于监燎，大吉。"

卜辞所谓燎祭，系祈雨之祭。"燎"字从矢从火，即通过焚烧方式，将矢献于神以祈求降雨。

《合》15678："□燎□㳕□……"

《合》32288："……卜，其燎、玟（璛）。"

"㳕"字，玉珏在水中之形，乃沉玉珏行祭祀之义。"玟"即"璛"字异构。可见，燎矢、沉珏皆为祭祀献礼方式。矢与璛并称，具有礼器地位可明。

矢为器虽小，在礼实大。对此，可从"族"、"侯"（医）、"室"等从矢之字一窥其实。

《说文》云："族，矢锋也，束之族族也。从㫃从矢。"段注曰："㫃所以标众，众矢之所集。"丁山说："族字，从㫃、从矢，矢所以杀敌，㫃所以标众，其本谊应是军旅的组织。……旗的制度，当是族字从㫃正解。……我认为族制的来源，不仅是自家族演来，还是氏族社会军旅组织的遗迹。""所以卜辞又有……既称族，又称氏，氏盖是部族的徽号，族则军旅的组织。"[22] 金祥恒云：卜辞中"族本矢镞义，而引申为氏族之族。……卜辞'王族'，为殷商王朝中军之亲族"。[23] 刘钊说："卜辞的'族'，不应单纯理解为'亲族'或'家族'，还是理解为由'亲族'或'家族'构成的从事战争的军事组织。'王族'即以王之亲族组成的军事组织，'多子族'即由众多的贵族家族组成的军事组织。

六　玉石器组合与功用　151

但是这种军事组织同'自'这样的专业军队不同,而是以'族众'为主体,战时征伐,平时务农的'民兵'。"[24] 李学勤指出:"古代军制本与族氏有关,……卜辞的王族、多子族也应该这样解释。王族即由王的亲族组成的队伍,多子族是由大臣或诸侯的亲族组成的队伍。"[25]

林沄认为:"'侯'也是方国首领之一种。卜辞中还有许多'比侯某'的记载。"[26] 裘锡圭认为卜辞所见的侯,一般都已经具有诸侯的性质。"侯的本职为王斥侯",是驻在边地保卫王国的主要武官,"由于侯从职官发展成为诸侯的过程完成得比较早,其地位也比较重要,所以古人用'诸侯'这个词来概括侯、甸、男、卫等人"。[27] 姚孝遂说卜辞"'多侯'与'多方''多白''多田'均约略相当于后世所谓之'诸侯'"[28]。"古文字'厌'皆象矢集于射厌之形,既不从人,亦不从厂。""卜辞'厌'字有单用者,为名词,有可能为人名,亦可能为侯伯之通名。""'厌'为方国伯长之通名。"[29]

甲骨文"室",从宀从矢或至。陈梦家说商代"室为庙中之一部分","藏主与祭祀并以宗室为名"。[30] 姚孝遂也说,卜辞"大室""中室""盟室""司室"等,"均为祭祀之所"。[31]（图6-12）

可见,矢在商代具有重要的社会象征意义,它是军事组织和权力的一种象征,又引申为供奉先王（族长）的庙堂之标志。

就现有考古发现而言,殷墟时期玉石矢的地位远比铜矢要高。

M54 出土的 3 枚玉矢,（图 1-3：16、17、18,图 4-7：1、2、3）集中放置在墓主人右大腿外侧,与石珧 367 紧挨着,应是同组器物,说明玉矢也具有礼器性质。距离玉矢十几厘米,贴近墓主人大腿骨处有长方坠饰 362 和玉璜 363。

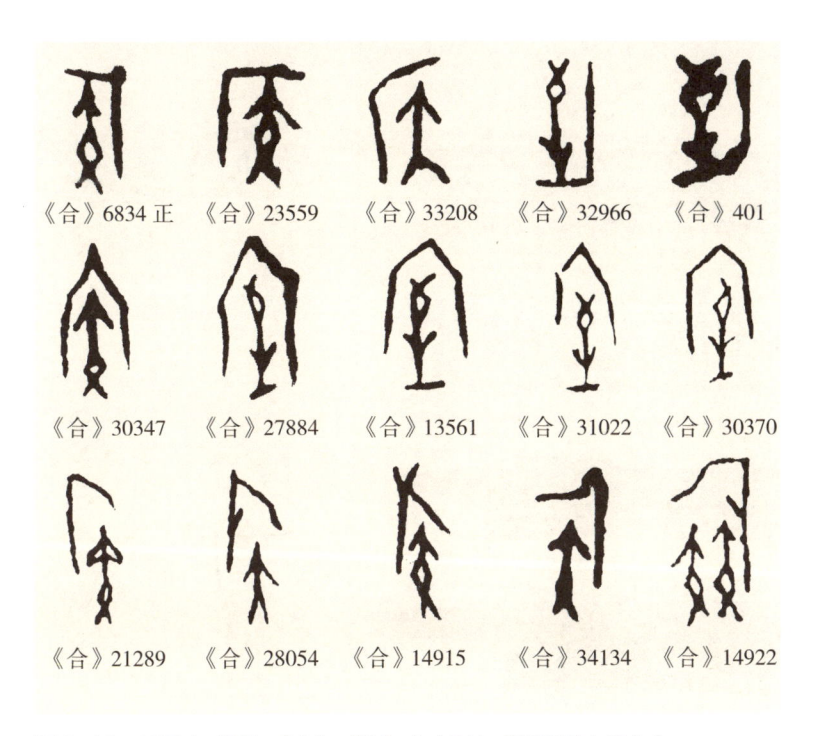

《合》6834 正　《合》23559　《合》33208　《合》32966　《合》401

《合》30347　《合》27884　《合》13561　《合》31022　《合》30370

《合》21289　《合》28054　《合》14915　《合》34134　《合》14922

图 6-12　甲骨文"厌""室""族"字（采自《新甲骨文编》）

（十二）玥

前文述及，M54 出土玉玥 382（图 1-3：20，图 4-7：5）与玉环 361 应是配套玉器，即玉环是玉玥的"系璧"。而这类玉玥应是同型铜刀的仿制品，代表着同样的功能。该型玉玥在妇好墓中也曾发现 2 件（M5:476、477）。[32]（图 6-13）

20 世纪 30 年代在殷墟宫殿宗庙区"西宗"乙七基址发掘的祭祀坑 M186 中，埋葬有 9 具尸骸，随葬有木俎 1 件、铜刀 3 件、漆木豆 4 件、铜刻刀 2 件。铜刀皆尖首、曲刃，刀面有夔龙纹，

六　玉石器组合与功用　153

图 6-13 妇好墓出土玉玦和铜刀
1、2. 玉玦 M5：476、M5：477 3、4. 铜刀 M5：1169、M5：1171

图 6-14 殷墟"俎祭"器物

木柄上用蚌贝、兽牙、绿松石等镶嵌出兽面纹，精致而豪华。通长 28.4—29.4 厘米。其中一把刀放置在木俎上面。[33]（图 6-14）笔者研究认为，这是一个十分难得的商代俎祭遗存，殷墟甲骨文"俎"字，从肉从且从刀，义为置肉于俎上以刀分割献给祖先。[34]（图 6-15）据此可以认为，M54 出土玉玦应该是俎祭或其他祭祀活动所用礼器。

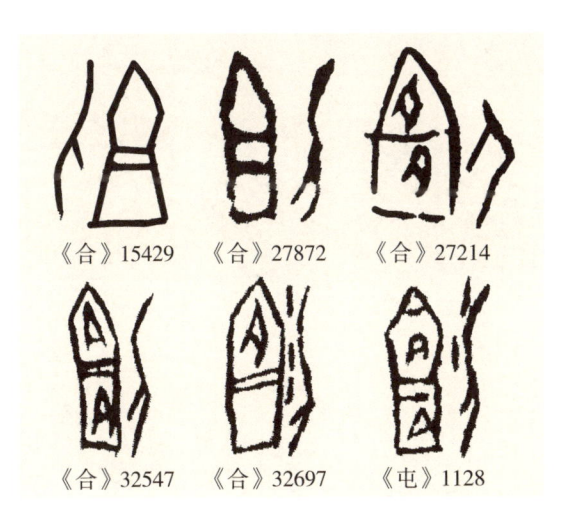

《合》15429　《合》27872　《合》27214

《合》32547　《合》32697　《屯》1128

图6-15　甲骨文"俎"字

（十三）磬

殷墟甲骨文"磬"字，象以槌击磬状。王国维说："《说文解字》石部：'磬，乐石也。从石殸象悬虡之形。殳击之，古者毋句氏作磬，𣪊，籀文省。'按殷墟卜辞磬作𣪊，与籀文大略同，𠂆即《说文》𠂆字，许云'𠂆，岸上见也'，实则𠂆象磬饰，𠂆象悬磬。"[35]

殷墟石磬主要见于中高级贵族墓中，其中宫殿区出土的龙纹石磬、[36]王陵区武官大墓出土的虎纹石磬[37]最为精美。（图6-16）

《合》13507："贞……王循磬，若。"

《英》2293："其蔢磬。"

《合》8032："癸酉𤉲于磬，十牛，卯。"

上举三辞，谓商王视察制磬作坊，祭祀中以磬为献或为新磬举行祭祀仪式。

《花东》265.1、265.3："戊辰卜，子其以磬妾于妇好，若？

六　玉石器组合与功用　155

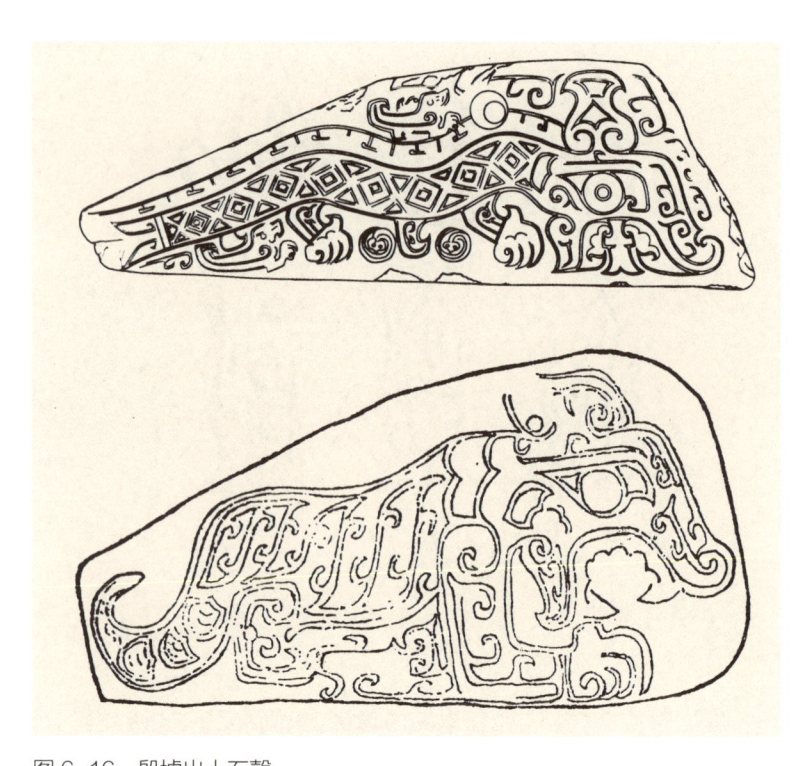

图 6-16　殷墟出土石磬
上：小屯村北出土龙纹磬　　下：武官村大墓出土虎纹磬

一二三四五；庚午卜，子其以磬妾于妇好，若？一二三。"

上辞谓子向妇好进献"磬妾"，当是进献善于石磬演奏的女官，说明当时有专业的磬演奏员。

《合》318："丁亥，俎于磬京羌……卯……"

《合》8034："贞其俎于磬京，不……"

《合》8035："贞翌辛亥，呼妇妌俎于磬京。"

"京"字乃高台建筑之象形。"磬京"应为悬挂石磬之高台建筑。俎祭乃祭祖之礼，则磬京应属宗庙、宫室一类建筑之名。

由此可见，磬具有极其重要的礼仪性质。[38]

M54出土石磬位于墓室南部，（图1-7：1）叠压在棺上（因其器体较重、大，单独放置于棺上），未见配套的磬架。同属乐器的铜铙108、119则置于墓室南端（铜铙199查无标注，不知所在），与青铜酒器为伍。

（十四）弄

弄为共称而非专称，即指专供玩赏的玉制艺术品，可分二大类：一类是取形于玉礼器，或模仿青铜礼器，但体形很小，已失礼器的规范性和严肃性；二是各种动物或人物造型。[39]

M54出土的玉弄器，主要指玉玦308、铜内玉援戈309、玉矛268，更广义一点，也包括玉玦残件351、玉熊350、玉鹅353。玉玦残件351、玉熊350、玉鹅353是墓主人的珍玩，集中在墓主人左腰部，应是平常腰间佩挂的饰物兼玩赏物，即手把件。玉玦308、铜内玉援戈309及铜戈残件310（《花园庄》图七八标注为"铜兽头"）属于殉葬人XZ6，玉矛268则属于殉葬人XZ4，都是与墓主人很亲近但身份地位低于XZ7、XZ3的人。XZ6年约25岁，性别不详。XZ4为18岁左右的女性。

（十五）觿

古器物中的所谓"觽"，有玉质、角质和牙质多种。吴大澂《古玉图考》引《说文》云"佩觽之觽，用角者从角，用玉者从玉，则瓗字当即觽之或体"。关于其功用，有两种解释：一种引古代

六　玉石器组合与功用　　157

文献的说法认为是解结之具（流行观点），一种根据考古发现认为是弓弭。[40]据笔者研究，迄今所见所谓"觿"（璲），确有属于解结工具者，也有属于佩饰者，但更多属于兵器，乃弓之配件。

花园庄 M54 出土玉璲，（图 1-4：5—9，图 4-11）应为弓之配件但不是弓弭。兹举证说明如下：

1936 年，在殷墟宫殿区"右宗"乙七基址的祭祀坑 M20 中，在马车的车厢内外发现 2 套铜弓弣、玉璲，其中铜弓弣 M20:61 与玉璲 M20:59 配对，铜弓弣 M20:33 与玉璲 M20:26 配对。[41]（图 6-17）这里需要申明的是，石璋如先生曾把铜弓弣 M20:61

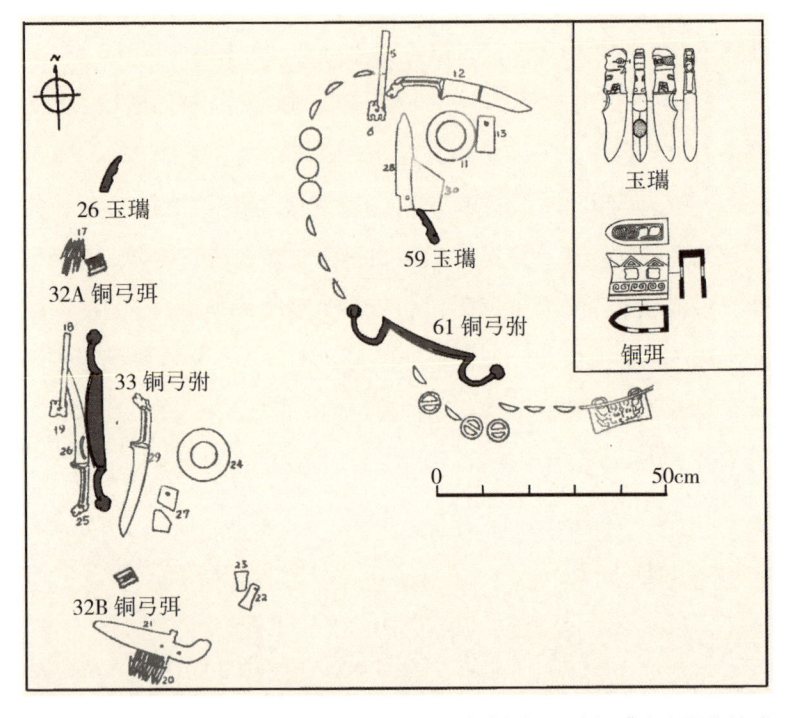

图 6-17　小屯 M20 出土铜弓弣、弓弭和玉璲（根据石璋如《小屯殷代的成套兵器》插图一、《北组墓葬》插图八等绘制）

与玉璜 M20:26、59 视为一套器物,即二件玉璜是弓末两端的玉饰,为弓珥,[42] 这是错误的。因为玉璜 M20:26 脱离了弓弣 M20:61 所代表的弓末饰应在之合理位置,玉璜 M20:26 又恰好在弓弣 M20:33、弓珥 M20:32A 旁侧,应归为一组。既然铜弓弣 M20:33 配有一对铜弓珥 M20:32(A、B),那么玉璜 M20:26 就不会是弓珥了。这个发现说明,在 M20 中,玉璜确实是作为弓之配件而存在的,且一弓配一璜。

1936 年在殷墟宫殿区"右宗"乙七基址的祭祀坑 M40 中,也发现一辆马车、一组兵器,在弓弣左前方约 30 厘米处有一支"骨锥"(M40:29),按其形制、尺度,应即骨觽。[43] 这是弓配骨觽的例证。

1953 年,在殷墟大司空车马坑 M175 车舆右前部发现有铜弓弣,旁有石璜(M175:17+22,埋藏时残断成二截,其尖部在车舆前部中央处),紧邻石璜柄部有骨弓珥(M175:23)。[44](图 6-18)这项发现再次印证玉石璜与弓关系密切,应为兵器(配件),因与骨珥同存,是知璜非弓末饰。

1959 年,在殷墟孝民屯车马坑 M2 中出土象牙觽 M2:4,器象鱼形,中腰偏后有凹槽,前端有穿孔,两面刻饰花纹,长 14.5 厘米。铜弓弣 M2:11,通长 30.2 厘米。这是弓配象牙觽的

图 6-18 殷墟大司空车马坑 M175 出土铜弓弣、骨珥与石璜

例证。[45]（图 6-19）

1995 年，在殷墟梅园庄发现的商代车马坑 M41 中，在车厢里出土一组兵器，有铜弓枘、牙弭、骨觿，觿、弭共存，可证二者功用不同。[46]（图 6-20）

图 6-19　殷墟孝民屯车马坑 M2 出土象牙觿

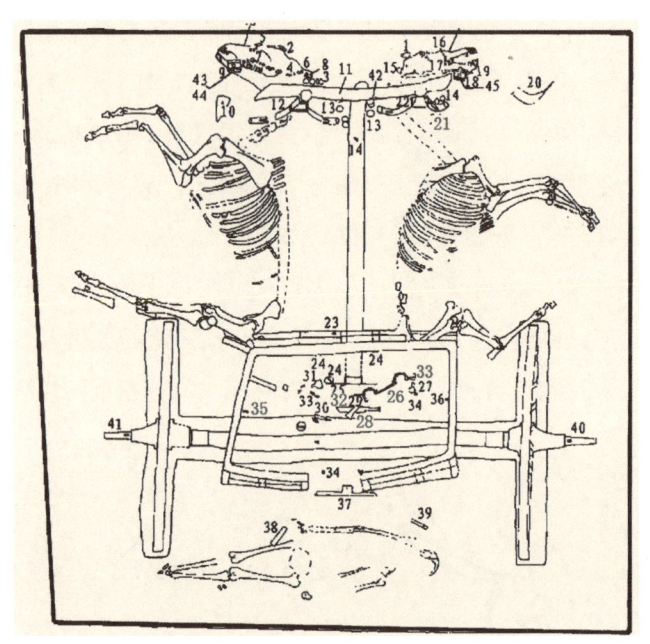

图 6-20　殷墟梅园庄车马坑 M41
21. 骨觿　26. 铜弓枘　28. 铜刀　32. 铜策柄　33. 铜镞　35. 牙弭

2004年，在殷墟大司空发掘的几座车马坑中出土的文物充分证明觽并非佩饰而是兵器弓之配件。在车马坑M76中，车厢前部出土一组兵器：左有铜弓柲M76:29和象牙觽M76:30，右有铜镞M76:27。象牙觽与铜弓柲紧挨，表明其关系十分密切。[47]（图6-21、图6-22）在M231车厢中出土的兵器包括：铜弓柲M231:52，象牙觽M231:34，象牙弭M231:33、38，铜戈M231:41、49，铜镞M231:47（3枚）、51（1束），铜刀M231:37，砺石M231:39、40。既有一对象牙弭又有一件象牙觽，则觽非弓弭可知。[48]（图6-23、图6-24）

上述考古发现充分说明，玉觽确系弓之配件，但不是弓弭。笔者推测它可能是挂、卸弓弦时的工具。为保持弓的张力，在不用弓时需要将弓弦卸下，使弓松弛；用弓时则将弓弦挂上。若弓的张力强大，没有辅助工具很难挂、摘弦。笔者注意到，甲骨文"弓"字（包括从弓之字，如"射"字的弓旁）（图6-25、图6-26）有很多这种现象：两个弓末形状不对称，即上方的弓末带有一个反向的弯钩，亦即所谓"弓末反"，这个设计就是为了挂弦使用。下方弓末的弓弦是固定的，而上方弓末的弓弦是随时可以摘、挂的（至于有的弓有弓末反，而有的弓没有弓末反，除了甲骨文字可能有所减笔，也许还表示弓的种类不同）。而觽（无论玉、牙、骨质）就是用于摘、挂弓弦的工具，其中腰的凹槽正为纳弦之设，平时悬挂腰间，兼有装饰作用。[49]

M54出土的5件玉觽的出土位置是：325在墓主人颔下，与右肩的铜弓柲303邻近；347在墓主人右腰部，与铜弓柲348、骨章346紧挨着；[50]363在墓主人右膝外侧，与铜弓柲286紧挨着；380在墓主人右小腿部，与铜弓柲393、骨章378紧挨着；

六 玉石器组合与功用　　161

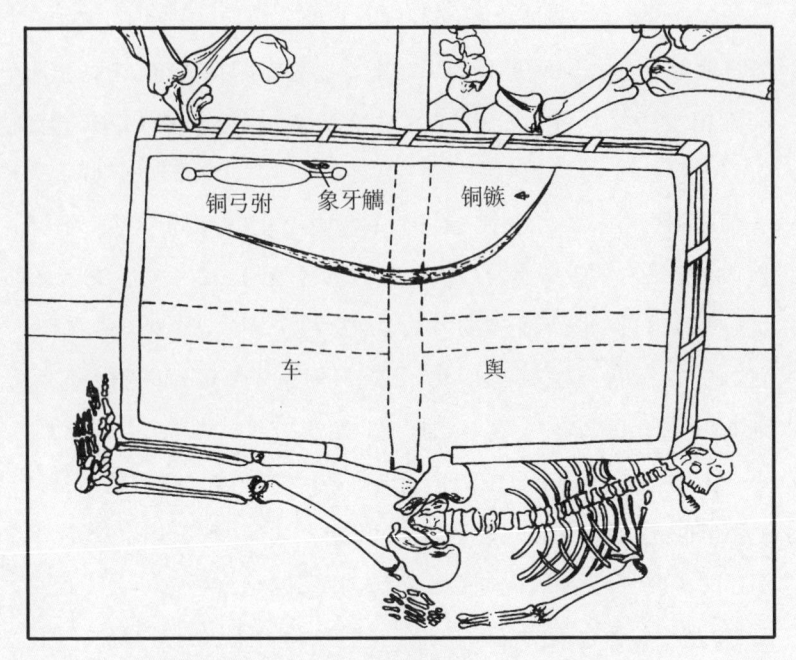

图 6-21　大司空车马坑 M76 兵器出土状况

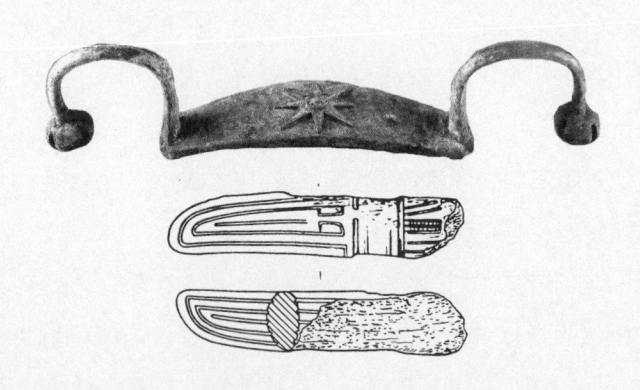

图 6-22　大司空车马坑 M76 出土铜弓㭬和象牙觿（比例尺不统一）

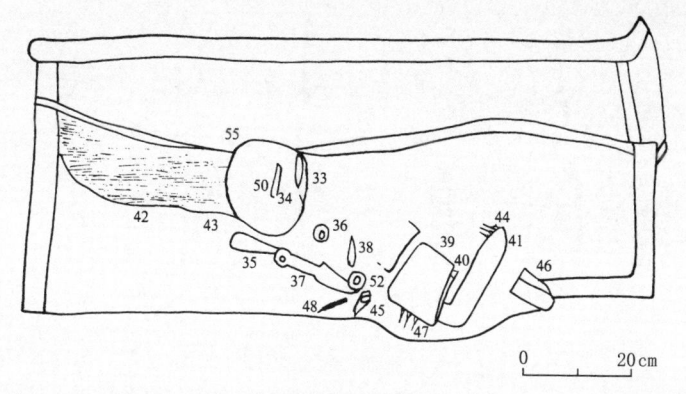

图 6-23　大司空车马坑 M231 中车舆前视图

33、38.象牙弓末饰　34.象牙觿　35.铜凿　36.蚌泡　37.铜刀（52 号弓形器下压）　39、40.砺石　41.铜戈　42.铜马鼻饰（红漆下）　43.蚌泡（红漆下）　44.铜镞（3 枚）　45.铜凿（2 个）　46.铜锛　47.铜镞（3 枚）　48.铜条　50.圆铜片（2 个）　52.铜弓形器　55.铜策（红漆下）

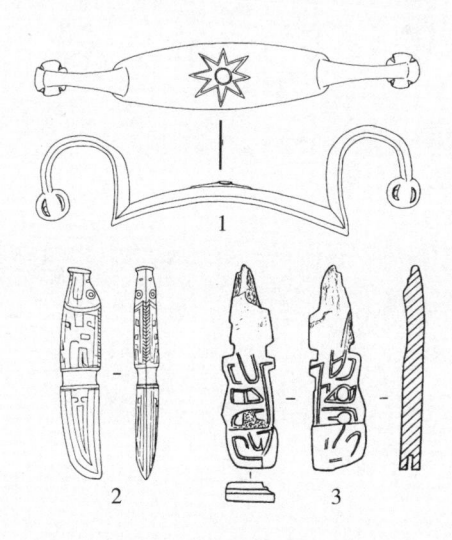

图 6-24　大司空车马坑 M231 出土铜弓拊与象牙觿、弭（比例尺不统一）

1.铜弓拊 M231：52　2.象牙觿 M231：34　3.象牙弭 M231：38

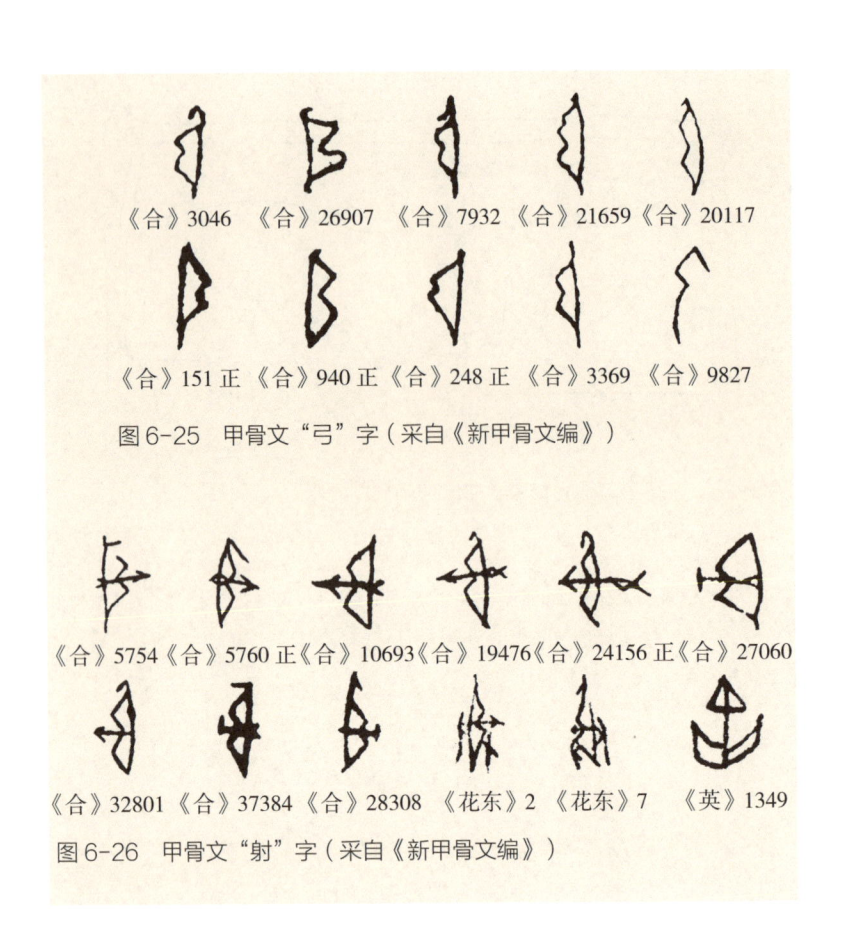

《合》3046　《合》26907　《合》7932　《合》21659　《合》20117

《合》151正　《合》940正　《合》248正　《合》3369　《合》9827

图6-25　甲骨文"弓"字（采自《新甲骨文编》）

《合》5754　《合》5760正　《合》10693　《合》19476　《合》24156正　《合》27060

《合》32801　《合》37384　《合》28308　《花东》2　《花东》7　《英》1349

图6-26　甲骨文"射"字（采自《新甲骨文编》）

370 在墓主人右膝部，与铜弓䍐 280 紧挨着。（参见《花园庄》图七七、七八）可见，上述 5 件玉璜分别从属于铜弓䍐 303、348、286、280、393，而骨章 346、378 可能是玉璜 347、380 的"系璧"。（图6-27）玉璜 325 与兽头坠饰 326 紧挨着，坠饰应是玉璜组系上的饰物。

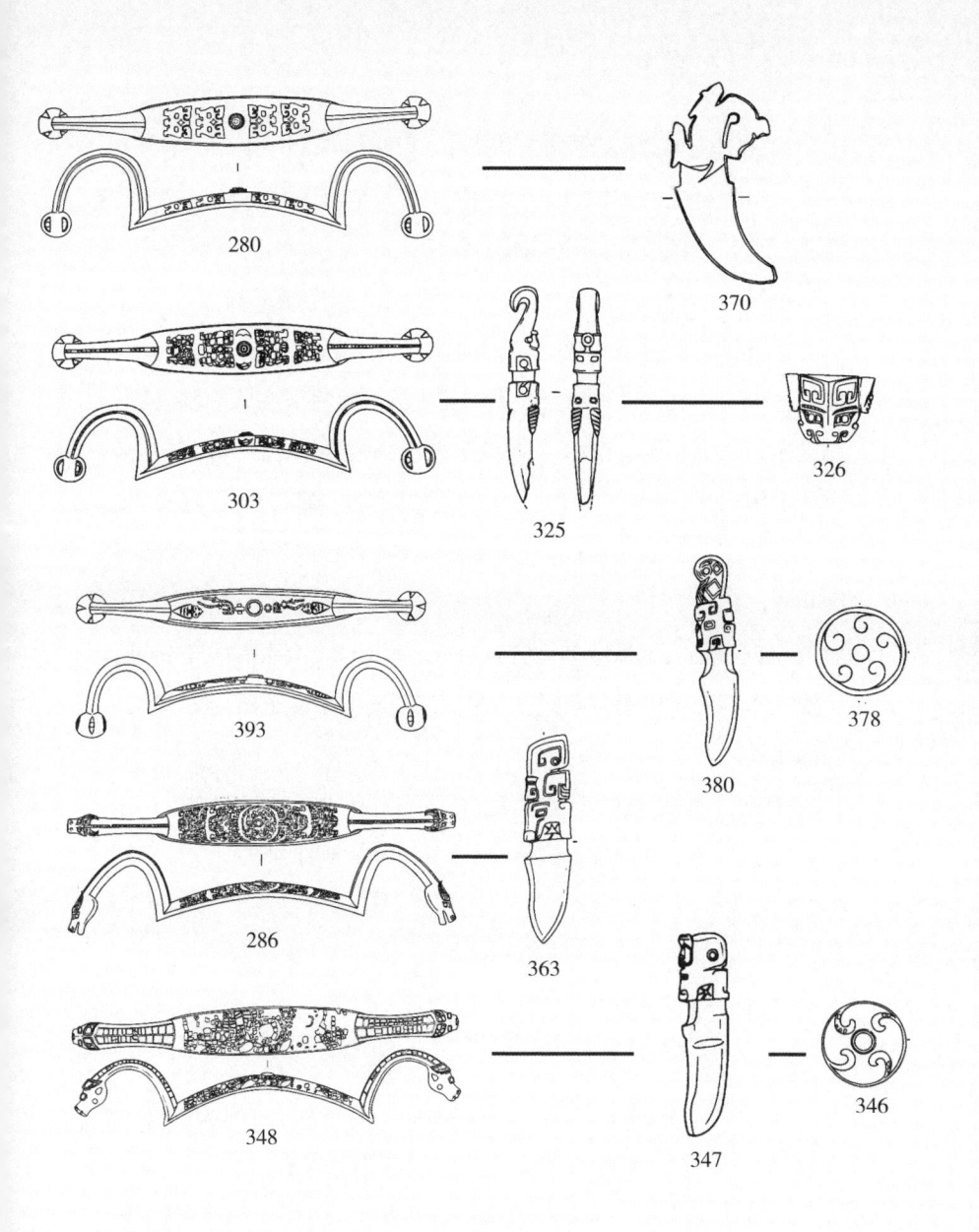

图 6-27 M54 出土铜弓弣与玉璜、骨章

（十六）珑

M54 出土的珑，作蜷身龙形，（图1-4：1—4，图4-9）传统上认为是礼器或佩饰。卜辞中"珑"字用作方国名、人名、地名、水名，尚未见有用作器名者。

按珑有中孔，有的背部还另有小穿孔，可用于系佩。

经查证，M54 中 4 件玉珑出土状况是：玉珑往往与铜刀或铜锥位置相近，应该具有组合关系。其中珑 368 在墓主人右膝外侧，邻近铜刀 373 柄部；珑 371 在墓主人左小腿外侧，在铜刀 279 前方十余厘米处；珑 327 在墓主人左肩部，铜锥（觿）295 在其左侧；（《花园庄》图七九）珑 450 在墓主人右大腿根外侧，左侧是铜锥 451、452。

根据小屯乙七基址车马坑 M20 和 M40 中玉环配铜刀的例证，可推定本墓玉珑也是铜器佩饰，即相关铜器的系联玉器，与"系璧"功能相同。

因此，玉珑与铜器的搭配关系为：珑 368+ 铜刀 373，珑 371+ 铜刀 279，珑 327+ 铜觿 295，珑 450+ 铜锥 451、452。（图 6-28）

（十七）戈缨坠

M54 出土束腰玉管（本文 A 型管，图 4-15）的用途一直不太清楚，从已有考古发现来看，可能是铜戈之缨坠。

殷商金文"戈"字，描绘当时的戈缨坠十分形象，有坠有缨穗。（图 6-29）

玉章 372

玉珑 368

铜刀 373

玉珑 371

铜刀 279

玉章 328

玉珑 327

玉珑 450

铜锥 451

铜锥 452

铜觿 295

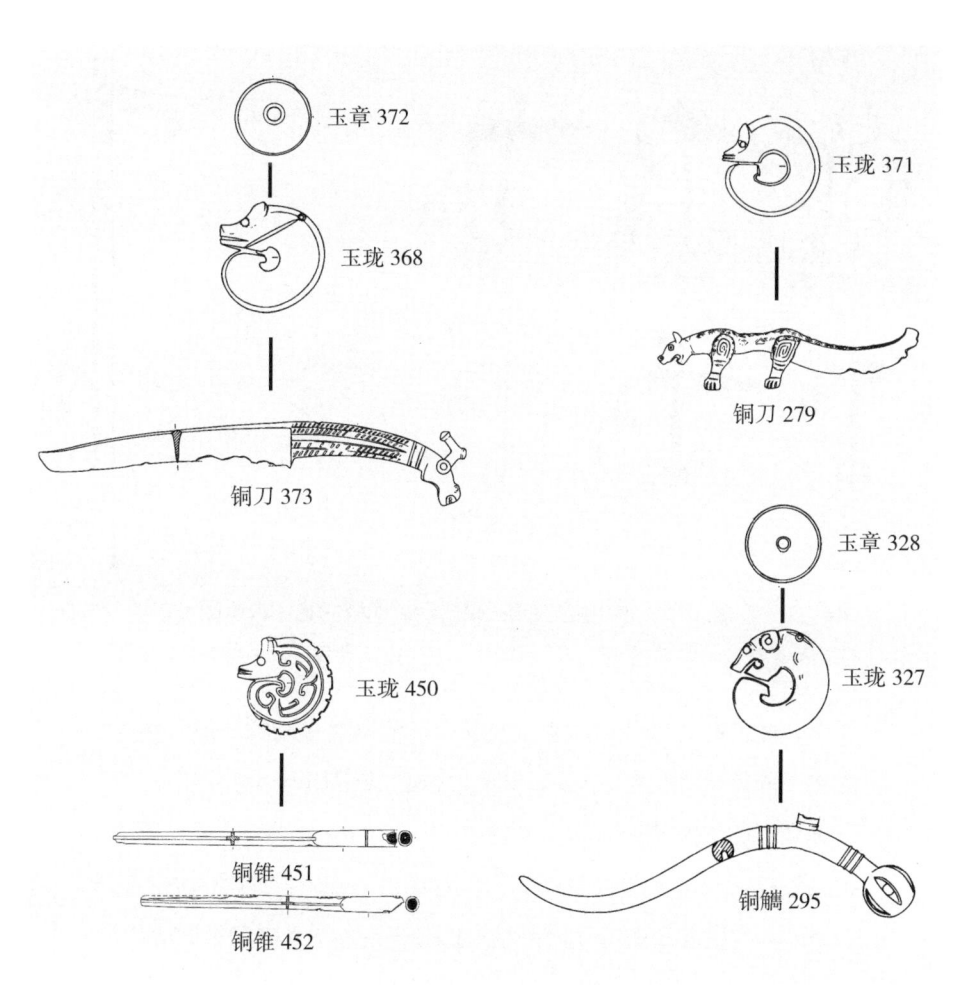

图 6-28　M54 出土珑、章等组合复原图（比例尺不统一）

在小屯乙七基址车马坑 M20 中，这种玉管有二组 4 枚，成对出现在铜戈附近。[51] 石璋如认为属于铜戈的附件——坠子。[52]（图 6-30）就考古现场文物空间位置而言，石先生的推断是合理、正确的。他观察到玉管"中间有一透孔，可能因穿绳子而久磨的

六　玉石器组合与功用　　167

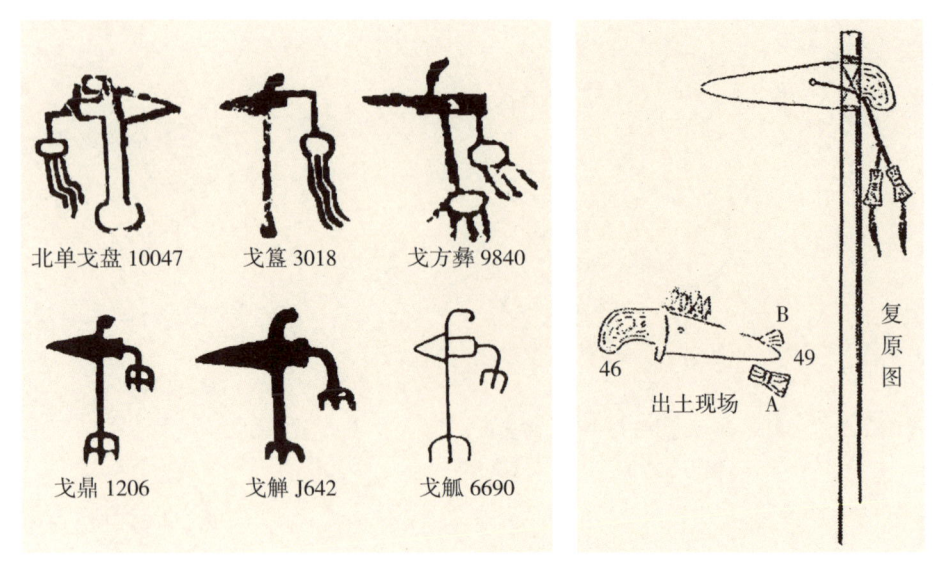

图6-29 商金文"戈"字中缨坠形象（采自《商金文编》）

图6-30 石璋如复原铜戈玉坠图（采自《北组墓葬》插图三十九）

关系，孔的两端则向一边磨成流状，而流向着较窄的一侧，在孔内偏于流的一面且磨入较深，而成浅槽，槽内也特别光滑"。这一细致入微的观察，解开一个谜底——它们成对使用，因悬挂的组绳较粗短限制了2枚玉管的自由运动，迫使它们保持固定的接触方式，并随着戈的运动而产生摩擦，于是在上端形成单向磨槽。

M54出土束腰玉管中，"一端齐平，另一端的一半是齐平的，而另一半则因磨蚀而成斜面"，"因长期使用，孔周缘磨蚀较甚"，"一端已磨破器壁，形成豁口"，这些现象与小屯M20车马坑出土玉管完全相同。

在《花园庄》图八〇中，玉管484和485出土在墓主人头骨下面，玉管550在左脚部，与《花园庄》图七八中玉管389基本相挨。玉管510在墓主人右胯部（与C管511、406、407相邻）。《花园庄》图七九中，玉管 421 在墓主人左髋骨外侧（与玉管 430 相邻），很巧，玉管 510 与玉管 421 几乎是左右对称放置于腰胯两侧。

玉管 421 与玉管 510 的形制、尺寸相仿，应是一对：玉管 421 细端周缘磨蚀明显，粗端也有局部磨蚀；玉管 510 细端磨蚀严重。玉管 484 与玉管 485 是一对：玉管 484 粗端磨蚀有一个缺口，细端周缘磨蚀严重；玉管 485 细端周缘磨蚀明显。玉管 389 与玉管 550 是一对：玉管 389 细端有残缺，经修整后继续使用，磨蚀出一个缺口；玉管 550 细端磨蚀出一个缺口，周缘磨蚀明显。（图 6-31）可惜的是，该墓将玉器与铜兵器分置于棺内外，因此戈坠与戈头的具体对应关系难以明确。

玉管 479 查无标注，不知所在，其细端周缘磨蚀严重，应该也是坠饰。

"球冠状器" 324 在墓主人头左侧，与玉玦 319 紧挨着，可能是玉玦的缨坠。值得注意的是，它与金文中戈缨坠的形状是一样的。

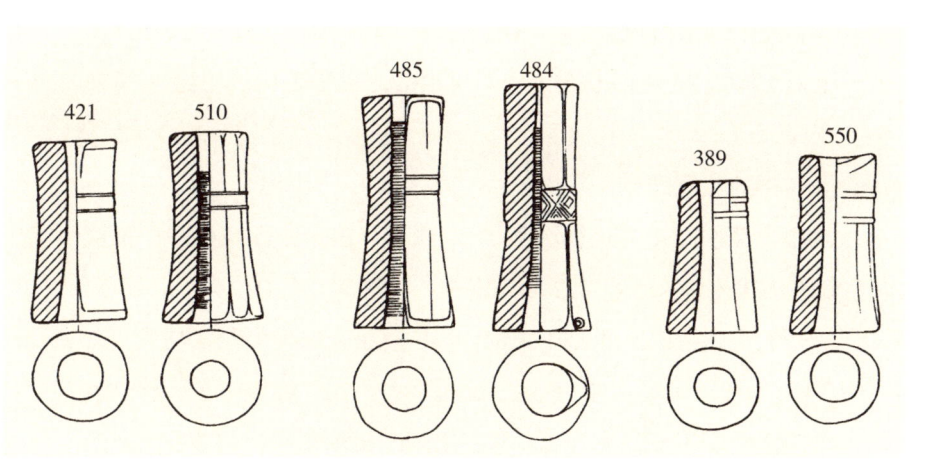

图 6-31 M54 出土铜戈玉坠（三对）

据《花园庄》图七八，玉管 312 在墓主人头顶，两头周缘极少磨蚀，证明不是对器。发掘者怀疑是冠饰，可从。值得注意的是，墓主人头前有个空间，空无一物，可能原本有冠，为有机质材料所制，已朽尽。墓主人头前抵近棺壁处有一些绿松石片（编号 M54:553），组成图形约呈椭圆形，应是冠饰。以绿松石片作为冠饰，在殷墟商墓中为常见现象。

（十八）策饰

M54 出土的玉管 316、317、329（图 1-4：10、14、15，图 4-16：1—3）在考古发掘中不常见。殷墟商墓中所见此类小玉管，往往归为串饰。在殷墟乙七基址车马坑 M20 发现此类玉管（现场编号 64A、64B）分布在南北一条直线上，遥相对应，在二者连接线上，发现一些金箔（田野编号 53），石璋如先生将它们复原为策，认为 64A 是策末（上端）饰、64B 是策本（下端）饰，金箔为策杆包金，[53]（图 6-32、图 6-33）可信。此外，乙七基址车马坑 M40 也出土一对玉策饰，从而使 M20 出土玉策饰不是孤例。[54]

据此，可推定玉管 316、317、318 为一组策饰，放置在棺内墓主人头前左上方，相距不足 20 厘米，应为一件短柄策。玉管 316 为策末饰，玉管 317 为策本饰，玉管 318 是 317 附饰。[55] 依其形制，玉管 329 也是策末饰，出在墓主人右肩外侧，与长玉管 330、331、332、333、334、336、337、339 等集中在一起。因缺乏局部图示和文字介绍，它们之间的关系不明。但墓中出土的骨管 150（通长 2.4 厘米，直径 1.1—1.2 厘米，孔径 0.6—0.8 厘米。

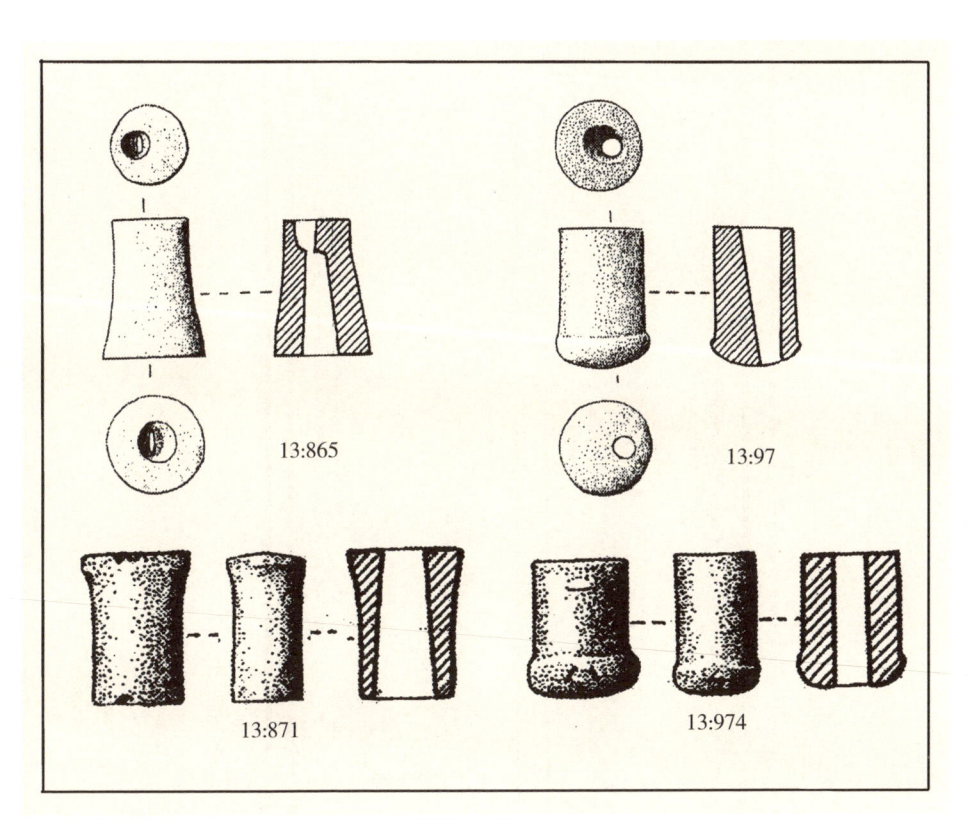

图 6-32 小屯车马坑 M20 出土玉策饰（采自石璋如《北组墓葬》图版 146、148）

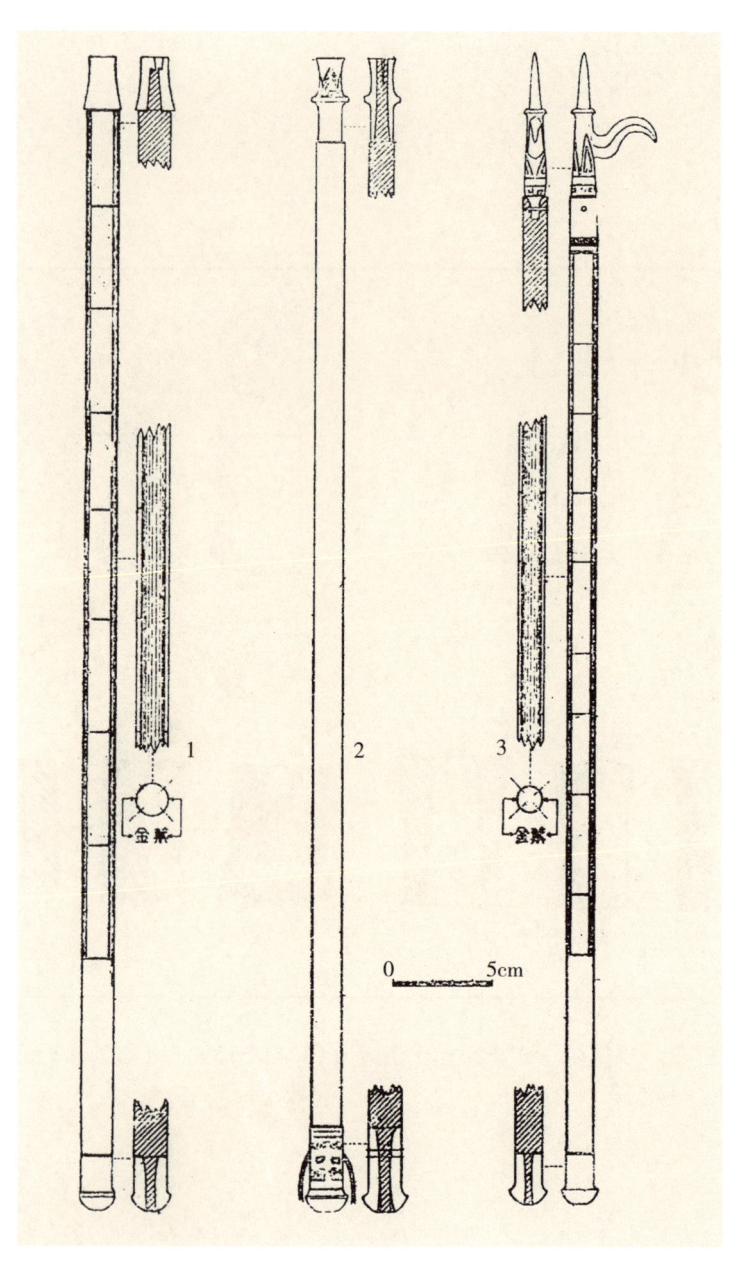

图 6-33　石璋如复原殷代玉策饰（采自石璋如《小屯殷代的成套兵器》）

发掘报告图七七中标注为"玉管")恰好可与玉管329配成一对策饰。骨管150出自椁室西北部,在铜勺149内,虽然二者"身首异处"分隔在棺内外,但是确可配对。(图6-34)

据报道,M54出土2件"铜策"。其中"铜策"292长17.9厘米,"铜策"374残长13.3厘米。[56]殷墟他处殷墓也见有类似铜器,皆视为"铜策"。但是,在小屯殷商车马坑发现的玉策饰(四例,其中三例保存如初未经扰动),复原策长均为58厘米。[57]而M54 2件"铜策"长度不及20厘米,是否为短柄策,抑或本非策而是器錾?

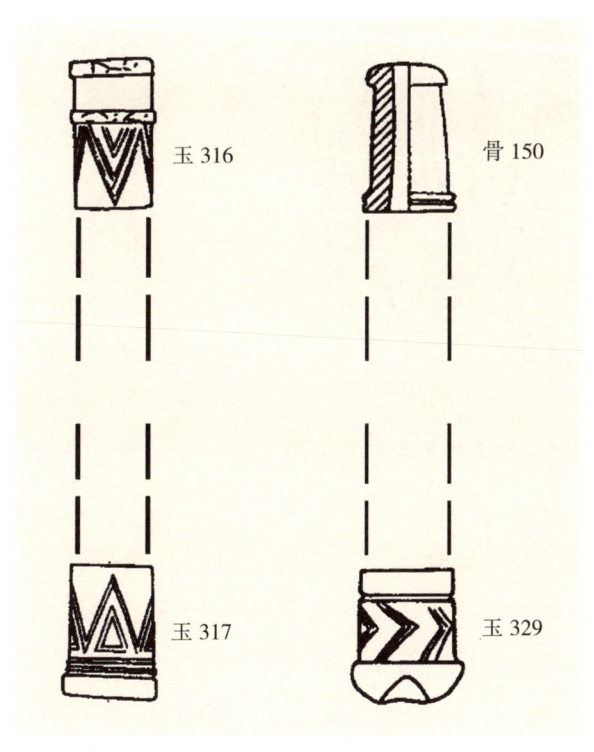

图6-34 M54出土玉、骨策饰

（十九）璜形器鞘

M54 出土的 2 件弧板状玉器 595、394（图 1-5：16、17，图 4-12：1、2）被称为"璜形器"，俯视如燕形，前部有短榫，榫上有销孔。此类玉器此前往往被归入佩饰类。其实，在小屯 M20 中也出土有 2 件类似玉器（M20:37、72），[58] 其中 M20:37 压在铜刀 M20:36 上面，方向与铜刀一致，两端各有一销孔。（图 6-35）石璋如根据其出土位置和形制，推定 M20:37 为刀鞘之鞘，合理可信。（图 6-36）M20:72 出在一号人骨左肩部，石璋如推定其为臂饰，则不够合理。这 2 件玉器的形状、尺度基本相同，功用应相同。或可解释为该车马坑中铜刀 31 或 52 的刀鞘与刀脱离，放置到了坑的东壁下。

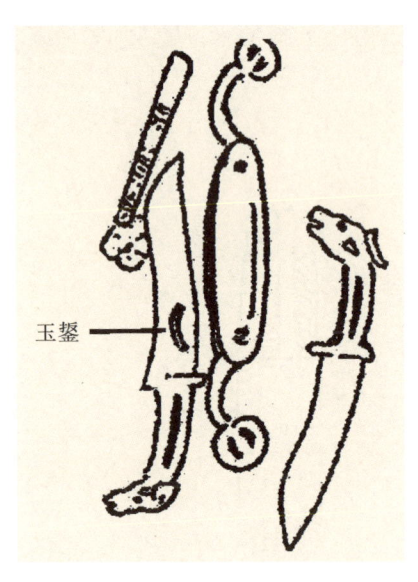

图 6-35　小屯 M20 刀鞘玉鞘出土位置

M54 中的"璜形器"394 在墓主人腰部，与铜镞 383（51 枚）相邻，推测是箙鞘。《花园庄》图七八上在此器旁画有虚线的半圆形，应该是某种器物的痕迹，若理解为箭箙的断面形状（原本是直立放置？）比较合理。（图 6-37）至于另一件"璜形器"595，查无所在，不知道是何器之鞘。

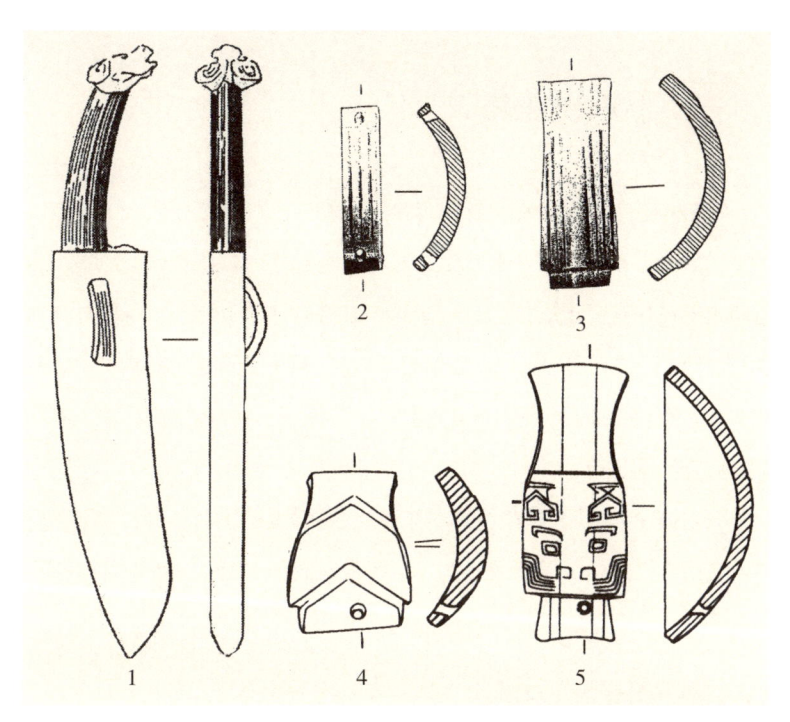

图 6-36　石璋如复原 M20 刀鞘玉鏊、M54 玉鏊手（比例尺不统一）

1.石璋如复原小屯 M20 刀鞘玉鏊　2、3.小屯 M20 出土刀鞘玉鏊 M20: 37、72
4、5.花园庄 M54 出土刀鞘玉鏊

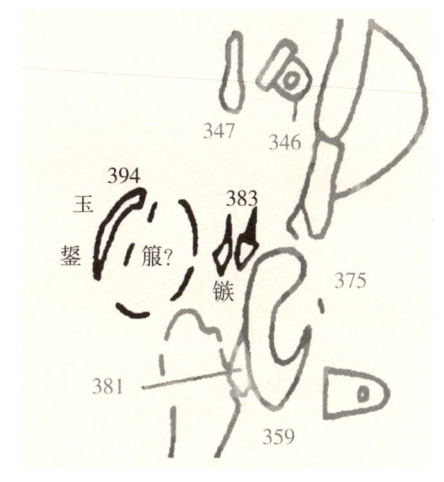

图 6-37　M54 出土玉鏊与箙迹（？）

六　玉石器组合与功用　　175

（二十）管形器銎

在小屯车马坑 M20 中，曾发现细长玉管与铜镞、石镞相关联。如玉管 M20:51（长 16.8 厘米）与石镞 M20:25 相关联，玉管 M20:30（长 17.3 厘米）与铜镞 M20:29 相关联。关联方式皆为玉管位于镞的下方，顺着箭杆的方向且贴近箭杆位置。[59]（图 6–38）石璋如推测为箭箙的銎手。[60]（图 6–39）这是符合考古现场的合理推断。

M54 中类似玉管包括本文 D 型 1 式管 404、547、441、445，（图 4–17：1、2、3）管体细长，其两端为同向斜面，应是根据使用

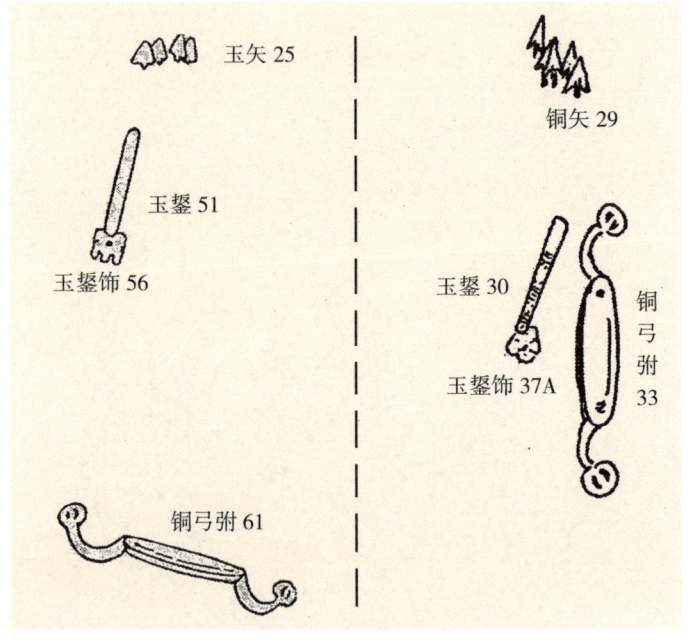

图 6-38 小屯车马坑 M20 弓、矢、箙銎、銎饰出土位置图

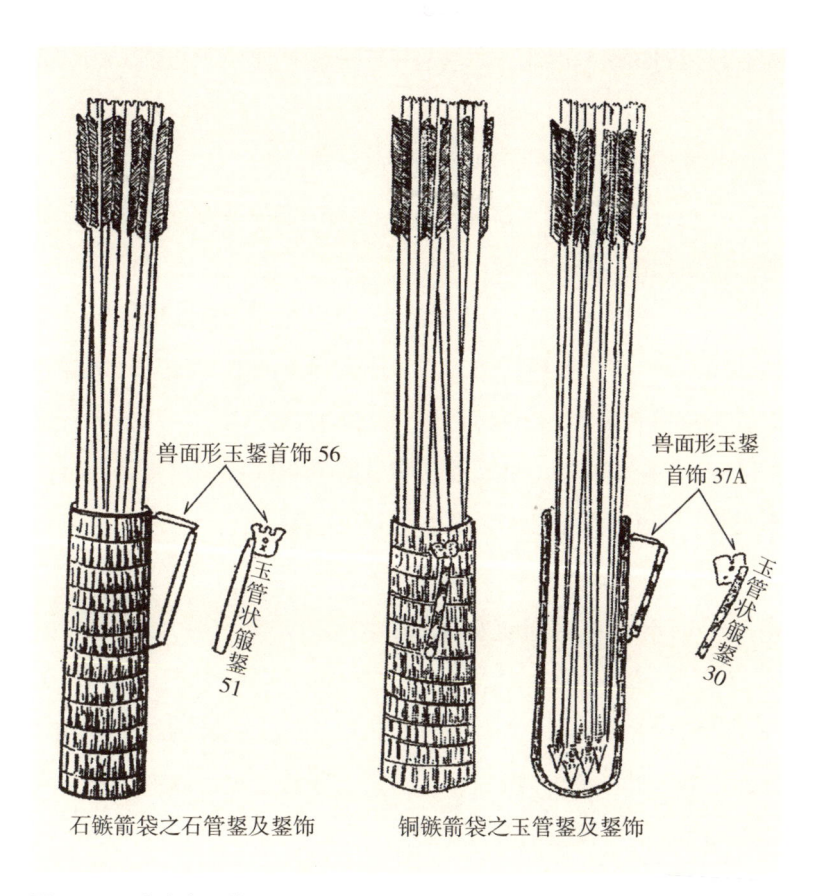

图 6-39　小屯车马坑 M20 出土玉箙鋬和鋬首饰使用情况复原（根据《北组墓葬》插图三十四、四十四绘制）

需要而特制或因某种方式的长期使用而自然形成的。玉管 404 在墓主人右肘部，与玉管 405 并列，方向东北—西南，通长 9.08 厘米；玉管 547 约在墓主人胯下，与玉管 548 并列，方向东南—西北，旁有玉管 545、546，它们的一端聚拢朝一个方向，通长 10.25 厘米，两端孔口磨蚀严重；玉管 441 在棺外西侧中部，与一堆小管

六　玉石器组合与功用　　177

靠近，方向东南—西北，与其他邻近玉管方向不同，通长7.05厘米。玉管445在墓主人左大腿外，东西向，与玉管444、446、447方向大致相同，通长6.49厘米。这几件玉管如果作为串珠使用，似乎过长，但是从其与其他器物的空间位置关系看，又很难与箭箙鞘联系起来，姑且存疑。

其实，M54中还有4件铜錾手，"均为铜器脱落下的錾手"，发表资料的2件为462、609。但遍查出土铜器，无有缺失錾手者，再查所有器物出土平面图（《花园庄》图七七—八〇），皆无462、609等信息。由此推断其应是有机质器物之錾，如箙、鞘之錾，有机质器物器体腐朽后只留下铜錾。

（二十一）冠饰或发饰

管312，出自墓主人头顶，（图4-16：4）发掘者推测是冠饰，可从。管480—485（参见《花园庄》图八〇），集中在墓主人头骨右上方，可能是冠饰或发饰。

（二十二）缀饰和坠饰

兽面缀饰指有2个或多个系孔可缝缀的兽面纹玉饰，如B型兽面饰377、401，（图1-5：1、2，图4-13：5、6）器体呈弧凸状，应是装饰在圆形物体上的。

兽面坠饰指有纵向穿孔可穿绳系挂的兽面纹玉饰，包括A型1式、2式兽面饰341、342、343、326。（图1-5：3、4、8、9，图4-13：1—4）

在小屯车马坑 M20 中曾出土 2 枚类似兽面玉饰（M20:56、外西 3），具有 1 个或 3 个穿孔，（图 6-40）其中 M20:56 出自玉管（箙錾）南端，M20：外西 3 则出自玉管 30（箙錾）南端。（图 6-38）根据出土位置和器物关系，石璋如将其推定为箙錾玉饰，[61]（图 6-39）合理可从。器物錾首有兽头饰，在殷墟青铜器中常见。如花园庄 M54 出土铜爵 156、斝 43、簋 171，[62] 大司空 M303 出土铜斝 108、铜簋 79，[63] 其錾首皆有兽头装饰，或为牛头状，或为有角鸟头状。（图 6-41）箭箙錾首装饰玉兽头，应与青铜器錾首有兽头装饰为同一艺术现象。

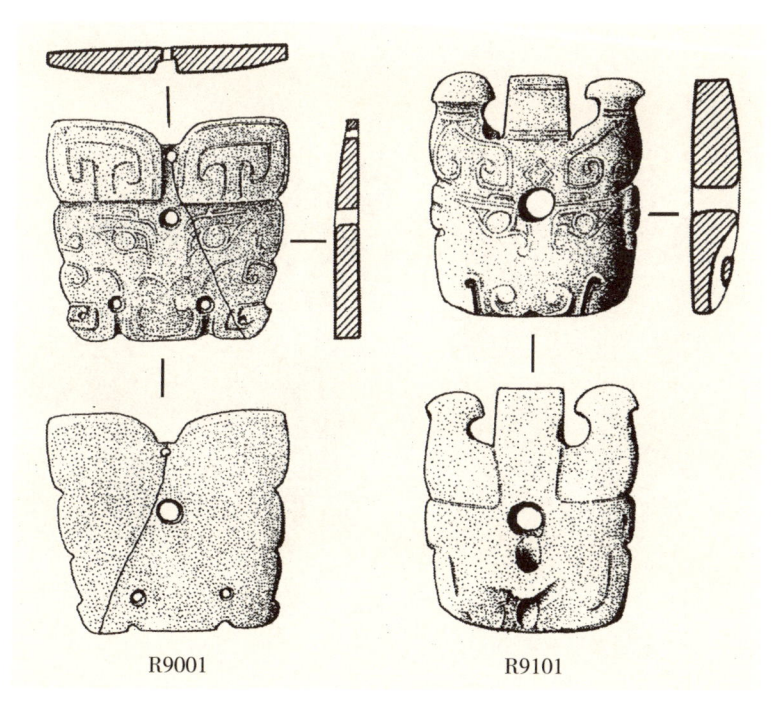

图 6-40　小屯车马坑 M20 出土箙錾玉饰（采自石璋如《北组墓葬》图版 142）

六　玉石器组合与功用　　179

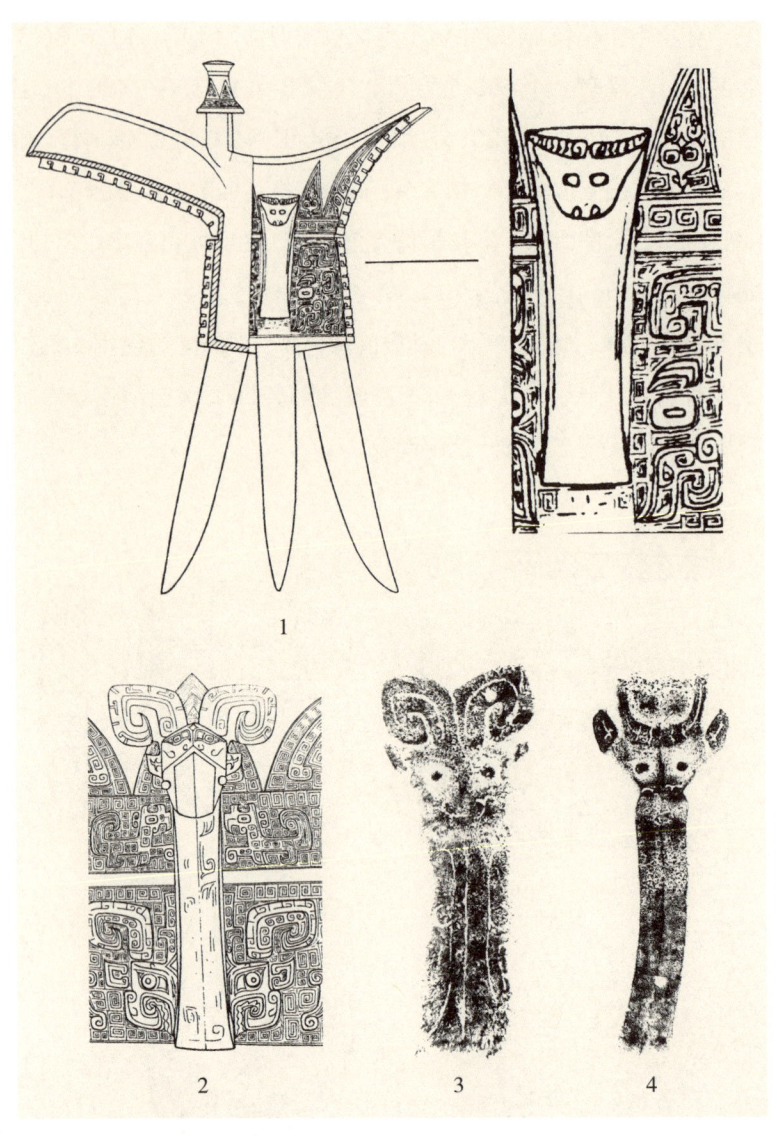

图6-41 殷墟青铜器錾饰

1. 爵（花园庄M54:156） 2. 斝（花园庄M54:43） 3. 簋（大司空M303:79）
4. 斝（大司空M303:108）

但 M54 出土的 6 枚坠饰、缀饰，情况可能稍有不同。

缀饰 401 在棺外右侧中部，与铜镞 128（62 枚）同存（《花园庄》图七九），可能是箙饰。缀饰 377 在墓主人右小腿外侧，压在玉珑 375 下，器物关系不明。

坠饰 326 在墓主人颈部，与玉璜 325 并排，可能是玉璜的组系配饰。坠饰 341、342、343 在墓主人右大臂外侧，与小玉管 329，大玉管 330—334、337、339 相聚在一起。发表资料的玉管 333（《花园庄》为 A 型 1 式，本文为 C 型管），长 4.89 厘米，两端有同向倾斜面（《花园庄》图一四五：5）。或可推测这些玉坠与玉管组成串饰，但这与玉管 333 的两端作同向斜面不太相符；或者玉坠与玉管构成器鋬饰，如同小屯车马坑 M20 出土箭箙玉鋬和鋬饰那样，这也符合玉管 333 的造型特点，但它们是如何组合的，用作什么器物鋬手，皆不得而知。

（二十三）履饰（踏玉）

殷墟甲骨文"履"字写作"𡘹"，象人脚下踏履状。金文也有"履"字，作"𠆢"（《集成》7470），象鞋底状。

《周礼·天官冢宰·屦人》："屦人掌王及后之服屦，为赤舄、黑舄，赤繶、黄繶；青句、素屦、葛屦。"郑氏注"屦有絇有繶有纯者，饰也。郑司农云：赤繶、黄繶，以赤黄之丝为下缘。《士丧礼》曰：'夏葛屦，冬皮屦，皆繶缁纯。'礼家说繶亦谓以采（彩）丝砾其下。"作为礼服的一部分，周代履有装饰（以彩丝绣制），根据身份、场合、季节不同，穿用不同履。商代履有无彩绣装饰，不得而知，但现在考古发现或可证明当时履上有小玉饰，则知商

六　玉石器组合与功用　　181

代贵族之履相当华丽。

据宋镇豪研究，"商代高级权贵好以皮革或布帛裹腿，足着翘尖鞋"。"商代高级权贵和各地的显贵或贵族武士，广为流行穿革制之鞮，鞮有高帮、高统之分，均为平底无跟，履头上翘，穿之而有练达英爽气概。"[64] 在山西柳林确曾发现商代的铜制高筒靴模型，前端上翘。[65]（图6-42）

今M54墓主人足部之玉饰（M54：387、M54：388），（图1-5：5、6，图4-13：7、8，图6-43）很可能是墓主人"翘头靴"上的玉饰。它们有短榫，榫上有销孔，比较适合用作嵌饰。

周代墓葬常见有足下"敛玉"。如三门峡虢国墓地西周墓葬M2001墓主人两脚端各有弯形玉片4片，还有大玉板2块，发掘者称其为脚趾"夹玉"、脚底"踏玉"。[66]（图6-44）夹玉

图6-42　山西柳林出土商代铜靴

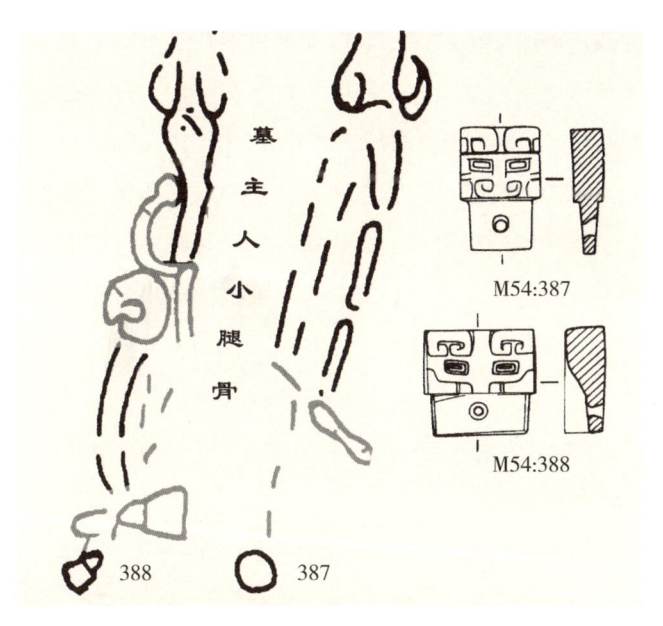

图 6-43　M54 玉履饰出土位置（据《花园庄》图七八）

图 6-44　虢国墓地出土西周踏玉

六　玉石器组合与功用　183

上有穿孔，孙庆伟认为"它们可能是缀连在某种织物之上"。[67]
踏玉作圭状，形近商金文"履"字，下端两角各有小孔。孙庆伟对两周时期"足端敛玉"进行统计分析，指出"足端敛玉"为"丧葬玉"，主要流行于长江以北地区。[68] 其实，所谓"踏玉"，与玉琀、玉握的性质是一样的，也可称为"玉踏"。目前，我们偏向于认为 M54:387、M54:388 两件玉器属于"缀连在某种织物之上"的履饰。

（二十四）箍形器

指 M54:159、160。（图 1-5：14、15，图 4-12：3、4）它们出自南椁室，与一些青铜炊具为伍。作为玉器，它们未能进入棺内，混迹于炊事器具之间，可能是某种有机质材料制成的小器具的镶嵌物，可惜不知其名。

（二十五）管珠

M54 出土很多细管状玉珠，其中多数可能是串饰组件，故而称管珠。（图 4-17：6—9）但是有不少管珠的两端磨蚀成斜面，不是普通串珠应有的形态，至少不应想象成依次首尾相连的串饰之组件。

（二十六）琀

《周礼·典瑞》：典瑞"大丧共（供）饭玉、含玉、赠玉"。

郑氏注："饭玉，碎玉以杂米也。含玉，柱左右龂及在口中者。《杂记》曰'含者执璧将命'，则是璧形而小耳。赠玉，盖璧也。"《周礼·玉府》："玉府掌王之金玉、玩好、兵器，凡良货贿之藏。……大丧，共含玉、复衣裳、角枕、角柶。"贾公彦疏："大丧谓王丧。含玉，璧形而小，以为口实。"

殷墟商墓中常见死者口中含有小件玉器或碎玉块，即所谓玉琀。[69]花园庄M54墓主人口中含有一枚玉管479，（图1-6：32，图4-15：8）是为玉琀，八棱柱状，但比其他同类玉管要短，推测是用残损的束腰玉管改制的。

（二十七）石刀

M54出土2件石刀209、210，（图1-7：2、3）二者摞在一起出土于棺椁之间西北部，被铜觚205叠压（《花园庄》图七七有图注但图上无显示）。

按该型石刀，在殷墟宫殿区手工业作坊遗址有大量出土，李济先生称之为"小屯石刀"，他把小屯石刀分为宽短型、中间型、长条型三种型式，并指出小屯石刀仅在殷墟第一至七次发掘中，便获得3649件之多，其中一坑出土百件以上者，有7个灰坑（窖藏坑）。它们都是在殷墟本地制造的，经观察使用痕迹，认为是刮削器。长条形小屯石刀"后端均经打剥，厚度大减，可能是为安柄用的"。[70]

M54出土石刀属于李济划分的长条型小屯石刀，为手工业工具。（图6-45）

六　玉石器组合与功用　　185

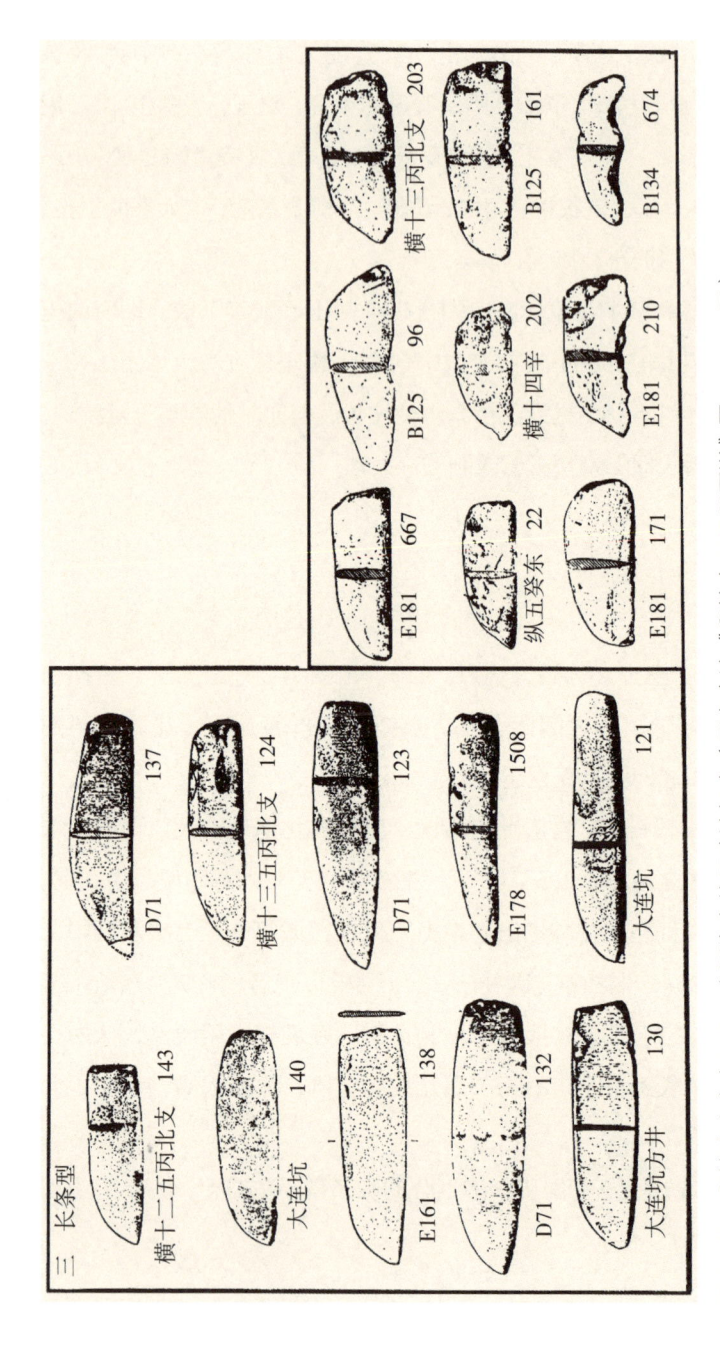

图 6-45 殷墟出土小屯石刀，右图为有使用痕迹标本（采自李济《殷墟有刃石器图说》图一一、一四）

(二十八)调色器

M54∶369，三个穴内残留有红、绿、黑三种颜料，一般认为是调色器。其中红色颜料为朱砂。（图1-7∶4）殷商时期贵族服装上有花纹，应该是绘画纹饰而非织纹，如妇好墓玉雕人物M5∶371、M5∶372，王陵区M1004大墓大理石雕坐像，[71]还有玉器、陶器、陶范、甲骨上的毛笔文字，都是彩色颜料所书。[72]殷墟宫殿区制玉作坊F10曾发现彩色壁画，F11曾出土彩绘陶器。[73]大量漆木器上的精美纹饰，复杂而绚丽。妇好墓出土有石雕怪鸟（M5∶1119），背部有圆穴，直径2.7厘米，深3.2厘米，发掘者推测可能是调色器。[74]殷墟还曾出土铜制调色器。[75]凡此证明殷商时期的生活生产中，经常应用到颜料容器。

(二十九)玛瑙环

玛瑙环402，出自棺内南端，与一处用虚线标识的遗迹（遗物残迹）在一起，很可能与帷帐或漆器相关。（图4-18）

注释

[1] 黄睿：《古玉图录初集》，卷四，北平尊古斋出版，1939年；天津博物馆编：《天津博物馆藏玉》，页64，第047号藏品，文物出版社，2012年。
[2] 李学勤：《〈周礼〉玉器与先秦礼玉的源流——说裸玉》，邓聪主编：《东亚玉器》，香港中文大学中国考古艺术研究中心，1998年。
[3] 中国社会科学院考古研究所编著：《安阳小屯》，页167—169，世界

图书出版公司，2004年。

[4] 拙稿《说瓒》，待刊。

[5] 中国社会科学院考古研究所编著：《殷周金文集成》5373，中华书局，1984—1994年。

[6] 石璋如：《小屯·第一本·遗址的发现与发掘·丙编·殷墟墓葬之一·北组墓葬》（以下简称《北组墓葬》）上册，插图四十，台湾"中央研究院"历史语言研究所，1970年。

[7] 中国社会科学院考古研究所编著：《殷周金文集成》5414，中华书局，1984—1994年。

[8] 中国社会科学院考古研究所编著：《殷周金文集成》3940，中华书局，1984—1994年。

[9] 姜涛、刘云辉编著：《熙墀藏玉》，页51"刻铭玉璧"，文物出版社，2006年。

[10] 《花园庄》图七八误将玉玦标注为"玉刀"。图七八标有2个375器号，一在腰部右侧，一在右小腿外。按前者应系误标，后者与372—379诸器排列在一起，其标号应属正确。

[11] 《北组墓葬》上册，页126—127，插图四十。

[12] 刘敦愿：《记两城镇遗址发现的两件石器》，图二，《考古》1972年第4期。

[13] 周南泉主编：《故宫博物院藏文物珍品全集·玉器（上）》，图版116，生活·读书·新知三联书店，1996年。

[14] 邓淑萍：《故宫博物院藏新石器时代玉器图录》，图版116、117、118、119、120，台北故宫博物院，1992年。

[15] 天津艺术博物馆：《天津艺术博物馆》，图版117，文物出版社，1984年。

[16] 中国科学院考古研究所二里头工作队：《河南偃师二里头遗址三、八区发掘简报》，图四：6，《考古》1975年第5期；中国科学院考古研究所二里头工作队：《偃师二里头遗址新发现的铜器和玉器》，图二：2，《考古》1976年第4期；中国社会科学院考古研究所二里头队：《1980年秋河南偃师二里头遗址发掘简报》，图九：7，《考古》1983年第3期；中国社会科学院考古研究所二里头工作队：《1984年秋河南偃师二里头遗址发现的几座墓葬》，图九：6，《考古》1986年第4期。

[17] 河南省信阳地区文管会、河南省罗山县文化馆：《罗山天湖商周墓葬》，

图二五：2，《考古学报》1986年第2期。

[18]　中国社会科学院考古研究所二里头队：《1980年秋河南偃师二里头遗址发掘简报》，图九：7，《考古》1983年第3期。

[19]　中国科学院考古研究所二里头工作队：《偃师二里头遗址新发现的铜器和玉器》，图二：2，《考古》1976年第4期，发掘者称为戚；中国科学院考古研究所：《一九五三年安阳大司空村发掘报告》，图版拾叁：6（M24:2），《考古学报》第九册，1955年；笔者在深圳博物馆见有国家博物馆铜圭展品。

[20]　孟宪武、李贵昌：《殷墟出土的玉璋朱书文字》，《华夏考古》1997年第2期。

[21]　中国社会科学院考古研究所安阳工作队：《安阳殷墟刘家庄北1046号墓》，《考古学集刊》第15集，文物出版社，2004年。

[22]　丁山：《甲骨文所见氏族及其制度》，页33—34，中华书局，1988年。

[23]　金祥恒：《从甲骨卜辞研究殷商军旅中之王族三行三师》，《中国文字》第52册，页5663—5664。引见《甲骨文字诂林》页2546—2547。

[24]　刘钊：《卜辞所见的殷代军事活动》，中国古文字研究会等：《古文字研究》第十六辑，中华书局，1989年。引见《甲骨文字诂林》页2549—2550。

[25]　李学勤：《释多君多子》，胡厚宣主编：《甲骨文与殷商史》，页16—18，上海古籍出版社，1983年。引见《甲骨文字诂林》页2548—2549。

[26]　林沄：《甲骨文中的商代方国联盟》，四川大学历史系古文字研究室编：《古文字研究》第六辑，页76，1981年。

[27]　裘锡圭：《甲骨卜辞中所见的"田""牧""卫"等职官的研究——兼论"侯""甸""男""卫"等几种诸侯的起源》，中华书局编辑部编：《文史》第十九辑，页11，1983年。

[28]　姚孝遂、肖丁：《小屯南地甲骨考释》，页108，中华书局，1985年。

[29]　《甲骨文字诂林》页2545姚孝遂按语。

[30]　陈梦家：《殷虚卜辞综述》，页479，科学出版社，1956年。

[31]　《甲骨文字诂林》页1995姚孝遂按语。

[32]　中国社会科学院考古研究所编著：《殷墟妇好墓》，图七六：6、7，文物出版社，1980年。

[33]　石璋如：《小屯·第一本·遗址的发现与发掘·丙编·殷墟墓葬之四·乙

区基址上下的墓葬》，页52—68，台湾"中央研究院"历史语言研究所，1976年。

[34] 拙稿《俎字俎器俎礼》，《考古学报》待刊。

[35] 王国维：《戠考》，页23。引见《甲骨文字诂林》页2219。

[36] 中国科学院考古研究所安阳发掘队：《殷墟出土的陶水管和石磬》，图三，《考古》1976年第1期；线图见中国社会科学院考古研究所编著：《殷墟的发现与研究》，页338，图二一九，方志出版社，2007年。

[37] 郭宝钧：《一九五〇年春殷墟发掘报告》，页25，图版捌，《中国考古学报》1951年。

[38] 详考参见拙稿《殷商石磬研究》，待刊。

[39] 详考参见拙文《说弄》，《江汉考古》2021年第6期。

[40] 《小屯殷代的成套兵器》；《北组墓葬》，页114—116，插图三十三；中国社会科学院考古研究所编著：《殷墟的发现与研究》，页330："玉弭仅一对，安于弓的两端，小屯M20出土。"方志出版社，2007年。

[41] 《北组墓葬》，页114—116，插图三十三。

[42] 《北组墓葬》，页114—115，插图三十三；《小屯殷代的成套兵器》。

[43] 《北组墓葬》，页196，插图五十二。因这2件骨器没有运往台北，撰写发掘报告时器类、尺寸不详。在发掘记录中，墓葬登记表记录为骨锥，器物登记簿记录为骨矢，石璋如认为是骨锥。其实，在此器之东侧30多厘米处，另有一骨器(M40:24)，图上显示似锥似矢，但形体比前述骨锥细小许多。这可能是造成发掘者当时锥、矢莫辨的原因。

[44] 马得志、周永珍、张云鹏：《1953年安阳大司空村发掘报告》，图版十九：2玉觽，《考古学报》第九册，1955年。

[45] 中国科学院考古研究所安阳发掘队：《安阳殷墟孝民屯的两座车马坑》，图三：6，图版捌：4，《考古》1977年第1期。

[46] 中国社会科学院考古研究所安阳工作队：《河南安阳市梅园庄东南的殷代车马坑》，图九，《考古》1998年第10期。

[47] 中国社会科学院考古研究所编著：《安阳大司空——2004年发掘报告》（以下简称《安阳大司空》），页465—466，图四一三。

[48] 《安阳大司空》，页467—469，图四一五、四一七。

[49] 详考参见拙稿《说瑌》，待刊。

[50] 《花园庄》图七八中，骨章346与玉瑌347之间，有件管状器物

345，图注标为残铜策。该图有铜策374，压在铜刀373下面。图七七图注中292、294为策，但图中只有292。查发掘报告正文说铜策2件，为292、374。因此图七七图注策294，为误注，图七八图注残策345，为误标误注。

[51] 《北组墓葬》，页123—126，页138—139，插图八、插图三十一、插图四十二。

[52] 《小屯殷代的成套兵器》；《北组墓葬》，页123—126，页138—139，插图三十九。

[53] 《北组墓葬》，页128—129，插图三十一、四十一；《小屯殷代的成套兵器》。

[54] 《北组墓葬》，页206—207，图版192。

[55] 《花园庄》图七八，按玉管M5:318之文图照片资料皆无，只从图七八可知其位于玉管317后方，可能是策本饰之坠饰。

[56] 关于M54出土铜策的资料，《花园庄》图七八标注345、374为铜策，但页161文字和图一二三中，铜策为292、374，无345；图七七标注292、294为策，294（细长管状，但玉管中查无此号）在胸部。

[57] 《小屯殷代的成套兵器》。

[58] 《北组墓葬》，页141、143—144，插图四十五，图版一四六：5、6。

[59] 《北组墓葬》，插图八、三十一、四十二。

[60] 《小屯殷代的成套兵器》，页58；《北组墓葬》，页117—118、135，插图三十四、四十四。

[61] 《北组墓葬》，页118、135，插图八、三十一、四十二，图版142：1—4。

[62] 《花园庄》，图八九：3、图九一、图九九：1、拓片一九：3。

[63] 《安阳大司空》，图383：3、图388：5。

[64] 宋镇豪：《夏商社会生活史》，页396—397，中国社会科学出版社，1994年。

[65] 杨绍舜：《山西柳林县高红发现商代铜器》，页212，图版肆：6，《考古》1981年第3期。

[66] 虢国博物馆编著：《虢国墓地出土玉器》"敛玉"一类中"玉踏"，页130，科学出版社，2013年。

[67] 孙庆伟：《周代用玉制度研究》，页286，注79，上海古籍出版社，2018年。

[68] 孙庆伟：《周代用玉制度研究》，页272—276，上海古籍出版社，

2018年。

[69] 参见拙稿《说玲》，待刊。

[70] 李济：《殷墟有刃石器图说》，页425—431，图一二、一三、一四，张光直、李光谟编：《李济考古学论文选集》，文物出版社，1990年。原载《"国立中央研究院"历史语言研究所集刊》第二十二本，1951年。

[71] 中国社会科学院考古研究所编著：《殷墟妇好墓》，图七九：1、图八〇：2，文物出版社，1980年；中国社会科学院考古研究所编著：《殷墟的发现与研究》，图一九九：1，方志出版社，2007年。

[72] 中国社会科学院考古研究所编著：《殷墟的发现与研究》，图一三一，方志出版社，2007年。

[73] 中国社会科学院考古研究所编著：《安阳殷墟小屯建筑遗存》，图六一、六三，文物出版社，2010年。

[74] 中国社会科学院考古研究所编著：《殷墟妇好墓》，页202，图一〇一，文物出版社，1980年。

[75] 中国社会科学院考古研究所编著：《殷墟的发现与研究》，页319，图一八〇：1，方志出版社，2007年。

七 玉石器等列

殷墟花园庄M54中随葬的玉石器，在当时的玉石器体系中，各自的地位如何？

（一）根据死者身份所分等列

根据拥有者身份，M54出土玉石器可分成三类，即三个横向比较的等列。第一类是墓主人所拥有的玉石器，数量多、种类全、体量大、制作精。第二类是椁室殉葬人拥有的玉石器，数量、种类皆较少，常见弄器；在此类中，又以XZ7地位最为尊贵，其玉器最为高级。第三类为墓底殉葬人持有的石器，仅见1件石玦。（图1-2：15，图版二二：5）

（二）墓主人玉石等列划分

如果墓主人随葬玉石器在墓葬中的位置——与墓主人身体的空间关系可以反映玉石器等列的话，那么"亚长"玉器的等列，从其头部左右到肩臂两侧，从两胯左右到腿部两侧，大致可分为三个等列：

第一等列，放置在墓主人头肩位置：琡314、315、320，铜内玉援戈313，戈319、321，圭322、338；

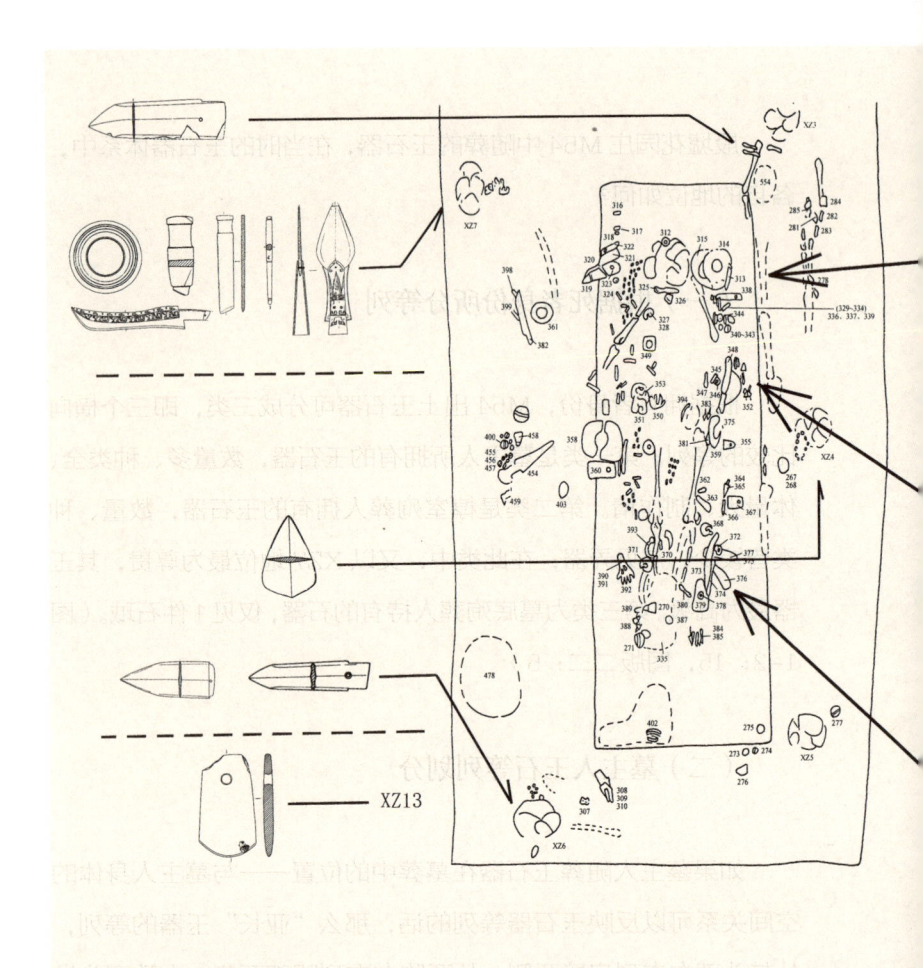

图 7-1　M54 出土玉石器等列图（比例尺不统一）

左：殉葬人随葬玉器　　中：墓主人与殉葬人分布图　　右：墓主人随葬玉石器

第二等列，放置在墓主人腰胯位置：琮349，璧352，戉357，琡358、359、360；

第三等列，放置在墓主人小腿位置：琡367，戉375、376，戉379。（图7-1）

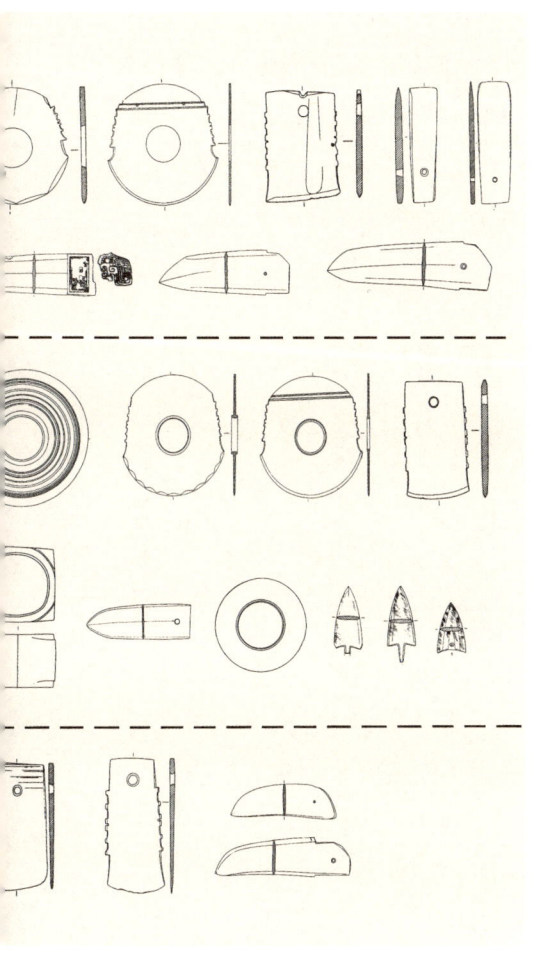

其中，第一、二等列之间的关系较第二、三等列之间关系要密切。如此，墓主人玉礼器基本品类是琡、戉、圭、璧、琮、戉。其中，属于第三等列的琡367为石质；戉379也为石质，器型具有早于殷商时代之特征（详后），很可能是遗玉；戉376形如镰，是最原始形态的戈，戉370是镰与戈的过渡形，即戉370和376与该墓其他玉戉相比，具有更早的年代特征（详后），很可能是遗玉。总之，第三等列玉石器有石质者，其年代早于殷商时代，因而其地位不及当代专门制作的礼玉。

需要指出，墓主人佩挂于腰间的佩饰如玉雕熊350、鹅353、鹦鹉（残戉）351，属于其他器物的配件如珑327、368、

七　玉石器等列　　197

371，璋 328、372，瑚 325、347、363、380，兽面坠饰（缀饰）326、341、342、343、377、387、388、401，以及各式玉石管等，不能与礼玉一样按着空间位置判定等列，因为它们与礼玉的功能不同。易言之，玉石器等列仅在礼器中划分。

以上从横、纵两方面分析了 M54 出土玉石器等列，可知不同组别玉石器的等列高低与主人的身份地位成正比；礼器的等列与器类密切相关；新制礼器与传世旧器区别对待，但也有个别前代礼玉有机会与当代礼玉相提并论，如璧形琡 314。

八 墓葬与玉石器年代

（一）地层关系与相对年代

为了发掘工作的规范性和科学性，作为抢救性发掘，花园庄M54的发掘也采用了探方法，发掘者以M54为中心，布列了一个10米×10米的探方，编号2000HDT1。（图8-1）

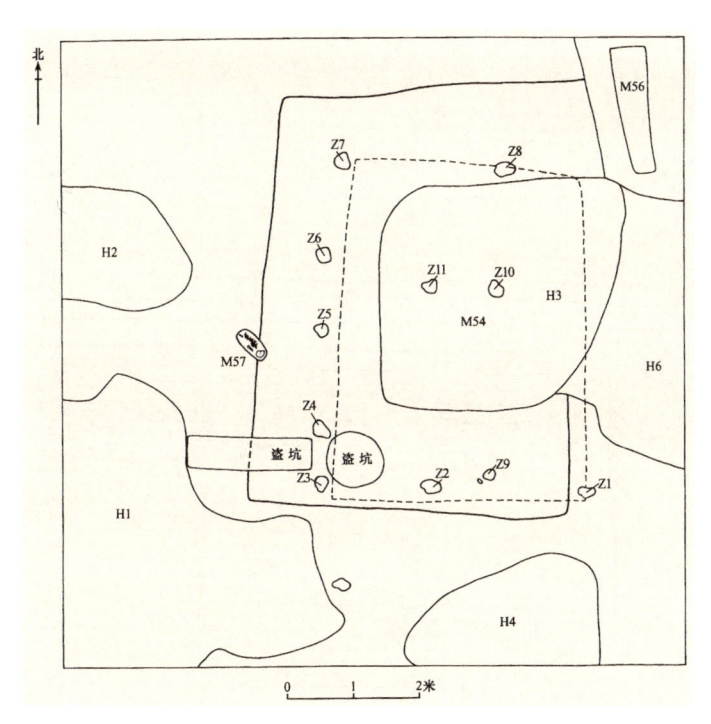

图8-1　2000HDT1遗迹平面图

2000HDT1 地层情况为：第 1 层，耕土层。第 2 层，唐宋文化层，灰坑 H1、H4 开口于此层下。第 3 层，商代晚期文化层，灰坑 H2、H3、H6 开口于此层下，夯土建筑基址 F1 被此层叠压；F1 下面直接叠压着墓葬 M54。

灰坑 H2、H3、H6 出土有陶鬲、陶簋、陶盆等残片，建筑基址 F1 夯土中包含有少量陶片。

因此，M54 是这一组文化遗存中年代相对最早的。（图 8-2）

直接叠压 M54 的建筑基址 F1 夯土中，包含陶片很碎小，发掘者未予发表。发表有陶器的地层单位包括 T1 ②层、H2、H3、H6。

根据发掘者的分析研究，T1 ③层、H3、H6 出土陶器属于殷墟文化第三期，T1 ②层出土陶器属于殷墟文化第四期，F1 的年代则属于殷墟文化第二期晚段。[1]（图 8-3）

因此，M54 的落成时间之下限，就是 F1 的建造年代。易言之，

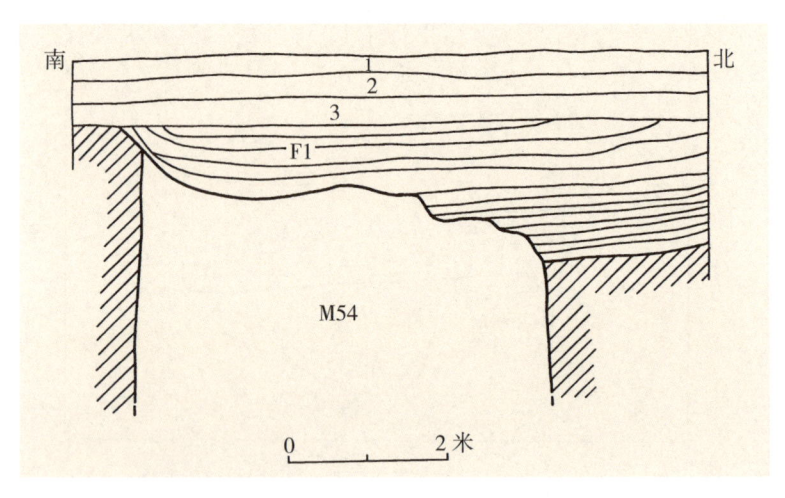

图 8-2　2000HDT1 剖面图

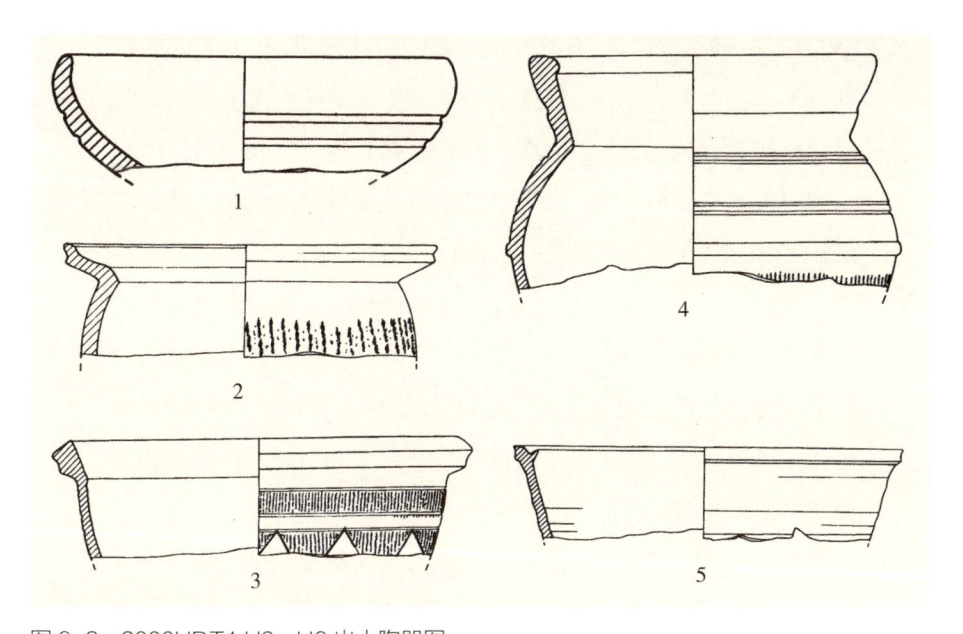

图 8-3　2000HDT1 H3、H6 出土陶器图

1. 陶豆 H3:2　2. 陶鬲 H3:13　3. 陶簋 H3:14　4. 陶罐 H3:8　5. 陶甑 H6:5

M54 的落成时间早于或等于 F1 建造时间——殷墟文化第二期晚段。

（二）青铜器年代

花园庄 M54 出土青铜器共计 265 件，包括容器 40 件、乐器 3 件、兵器 167 件、工具 16 件、车马器 2 件、杂器 37 件。其中除了方鼎 M54:191、牛尊 M54:146 等个别器物，基本上都是殷商时代常见器型，其年代比较容易判定。发掘者选择了其中的圆鼎 M54:240、觚 M54:200、爵 M54:145、斝 M54:43、罍

八　墓葬与玉石器年代　　203

M54:136、尊 M54:84、方彝 M54:183 等 7 类器物，与小屯 M5（妇好墓）、戚家庄 M269、郭家庄 M160 出土的同类铜器进行类型学对比研究，认为花园庄 M54 出土青铜器与小屯 M5 出土青铜器的时代特征比较一致，年代当相近。与戚家庄 M269、郭家庄 M160 出土铜器的年代则有一定差距。（图 8-4）

据研究，小屯 M5 墓主人是武丁配偶妇好，庙号称"辛"，死于武丁晚期，下葬时间之上限为武丁晚期，下限在祖庚时期，属于殷墟文化第二期早段；[2] 戚家庄 M269 之年代，为殷墟文化第三期晚段，约当商王武乙时期；[3] 郭家庄 M160 的年代，约当殷墟文化第三期晚段，接近第四期。[4]

殷墟考古学家认为，殷墟文化第二期可细分为早、晚两个阶段，早段的代表性墓葬包括小屯 M5、M17、M18 等，时代约当武丁晚期；晚段遗存大约相当于祖庚、祖甲时期。[5]

笔者认为，以觚、爵、鼎、斝等常见器型论之，花园庄 M54 随葬青铜器的年代，稍晚于妇好墓铜器的年代，绝对年代约当商王祖庚、祖甲时期。如果联系 M54 出土青铜兵器、乐器来看，同样可得出结论说，花园庄 M54 随葬青铜器的年代，稍晚于小屯 M5 随葬青铜器的年代。（图 8-5）

（三）陶器年代

花园庄 M54 出土陶器 21 件（另有少量碎陶片未能修复成器），除了陶鬲出自墓室填土中，其余放置在二层台和椁室内。其中椁室北部的陶罍中，分别盛有果羹、肉羹。这些陶器都是殷墟常见陶器，比较容易判定年代。据发掘者的对比研究，这些陶器属于

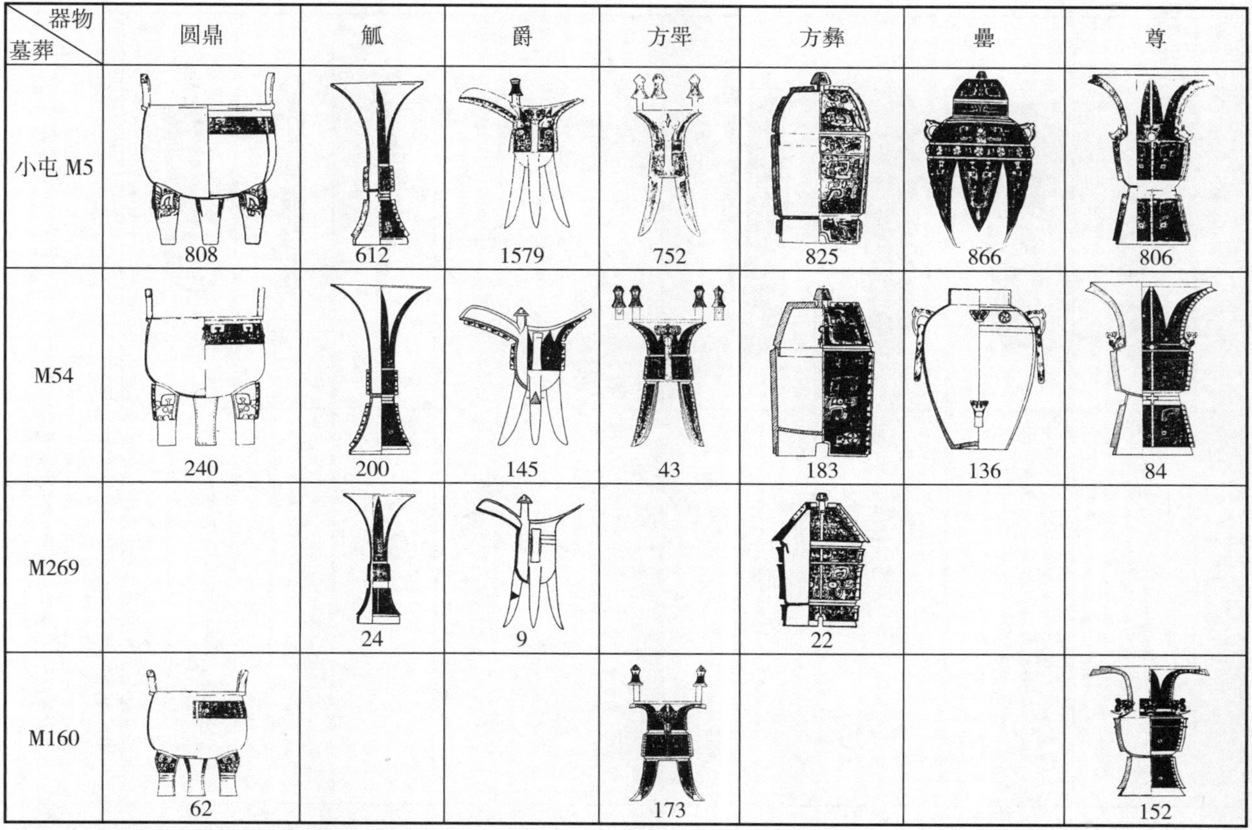

器物\墓葬	圆鼎	觚	爵	方罍	方彝	罍	尊
小屯M5	808	612	1579	752	825	866	806
M54	240	200	145	43	183	136	84
M269		24	9		22		
M160	62			173			152

注：图中器物下的阿拉伯数字均表示器物编号。

图 8-4　花园庄 M54 出土青铜器年代对比分析图

八　墓葬与玉石器年代　205

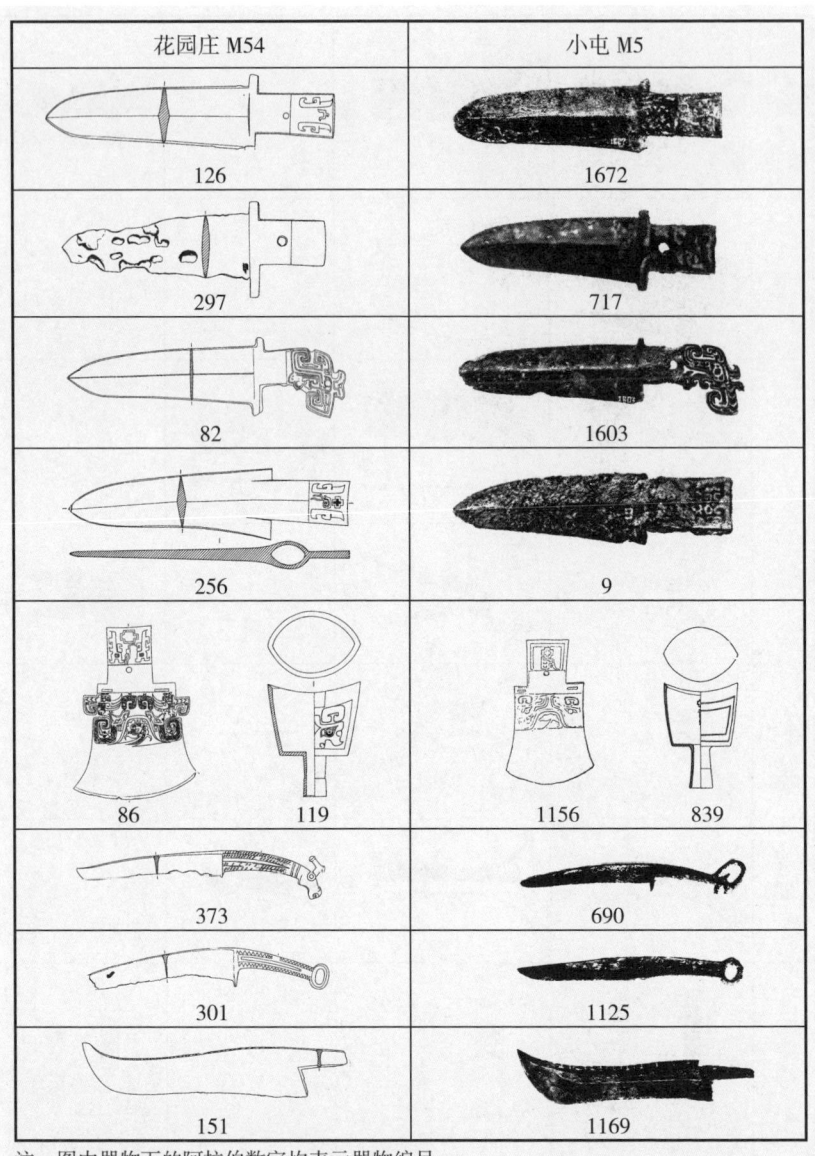

花园庄 M54	小屯 M5
126	1672
297	717
82	1603
256	9
86　119	1156　839
373	690
301	1125
151	1169

注：图中器物下的阿拉伯数字均表示器物编号。

图 8-5　花园庄 M54 与小屯 M5 出土铜兵器、乐器、刀具形制对比图（比例尺不统一）

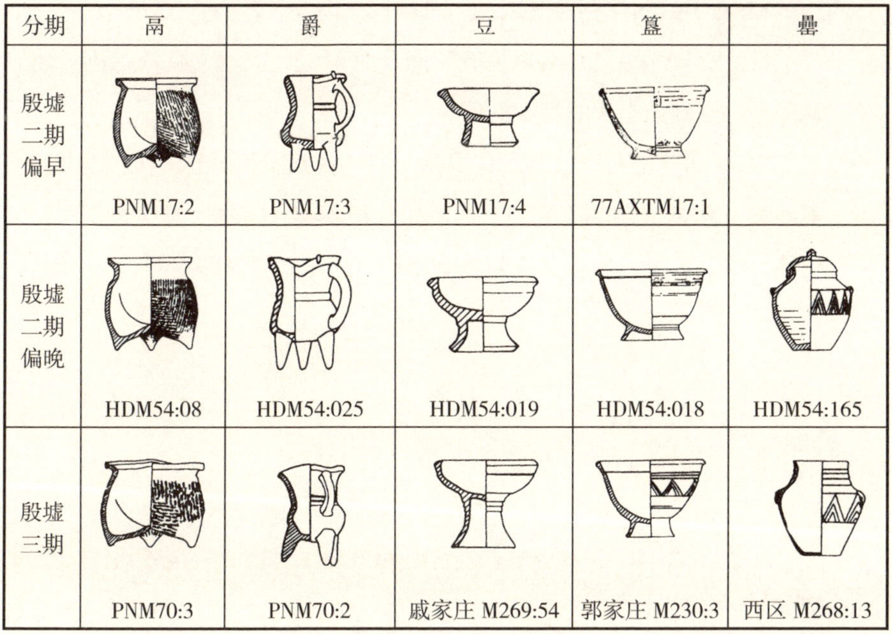

分期	鬲	爵	豆	簋	罍
殷墟二期偏早	PNM17:2	PNM17:3	PNM17:4	77AXTM17:1	
殷墟二期偏晚	HDM54:08	HDM54:025	HDM54:019	HDM54:018	HDM54:165
殷墟三期	PNM70:3	PNM70:2	戚家庄M269:54	郭家庄M230:3	西区M268:13

图 8-6　花园庄 M54 出土陶器年代对比分析图

殷墟文化第二期偏晚阶段。[6]（图 8-6）

（四）综合断代

从地层关系角度，我们可确定 M54 相对年代不晚于殷墟文化第二期晚段，而墓中随葬的青铜器、陶器，主要属于殷墟文化第二期晚段。

M54 中青铜器中有近 130 件器物上有"亚长"或"长"铭文，应该是同批铜器。除了个别铜器（如铜戈 M54:310）具有更早时候的特征，其他青铜器的时代特征基本一致。

M54 中陶器均系当时制品，其年代最能代表墓葬年代。

综上，花园庄 M54 的落成时间，可确定为殷墟文化第二期晚段，约当商王祖庚、祖甲时期。

M54 随葬玉石器中的多数器物，应与青铜器和陶器一样，同属殷墟文化第二期晚段制品。但因玉石器具有"宝物"甚至货币特性，可以传世，所以其中包含少量前代遗玉是可以理解的。

注释

[1] 《花园庄》，页 4—29。
[2] 中国社会科学院考古研究所编著：《殷墟妇好墓》，页 228，文物出版社，1980 年。
[3] 安阳市文物考古研究所：《安阳殷墟戚家庄东商代墓葬发掘报告》，页 233，中州古籍出版社，2015 年。
[4] 中国社会科学院考古研究所编著：《安阳殷墟郭家庄商代墓葬——1982—1992 年考古发掘报告》，页 124，中国大百科全书出版社，1998 年。
[5] 中国社会科学院考古研究所编著：《殷墟的发现与研究》，页 38—39，科学出版社，1994 年。
[6] 《花园庄》，页 223—224。

九 亚长族属与职业和职官

（一）社会地位

M54位于殷墟核心区，在宫殿区正前方300多米处，其位置十分突出，彰显其社会地位相当尊贵。（图1-1）

M54墓圹面积达25平方米，一棺一椁，殉葬有狗15只、人牲9人、殉人6人；随葬青铜器1295件（含镞、泡等小件器物），其中容器40件（包括爵9、觚9、圆鼎6、方鼎2、甗1、簋2、盂2、方斝1、方尊1、勺2、方罍1、方彝1、觥1、牛尊1、斗1），（图9-1）兵器1055件（包括钺7、矛78、戈73、卷首刀3、弓弣6、镞881、盾7），（图9-2）工具16件（包括锛5、凿1、铲1、刀5、镰1、锥2、手形器1），（图9-3）乐器3件（铙），（图9-4）御器2（策），杂器179件（包括泡149、錾手4、镦2、铃23、泡形器1）；玉石器228件；陶器20多件，有豆、簋、鬲、觚、爵、罍、坩埚等；（图9-5）骨器60件，包括骨章10、策饰3、镞43、匕3、刻刀1等；（图9-6）货贝1472枚；此外还有一些金箔、象牙器、竹木器等。

我们将其与殷墟几座未被盗掘的商代贵族墓葬试做比较。

小屯M5（妇好墓）位于宫殿宗庙区以西200多米处，墓圹面积22平方米（墓室底部），一棺一椁，殉葬有人牲4人，殉人12人，狗6只；出土器物1928件，其中青铜器468件（铜泡

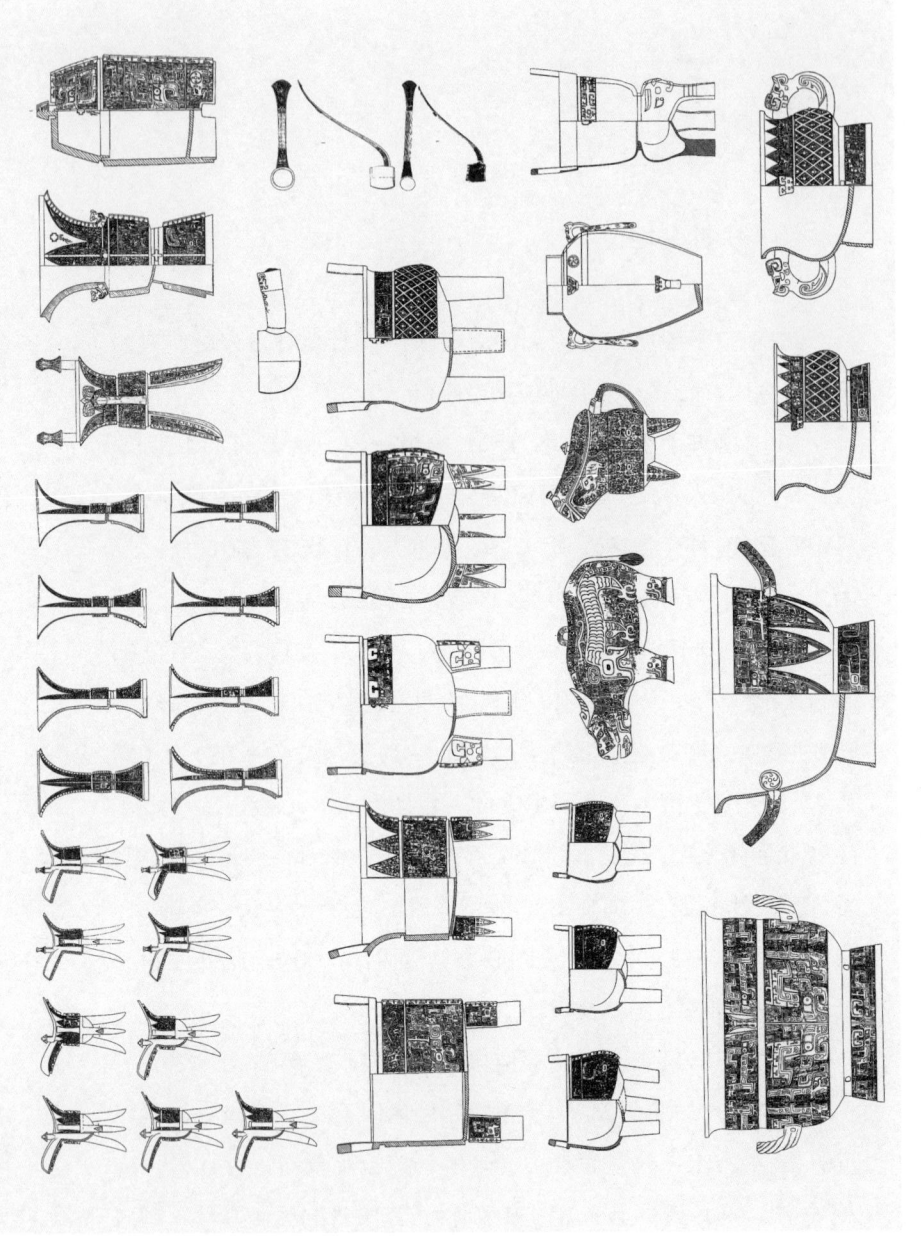

图 9-1 M54 出土青铜容器（比例尺不统一）

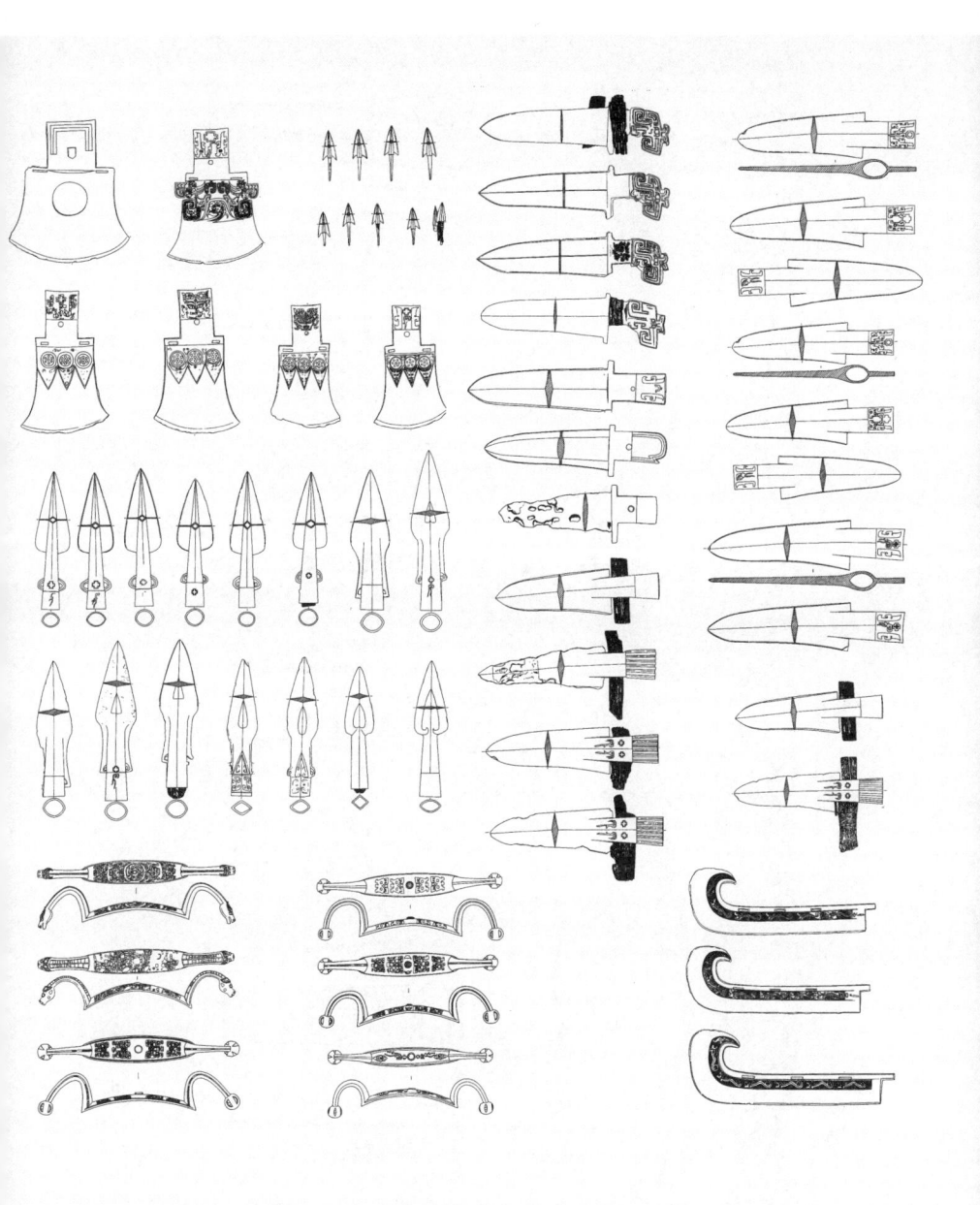

图 9-2　M54 出土青铜兵器（比例尺不统一）

图 9-3 M54 出土青铜用具、工具（比例尺不统一）

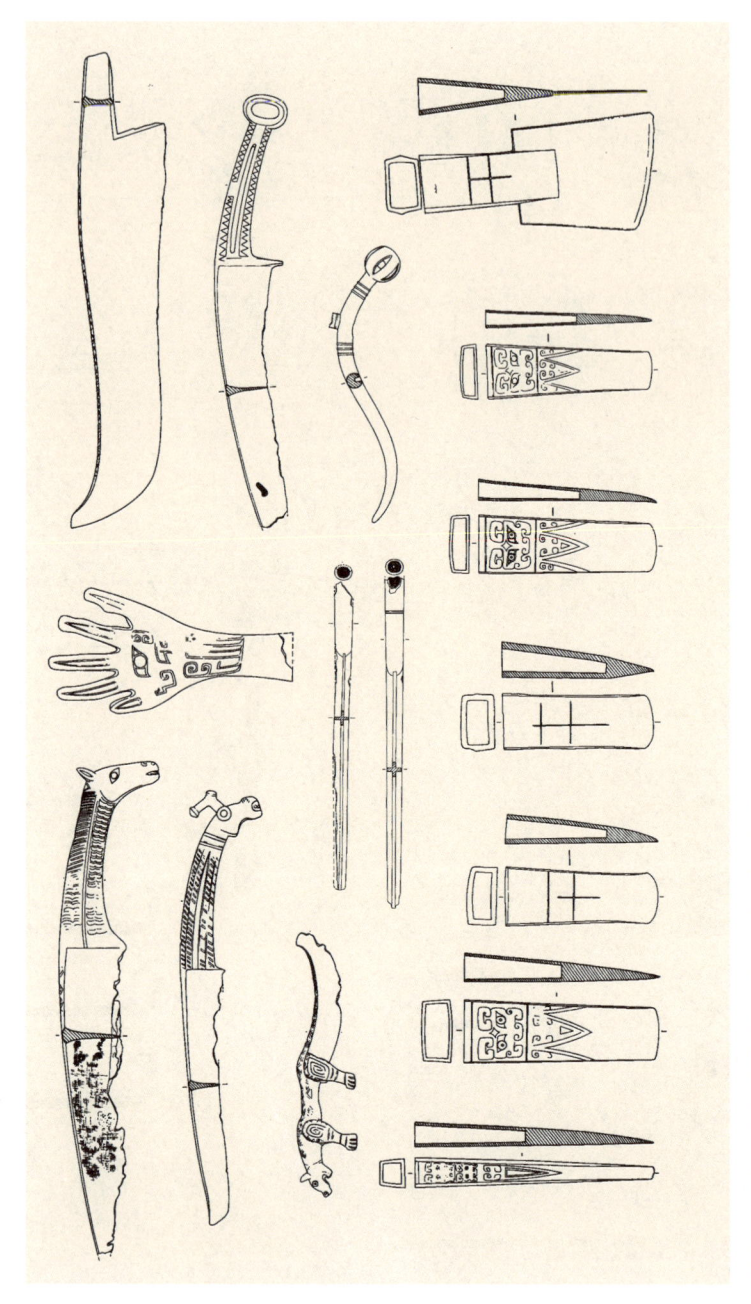

214　殷墟亚长墓玉石器研究

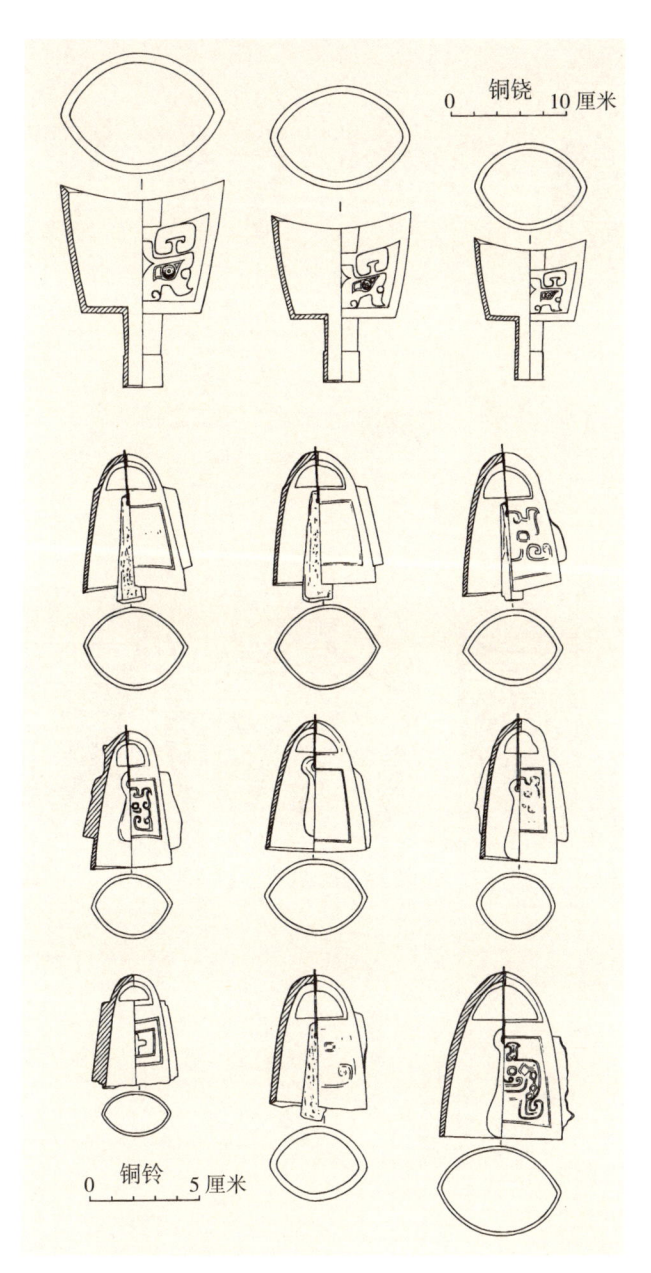

图 9-4　M54 出土铜铙、铃

九　亚长族属与职业和职官　　215

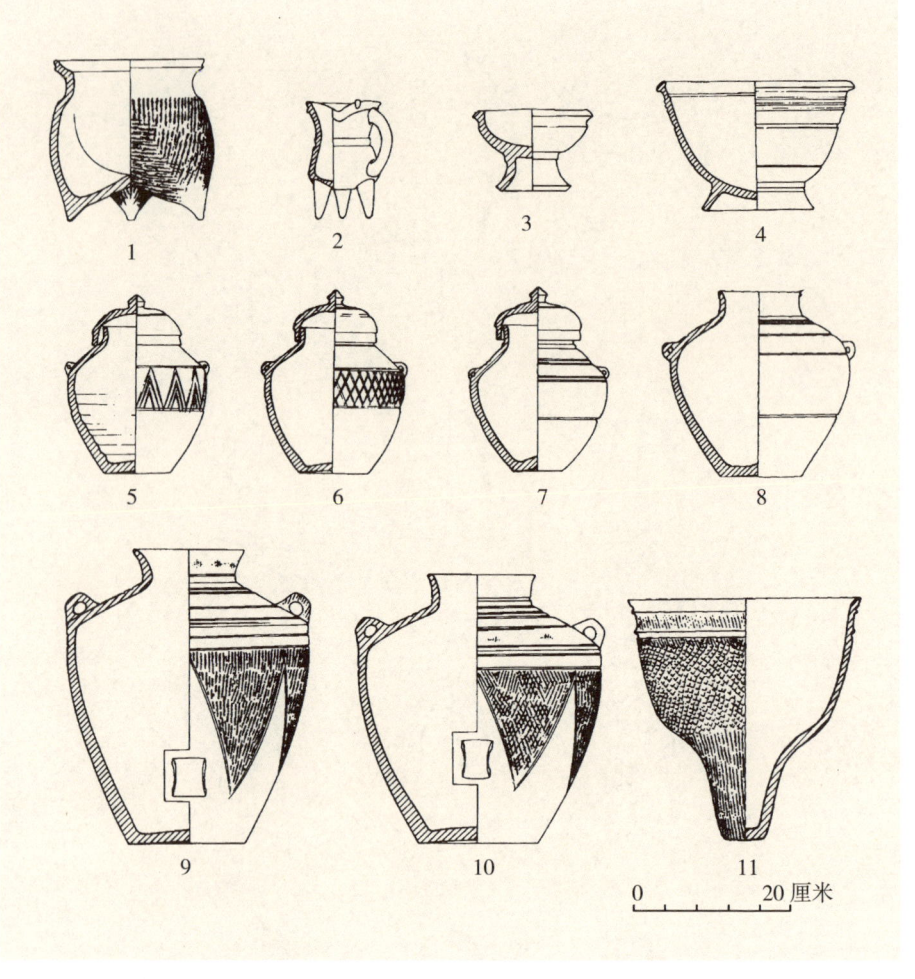

图 9-5 M54 出土陶器

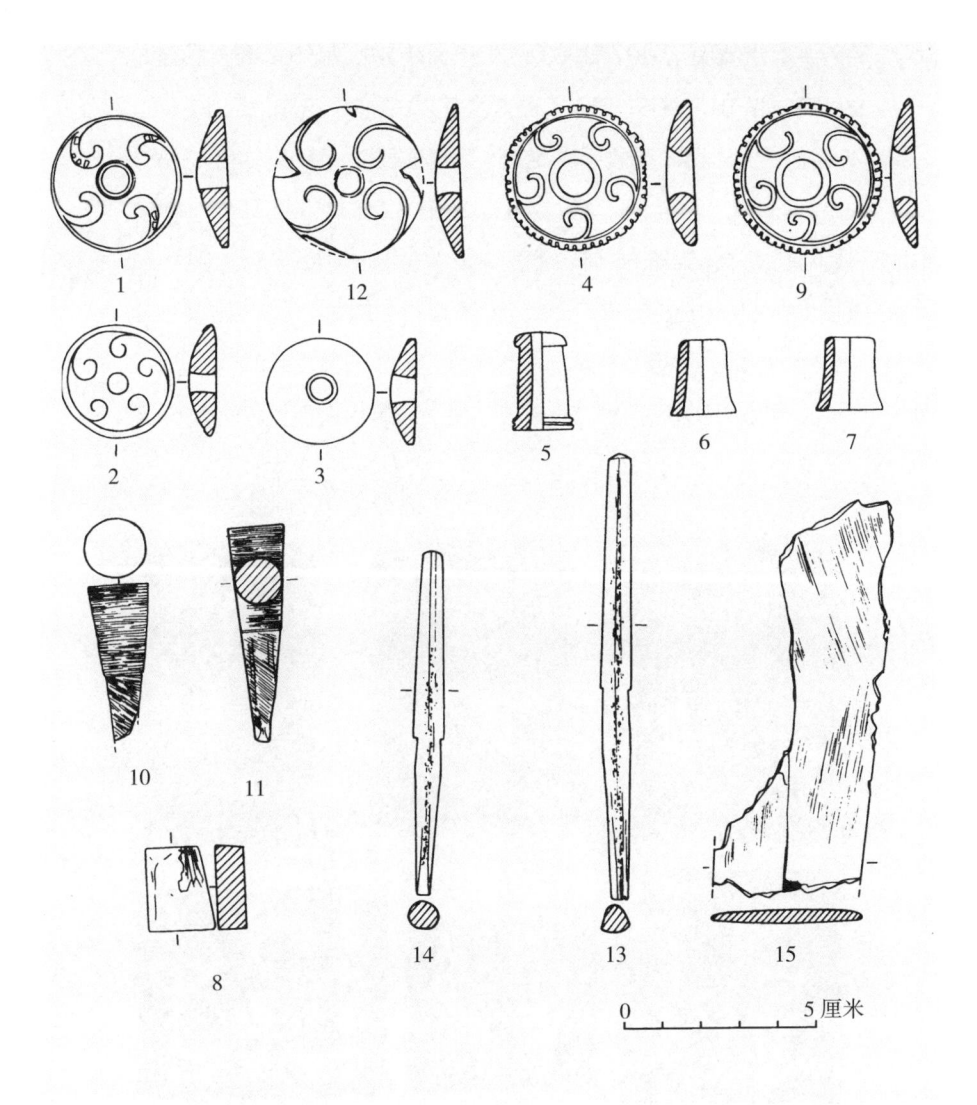

图 9-6 M54 出土骨器

1、2、4、9、12.A 型Ⅰ式圆形穿孔骨饰 (M54:346、M54:378、M54:400、M54:571、M54:558) 3.A 型Ⅱ式圆形穿孔骨饰 (M54:202) 5—7. 骨管 (M54:150、M54:605、M54:607) 8. 扁圆形骨饰 (M54:606) 10、11.B 型骨镞 (M54:390、M54:391) 13、14.A 型骨镞 (M54:298、M54:576) 15. 骨匕 (M54:588)

九 亚长族属与职业和职官

除外），主要有爵 40、觚 53、斝 12、鼎 31、甗 10、甑 1、簋 5、方彝 5、尊 10、觥 8、壶 4、瓿 3、卣 2、罍 2、缶 1、盉 6、觯 2、斗 8、盂 1、盘 2、罐 1、圈足器 1、箕形器 1、铙 5、镈 9、凿 2、铲 7、刀 23、镜 4、匕 1、钺 4、戈 91、矢 37、弓䪆 6、镞 1、马镳 2、虎 4、杂器 50 等，铜器铭文主要是"妇好"；（图 9-7）玉器 755 件，主要有瓒玉 33、（图 9-8）琮 14、圭 8、璧 16、环 24、瑗 17、牙璧 1、璜 73、玦 18、簋 2、盘 1、戉 39、矛 3、俶 9、珑 2、玓 33、璋 22、斧 2、凿 2、锛 5、锥 1、器柄 1、铲

图 9-7 妇好墓出土铜器铭文
1、2、3、6.妇好　4、5.司母辛

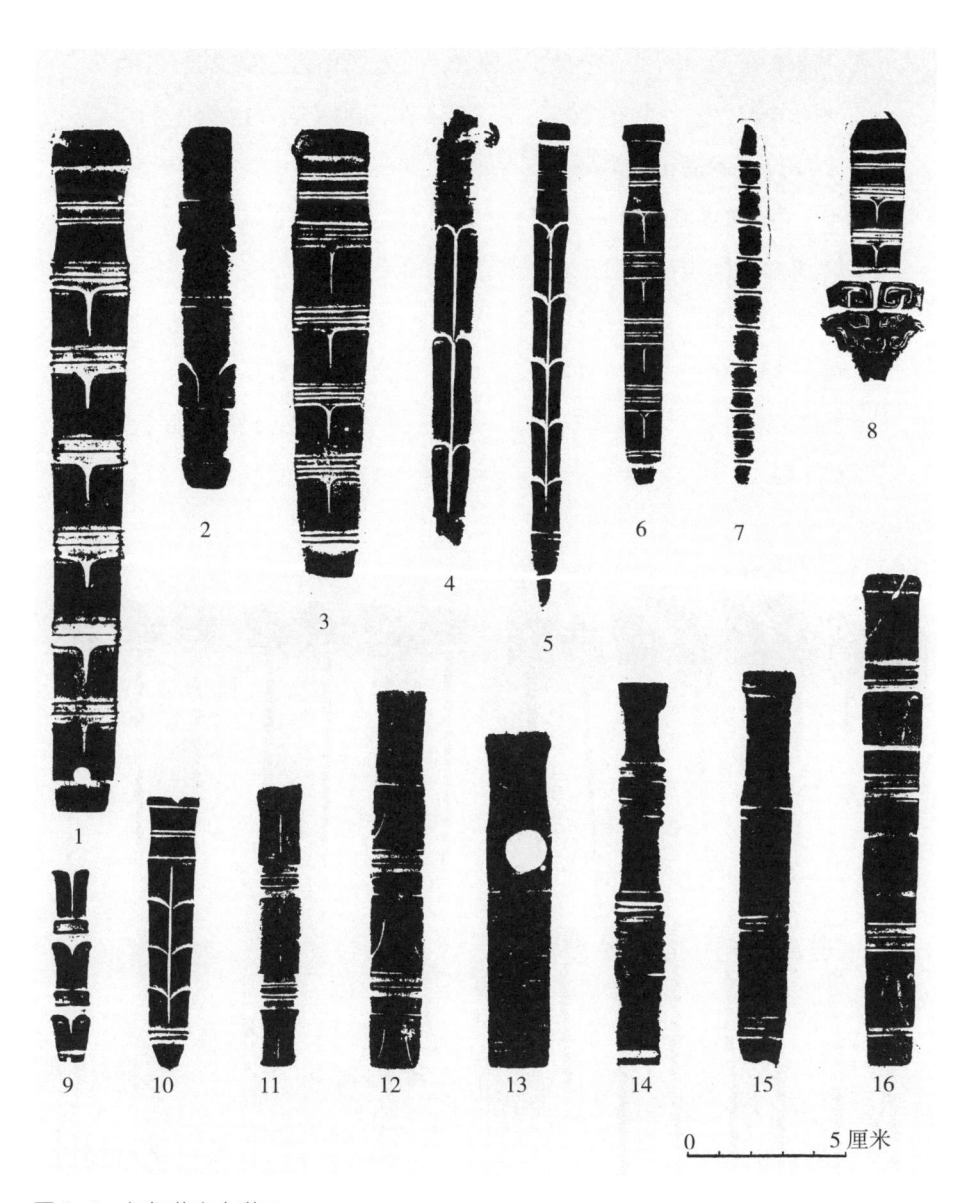

图 9-8 妇好墓出土瓒玉

5、镰5、臼1、杵1、色盘1、梳2、匕2、耳勺2、笄28、各种艺术雕刻品365、杂器17等；石器64件，包括容器12、乐器5、工具18、艺术品和装饰品27、杂器2；宝石器47件；骨器564（笄499）件；（图9-9）另有象牙器3件，蚌器15件，陶器11件，海螺2枚，阿拉伯绶贝1枚，货贝6880余枚。[1]

小屯M18，在妇好墓南20余米处，墓室面积约11平方米，一棺一椁，墓主人35—40岁，殉葬5人2狗，随葬品90件，包括铜器43件，其中礼器有爵5、觚5、斝2、尊2、罍1、卣1、鼎3、甗2、簋1、盘1、箕1，兵器有戈9、镞10；玉器11件，

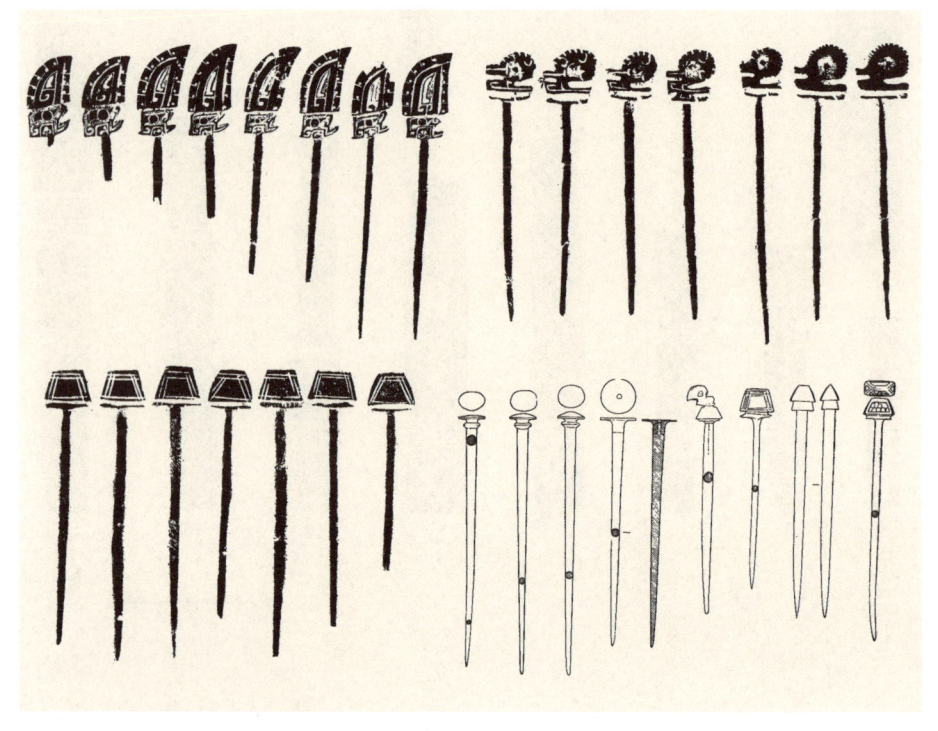

图9-9　妇好墓出土骨笄

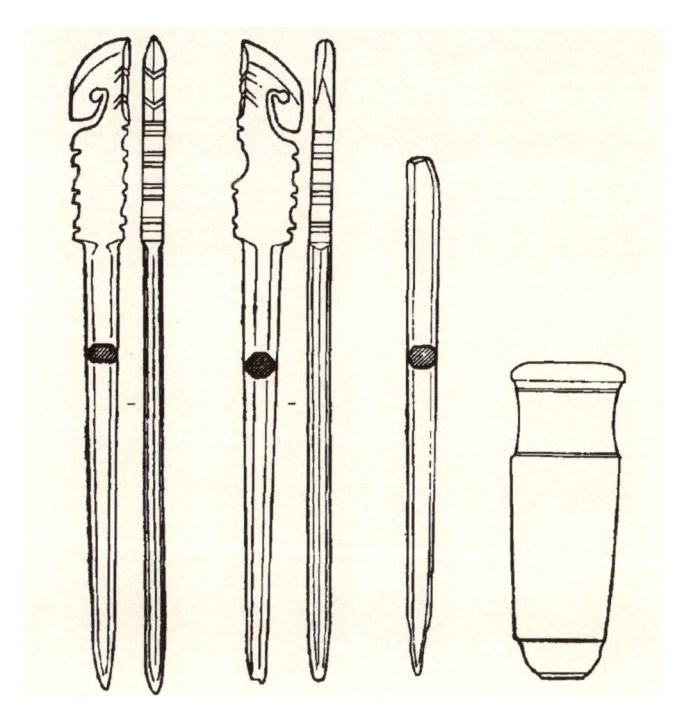

图9-10 小屯M18出土玉笄和瓒柄

包括玦1、琡1、刻刀1、耳勺1、锥形器1、笄2、瓒玉1、（图9-10）圆箍形器1、鱼形饰1、方片饰1；陶器中有豆、盆、觚、爵各1件；骨器主要是笄25；（图9-11）另有海贝4。[2]

在宫殿宗庙区丙组基

图9-11 小屯M18玉笄、骨笄出土状况
A、B. 玉笄　C. 骨笄

九　亚长族属与职业和职官　221

址北面，考古人员也发现几座商代贵族墓，其中 M362 墓室面积约 17 平方米，一棺一椁，殉葬 11 人 3 狗，被盗掘；与 M362 并排的 M331 墓室面积约 7 平方米，一棺一椁，殉葬 6 人 2 狗，随葬铜器 26 件，包括尊 2、锅 1、爵 3、觚 3、斝 3、鼎 2、甗 1、罍 1、卣 1、盉 1、斗 1、戈 5、刀 1 等；玉石器 278 件，包括玉珏 2、璧 1、玦 2、神徽 1、鱼形坠饰和石珥 3、笄 2、皿 2、磬 1、器流嘴 1、石雕磬架鸟形饰 2 等；骨牙器 26 件，主要有骨笄 15、镞 7 和象牙勺 1、盉 1；陶器 3 件，包括白陶罍 1；海螺 4 枚，货贝约 70 枚；此外有木器 5 件。[3]（图 9-12、图 9-13）

在殷墟南部的郭家庄 M160，墓室面积约 13 平方米，一棺一椁，殉葬 4 人 3 狗，出土随葬品 353 件。其中铜器 291 件，包括礼器 41 件（方觚 10、角 10、圆斝 1、方斝 2、方尊 2、圆尊 1、

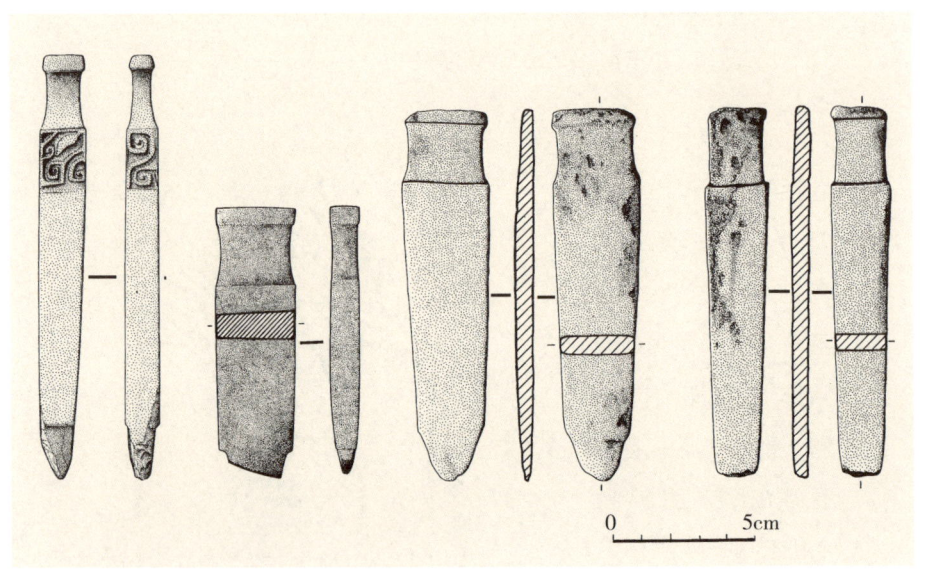

图 9-12　小屯 M331 出土玉石瓒柄

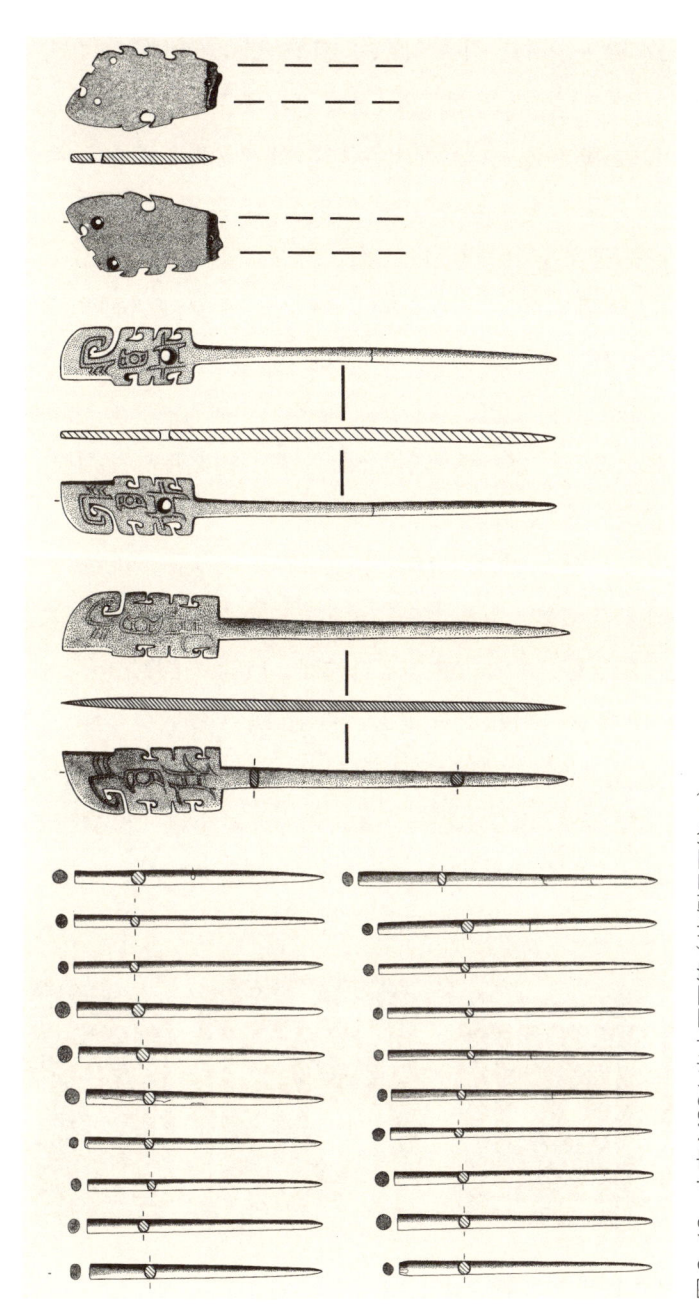

图 9-13 小屯 M331 出土玉石笄（比例尺不统一）

九 亚长族属与职业和职官

卣1、盉1、觯1、罍1、斗1、鼎6、甗1、簋1、盘1、皿1），乐器3件（铙3），兵器232件[钺3、卷首刀2、戈119、矛97、镞9（9束906枚）、弓弣1、镈1]，工具7件（铲1、斧1、锛3、凿1、环首刀1)，御器1件（策柄1），杂器7件（铃6、残片1）；玉器33件（牙璧1、璋1、环2、璜1、玦2、珑1、琡1、玦5、刻玘2、笄1、瓒玉8、器錾1、卧牛2、坠饰佩饰4、嵌片1）；石器6件（磬1、瓒柄1、璋2、磨石1、小石子1堆28枚）；陶器16件（簋、豆、觚、爵各1，罐2、罍10）；骨器4件，象牙器、竹器、漆器各1件。[4]玉石器名称与发掘报告不一致。（图9-14、图9-15）

显而易见，M54墓室规模稍大于妇好墓，殉狗比妇好墓多9只。但在随葬品数量、品类方面，皆不及妇好墓。青铜容器与妇好墓相比差距显著，如基本礼器组合方面，M54为爵觚9套，妇好墓则是40多套；妇好墓有鼎31件，而M54鼎只有8件。在铜器体量方面，妇好墓2件方鼎高80厘米，重达117.5—128公斤，大圆鼎高72.2厘米，重50.5公斤；M54铜方鼎高32.3—36.4厘米，重10—12.5公斤。在品类方面，妇好墓的三联甗、偶方彝、神兽觥、

图9-14 郭家庄M160出土青铜器铭文

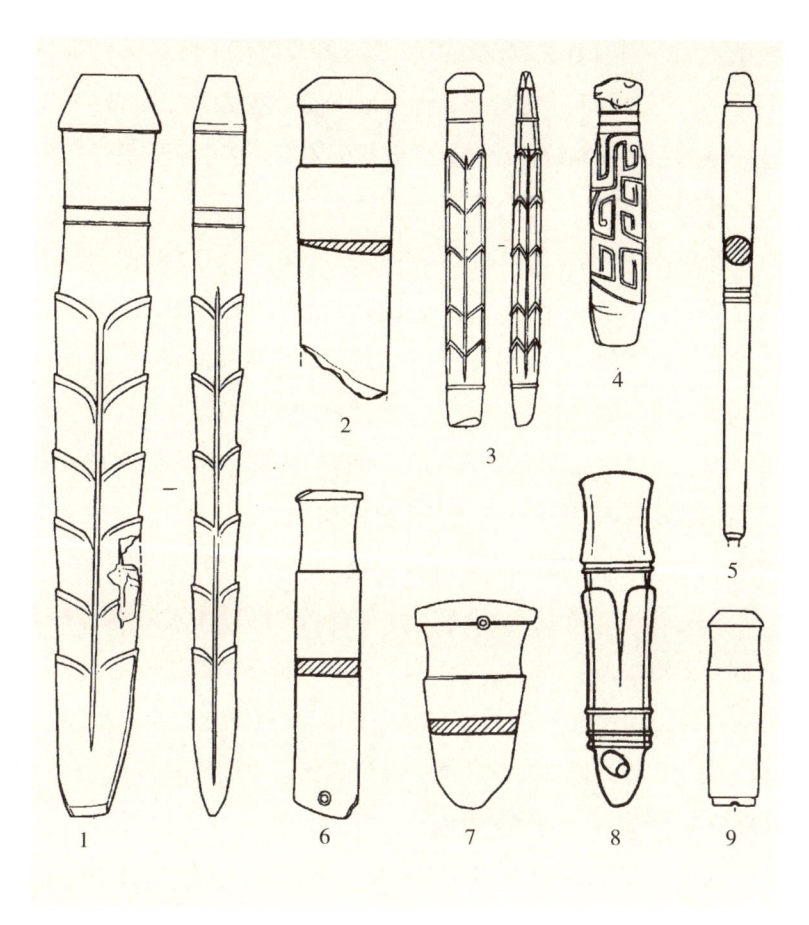

图 9-15 郭家庄 M160 出土玉石瓒柄和笄
5.玉笄 8.石瓒柄 余为玉瓒柄

鸮尊等不见于 M54；妇好墓玉石器数量、品类皆远超 M54 玉石器。妇好墓出土璧、环、瑗共 57，戈 39，矛 3，琥 9，玦 33，璋 22，远非 M54 可比。妇好墓的人物和动物雕像，簋、盘、觯、罐、豆等容器，不见于 M54。妇好墓的宝石器，罕见于 M54；至于妇好墓精美绝伦的象牙杯等，M54 更是不能望其项背。还有货贝

九 亚长族属与职业和职官   225

数量方面，妇好墓是 M54 的 4.7 倍之多。可见，M54 与妇好墓的差别，主要体现于随葬品方面（这里没有把墓主人随葬品与殉葬人随葬品分开来统计比较，主要是因为妇好墓的随葬品没有分别统计的条件）。

小屯 M18 墓室面积约 11 平方米，殉葬 5 人 2 狗，享有青铜礼器爵 5 件、觚 5 件、鼎 3 件，铜兵戈 9 件，玦、瑗、瓒玉等玉礼器各 1 件。M54 与之相比，墓葬规模、殉葬人狗数量、青铜礼器数量，皆是对方的 2—3 倍。二者不在一个等级上面。

M331 墓室面积约 7 平方米，殉葬 6 人 2 狗，享有 3 套青铜爵觚礼器，其等级在 M18 之下，更在 M54 之下。但其石质礼器、白陶礼器、象牙勺等为 M54 所不具备。

郭家庄 M160 墓室面积约 13 平方米，殉葬 4 人 3 狗，享有青铜礼器爵 10 件、觚 10 件、鼎 4 件，具备乐器铜铙一套 3 件、石磬 1 件，有青铜兵器戈、矛 200 多件，玉器包括璧、环、璋、璜、玦、瑗、玦等。就其青铜礼器、金石乐器、青铜兵器而言，M54 与 M160 大体可归为同一级别。

总之，M54 的级别当在妇好墓之下，M18 和 M331 之上，而与 M160 大体相当。

妇好是武丁之配偶，也是著名的女将领。M18 随葬铜器铭文有"子渔""罴侯"，（图 9-16）发掘考证"子渔"即为屡见于卜辞的武丁之嫡长子，M18 墓主人拥有带有"子渔"名号的青铜礼器，应是王室成员。而 M331 属于武丁早期，是最早经营洹南地区的王室成员之一。M160 铜器铭文以"亚址"最多，共 33 件，且见于最重要铜器上，发掘者因此认为墓主人应是"址族首领或址族的上层人物"。"亚"为武官职名，可证墓主人是地位显赫

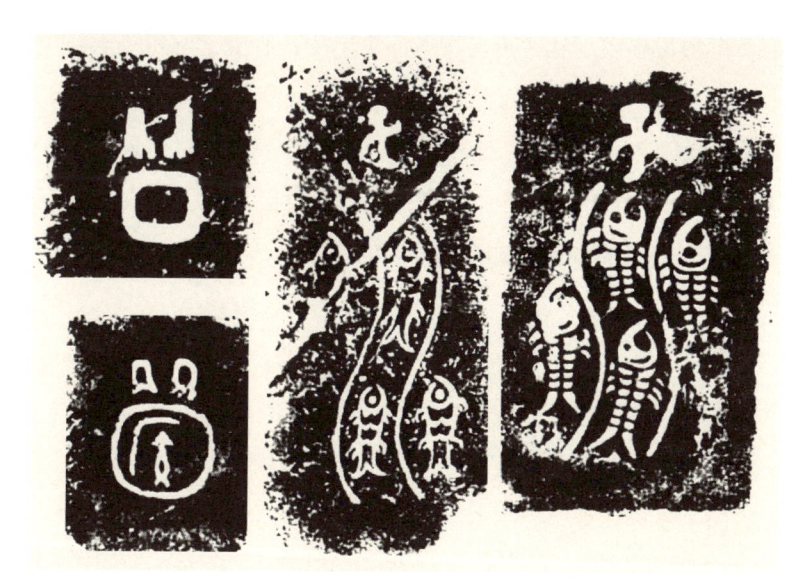

图 9-16 小屯 M18 出土青铜器铭文

的贵族、级别较高的武将。[5]

由此我们可以认为，M54 墓主人的社会地位，虽在王后之下，但高于许多王室成员。

（二）族属

对于墓主人族属判别有直接意义的材料，是随葬青铜器的铭文。

据统计，花园庄 M54 出土青铜器中有 131 件具有铭文。其中有铭容器 27 件，主要是"亚长"二字，个别减省为"长"或"亚"；3 件铜铙皆铭"亚长"；有 1 件铜钺上铭"亚长"，5 件铜钺上用绿松石镶嵌出"亚长"字样；3 件卷首铜刀皆铭"亚

九 亚长族属与职业和职官　227

长"；40件铜戈上铭"亚长"，1件铭""；50件铜矛上铭"亚长"；1件铜弓柲上用绿松石镶嵌出"亚长"字样。（图5-11，图版一七：7）

显然，"亚长"是墓主人的身份名号。"亚"为武官职称，"长"是墓主人族名或私名。发掘者据此推定说"M54墓主无疑为'长'姓高级贵族"，可从。

殷商廪辛、康丁时期卜辞中见有"长子"，（图9-17）记录"长子"向商王贡献龟甲等事迹：

《合》27641："其侑（长）子，惟龟至，王受祐。"

《合》28195："乙未……（长）……不……"

卜辞中还有一字""，学者也有释作"长"者，常用作地名和宗庙名：

《合》13545正："辛丑卜，宁贞，（长）宗。"

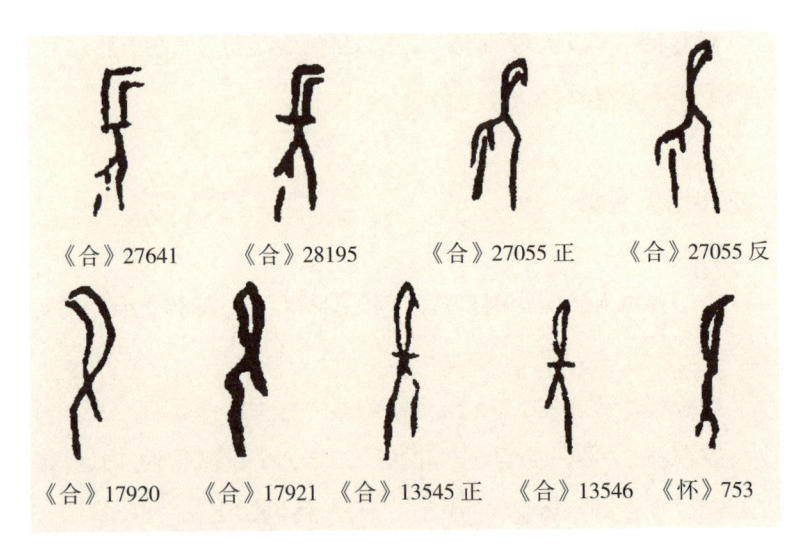

图9-17　甲骨文"长"字（采自《新甲骨文编》）

《合》13546:"……丑卜,宁贞,丮(长)宗。"

《合》22247:"丮(长)受年。"

《怀》753:"……取丮(长)……"(时代?)

那么,这个"长"族,与商族、商王室是何关系?笔者注意到两个事关种族差异的礼俗例证:

其一,是否使用瓒玉。我们知道,考古发现的所谓玉石柄形器,看似不起眼但实际上是三代重要礼器,早在二里头文化时期,玉柄形器便承担了基本玉礼器的角色——一墓之中若只有一件玉礼器,必为柄形器。只是对其功用学界一直不得其解,其称名也五花八门。后来,因一件出自殷墟的商代玉柄形器刻铭,人们才得以真正认识这种玉器。

据传于20世纪30年代在殷墟盗掘出土的一件《小臣𪛍》玉柄形器,有刻铭曰:"乙亥,王易(赐)小臣𪛍䙷,才(在)大室。""䙷"字,学者一般隶定为"䙷"字。李学勤考证认为,"䙷"当即柄形器自名,应读为古文献所见之"瓒"。[6] 笔者曾著文认为,所谓"柄形器"就是文献所说行祼礼所用礼器"瓒"之玉柄,[7] 本文称为"瓒玉"。在商代,祼礼是一种十分隆重的祭祀礼仪活动,卜辞中多有记录。郑州商城、殷墟等商代遗址的墓葬中经常出土瓒玉——殷墟王陵中也出土大量此类文物,从而成为殷商文化的代表性玉礼器。因此,是否拥有、使用瓒玉,可作为判别人们族属的标准。

其二,是否拥有和使用发笄。商人习用发笄,已为殷墟甲骨文和墓葬发掘所充分证明,殷墟制骨作坊也多见骨笄遗存。可以说,束发戴笄是商人的显著习俗。如甲骨文表示男人的"夫"字,与女性相关的"女""妃""妹""婢""娥""妍"

九 亚长族属与职业和职官　　229

字，都是人头着笄形。

前述殷墟妇好墓出土28支玉笄、499支骨笄，玉瓒柄33件、石瓒柄1件。[8]

郭家庄M160棺内随葬有玉笄1支、骨笄3支（出自殉葬人头顶，制作粗糙，未经打磨），出土玉瓒柄8件、石瓒柄1件。[9]

小屯M18出土玉笄2支（头前左右）、骨笄25支（成排布列于头顶，似是所谓"笄冠"），玉瓒柄1件。[10]

小屯M331出土玉笄50支、骨笄15支，玉瓒柄7件。[11]

按前文所述，花园庄M54墓主人并不使用笄和瓒柄，易言之，他没有从事祼礼的习俗，也没有以笄束发的习惯。[12]值得注意的是，其铜器铭文中"长"字为长发飘逸、手执杖状物之人形，而考古发现墓主人确实不用发笄，且随葬一件木柄手形铜器，墓主人的人物特点可从这两个方面相互印证。以此观之，他与商王室和其他商族高层既然具有如此显著的差别，推定为不同族属，应属可信。同理，除了殉葬人XZ7，其他殉葬人应与墓主人同族。

墓主人拥有较多弓、矢、策和富有北方特色的短刀，反映其与北方民族有密切关联。另外，他披挂在身的铃首铜觽、四棱锥状铜器，还有手持手形铜器，从未出现或罕见于商族墓葬中，虽然功能不甚明晰，但显示出与商族不同的特性。墓中数量众多的玉管，几乎遍布墓主人全身，从玉管两端磨成斜面看，绝非那种依次串联成一个圈状的饰件，其连接方式非常特殊而复杂，这种现象也从未出现在殷墟商人墓中。

（三）身份

M54 墓主人亚长，与商族、商王室有着密切关系，这从其墓葬坐落在商王宫殿区附近，已可见一斑。其墓葬规格——包括墓室面积、人牲人殉数量，与妇好墓大致相当，而其墓底使用了一组"警卫"人员，其首领甚至执有一件玉（石）珹，效仿了商王陵墓的制度。

亚长墓的埋葬制度和习俗与殷商贵族几乎一样，包括棺椁制度、人牲人殉和殉狗，甚至使用腰坑。亚长墓中随葬了大量商人所钟情的青铜器、玉器，有铜铙和石磬，甚至有一组商人习惯使用的陶器。显然，亚长接受了商族的许多文化传统——包括礼乐文化。可以认为，亚长在坚守本民族少量特有礼俗的同时，已经深度"商化"。

M54 的殉葬人中，有一人（XZ7）随葬多件精美的高级礼玉，经鉴定其年龄为 30—35 岁，性别不明（在 6 名殉葬人中，只有 XZ5 确认为男性，其他性别皆不详）。从拥有玉笄和瓒玉看，其应是商族之人。笔者大胆推测，XZ7 或是亚长的商族妻妾，亚长因有功于商王室，得与商族联姻。

（四）族源觅踪

古人类学家对 M54 墓主人骨骼遗骸的科学鉴定结论是：男性，年约 35 岁。

前文已述，亚长并非商族之人。那么，他的本族原在何方？目前有两个方向值得注意。

其一，亚长墓出土文物中，具有与晋陕地区商代李家崖文化相同之物，表明二者之间关系密切。

李家崖文化是分布在今晋陕高原夹河两岸、与中原商文化并存且与商王朝长期为敌的一个族群之考古学文化，其文化遗物中具有大量"商式"青铜礼器，同时也有一些不同于商文化的青铜器、金器。[13] 就是这些非"商式"文物，在亚长墓中出现了。如：

亚长墓出土铃首铜觿 M54：295，锥状铜器 M54：451、452，分别与陕西保德县林遮峪出土商代青铜铃首铜觿、铃首锥状铜器[14]形制非常接近（殷墟妇好墓出土的铃首锥形器 M5：1161 则与林遮峪铃首锥状铜器完全相同[15]）。

亚长墓出土马头铜刀 M54：300、373，与山西灵石县旌介商代墓葬出土马头铜刀 M2：20[16]、陕西绥德县墕头村商代窖藏出土马头铜刀[17]形制十分相像（而殷墟妇好墓出土的马头刀 M5：690[18]，则几乎与墕头村马头铜刀完全相同）。

亚长墓出土环首铜刀 M54：301，与山西柳林县高红村出土环首刀[19]、山西后兰家沟出土环首刀[20]等形制相似。

亚长墓出土铜戈 M54：223，内部下侧有歧齿，[21]与山西后兰家沟出土铜戈[22]形制相同。（图 9-18）

亚长墓出土铜戈 M54：126，内部有铭文"入"，[23]是此墓中唯一不是"亚长"铭文的铜器个例。值得注意的是，亚长墓"入"铭铜戈的内部，是铭文"入"夹在简化夔龙纹中间。这种简化夔龙纹夹族徽的装饰方式，还见于亚长墓出土铜戈 M54：255、256、261、262 上。（图 9-19）就是说，M54：126 应该与"亚长"铭文铜戈一样，是在殷墟制造的产品，而不是一件纯粹的"外来品"。

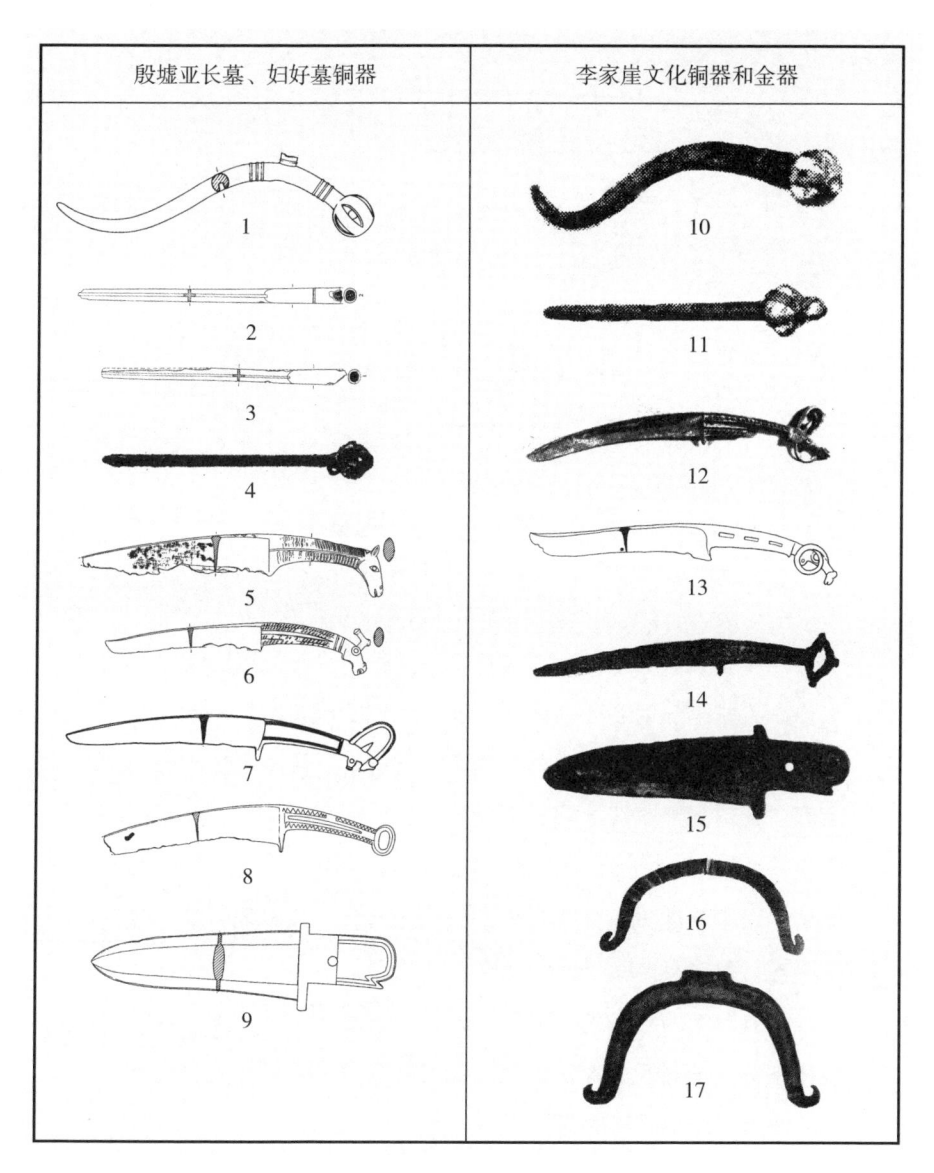

殷墟亚长墓、妇好墓铜器	李家崖文化铜器和金器
1 2 3 4 5 6 7 8 9	10 11 12 13 14 15 16 17

图 9-18　花园庄 M54 与李家崖文化器物对比图（比例尺不统一）

1—3、5、6、8、9.殷墟花园庄 M54: 295、451、452、300、373、301、223　4、7.殷墟 M5: 1161、690　10、11、16.山西保德林遮峪　12.陕西绥德墕头村　13.山西灵石旌介 M2　14、15、17.山西石楼后兰家沟

九　亚长族属与职业和职官　　233

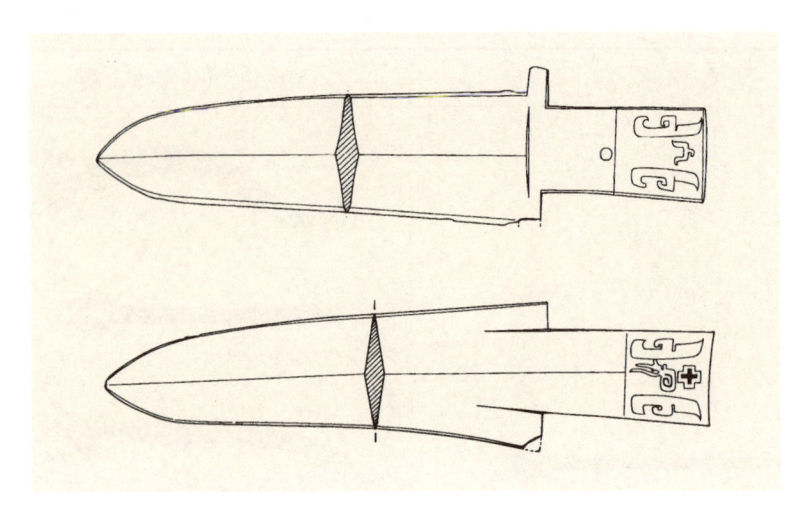

图 9-19 亚长墓出土不同铭文铜戈
上：M54:223 下：M54:255

据学者统计，商周青铜器中有 60 多件"入"铭器物，年代主要在殷墟第三期到西周早期，出土地点明确者包括山西太原、陕西岐山、河南洛阳和浚县、辽宁喀左等地。邹衡先生曾指出，商周"入"铭青铜器之铭文"入"，是弓形器的象形，这种弓形器并非"商式"，而是具有鲜明的山西样式，由此可证太原、寿阳、保德、石楼等地青铜文化有密切关系。"入"族是周人的一支，以"入"为族徽，早期曾在太原一带活动。[24]

"入"字所象形的弓形器物，在李家崖文化的山西石楼沙窑桃花庄，[25]石楼后兰家沟曾出土铜弓形器，[26]在山西保德县林遮峪曾出土两件金质弓形器。[27]

关于李家崖文化的族属，学者曾有一些研究，目标主要指向了古文献记载的商代鬼方、甲骨文记载的商代土方和舌方。郭沫若先生曾考证说"土方与舌方二者与殷人所发生之关系最多，战争也最频繁、最剧烈；均远在殷之西北部"[28]。邹衡先生则研究认为，石楼、永和地区发现的商代青铜文化遗存，并非商文化，而是"光社文化"（即李家崖文化），或与古文献所谓鬼方有关。"晚商的土方就在今天晋西的石楼县大概不会有什么问题了。"石楼、永和一带的青铜文化遗存，应该属于卜辞所说的土方、舌方等。[29]

因此，殷墟亚长与晋陕高原的李家崖文化关系十分密切。亚长或者属于李家崖文化之族群，即土方、舌方之人，投靠商王成为降将，这种可能性很大；或者是作为方国首领协助商王对战李家崖文化族群土方或舌方，目前还不能完全排除这种可能性。殷墟妇好墓也出土有李家崖文化铜器（如上述铃首锥状器、马头刀等），说明拥有少量李家崖文化铜器，并不能证明墓主人就一定属于李家崖文化族群。

其二，新兴科学检测结果给出的结论与上述从出土文物推定的结论方向相反。

专家对M54出土人骨及牙齿进行了锶同位素检测（根据测定人骨和牙齿中锶同位素数量值，研究人居环境或生活区域变迁），发现墓主人与6个殉葬人的锶同位素量基本一致，而人牲的锶同位素量基本一致，并且人牲的锶同位素量与殷墟本地人的锶同位素量基本一致，说明墓主人及其亲随不是长期生活在殷墟一带。易言之，M54墓主人及其亲随是"外来户"。

同时，专家对M54人骨进行了氧同位素测定（大自然中氧有重氧和轻氧之分，距离海洋、大面积水源越近，人体重氧量越高，由此可以推定人们的居住区域），也证明墓主人及其亲随的重氧含量比较一致，且远高于人牲的重氧含量。由于中国大陆各地重氧含量自东向西逐渐减少，说明M54墓主人的家乡，不应该在殷墟以西、以北地方（易言之，应该在殷墟以东、以南地方）。

学者又根据殷墟卜辞记载"长子"向商王贡龟甲，从而推测墓主人的家乡在殷墟的东、南方，并与河南鹿邑发现的周初大墓长子口墓墓主人家族相联系。[30]

对于以上新科技手段检测结果的解读可供参考，但还不能排除其他解读。譬如，殷墟卜辞记载，大型祭祀往往使用人牲，而人牲主要来自羌人——大约是殷墟西北方向的居民，长期与商王朝为敌。而 M54 出土的马首刀（300）、鹿首刀（373）、虎形刀（279）、环首刀（301）、铃首锥状器（295）等确实具有浓厚的北方民族特色，也许反映了 M54 墓主人替商王征伐的对象，就是羌人（经常领兵出征的妇好，其墓中也有一些北方民族特色的青铜器）。亚长墓中使用的人牲为羌人，于理为顺。相反，为一个外族人的葬礼，杀死本族的亲人用作牺牲，于理难通。

其实，一种新颖的科技手段在考古学中的应用，需要有相当长的时间、相当广泛的应用和检验，才能得出比较科学、可信的结论。

纵如此，笔者还是比较同意殷墟 M54 墓主人亚长与鹿邑太清宫 M1 墓主人长子口为同族的意见。

在河南鹿邑发现的商末周初大型墓葬太清宫 M1，是一座具备两条墓道的大墓。其青铜器上有铭文"长子口"，（图 9-20）表明墓主人的族属很可能与殷墟花园庄 M54 有关联。发掘者说"卜辞上的长子很可能就是长子口的祖父辈。有学者研究（认为），长氏原为东夷的后裔，臣服于商后，负责制造弓箭等武器，后来繁衍为张姓，故长氏是张姓祖先"[31]。"长子口是殷遗民，生活在商末周初时期，在商为高级贵族，与商王朝关系密切，在周仍

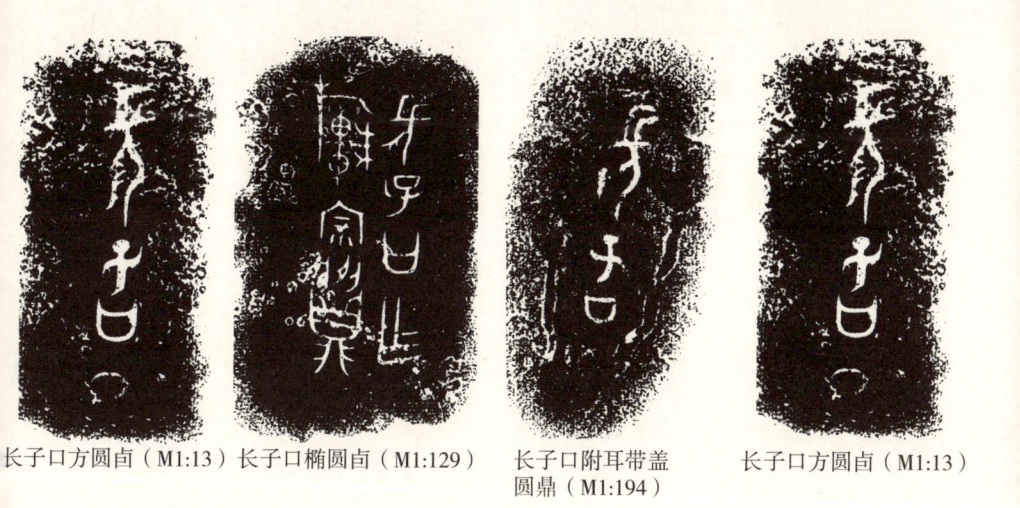

长子口方圆卣（M1:13） 长子口椭圆卣（M1:129） 长子口附耳带盖圆鼎（M1:194） 长子口方圆卣（M1:13）

图9-20 鹿邑太清宫长子口墓铜器铭文（采自《鹿邑太清宫长子口墓》）

有很高的社会地位，为一地的封君。从长子口墓所在的地理位置和商末周初的史实分析，长子口可能原为东夷人的后裔，受商王册封在鹿邑一带，商亡后又被周封于此。或者原为殷人，臣服周后，被派往鹿邑做镇守一方的高级将领。"[32]

该墓出土铜弓矜3件、铜镞32枚、骨镞425枚、（图9-21）骨管5件，还有发掘者没有搞清楚用途的骨"卡子"8件——实即骨镳。[33]（图9-22）这些铜器、骨器皆与弓箭有关，说明墓主人果真习用弓箭类兵器。尽管我们现在还不能确证太清宫M1墓主人"负责制造弓箭等武器，后来繁衍为张姓"[34]，但殷墟花园庄M54与鹿邑太清宫M1存在族属联系，可认定。太清宫长子口墓出土不少玉石瓒玉，（图9-23）证明长子口的"商化"程度，

九 亚长族属与职业和职官　　237

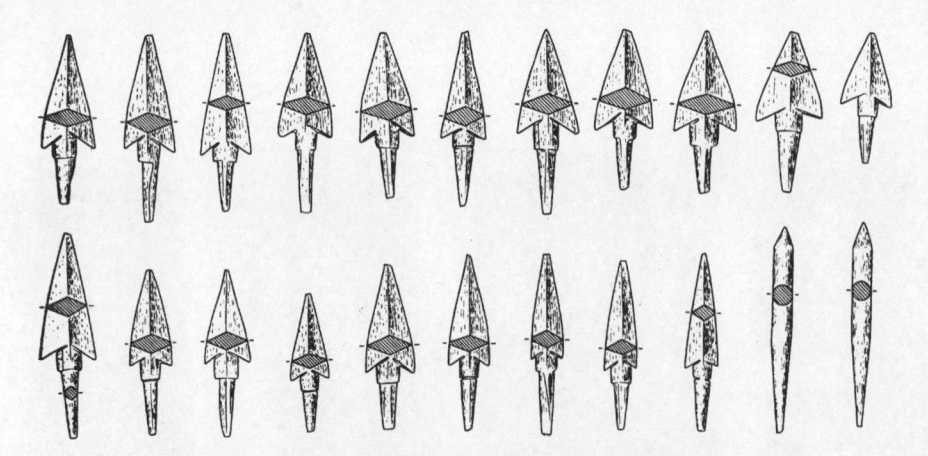

图 9-21　鹿邑太清宫长子口墓出土骨镞（采自《鹿邑太清宫长子口墓》图一五二、一五三）

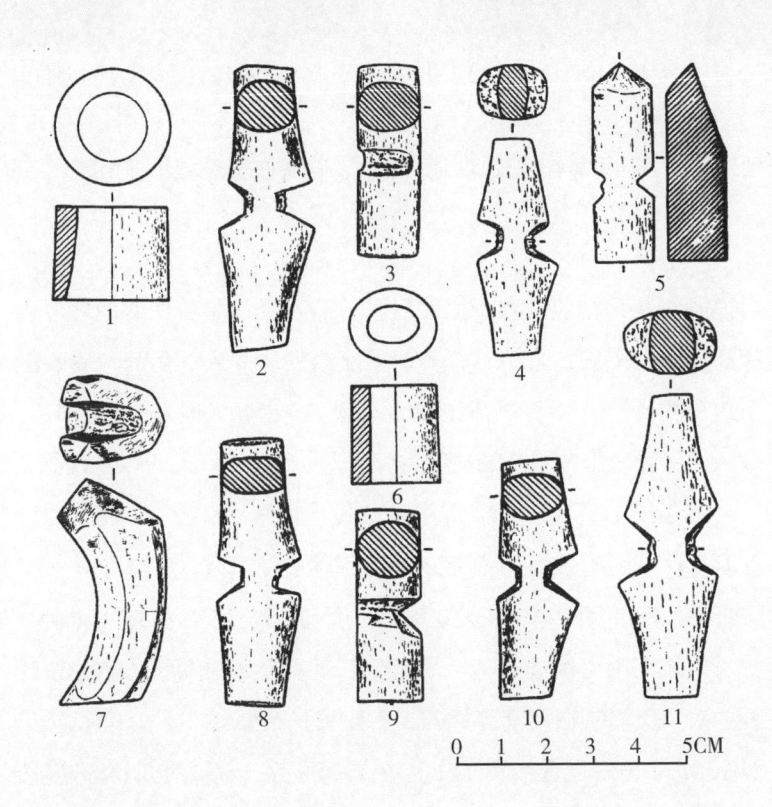

图 9-22　鹿邑太清宫长子口墓出土骨器（采自《鹿邑太清宫长子口墓》图一五四）

1、6. 骨管 232、536　7. 骨弓弭 267　2、3、4、5、8、9、10、11. 骨觽 542、537、539、538、540、246、541、270

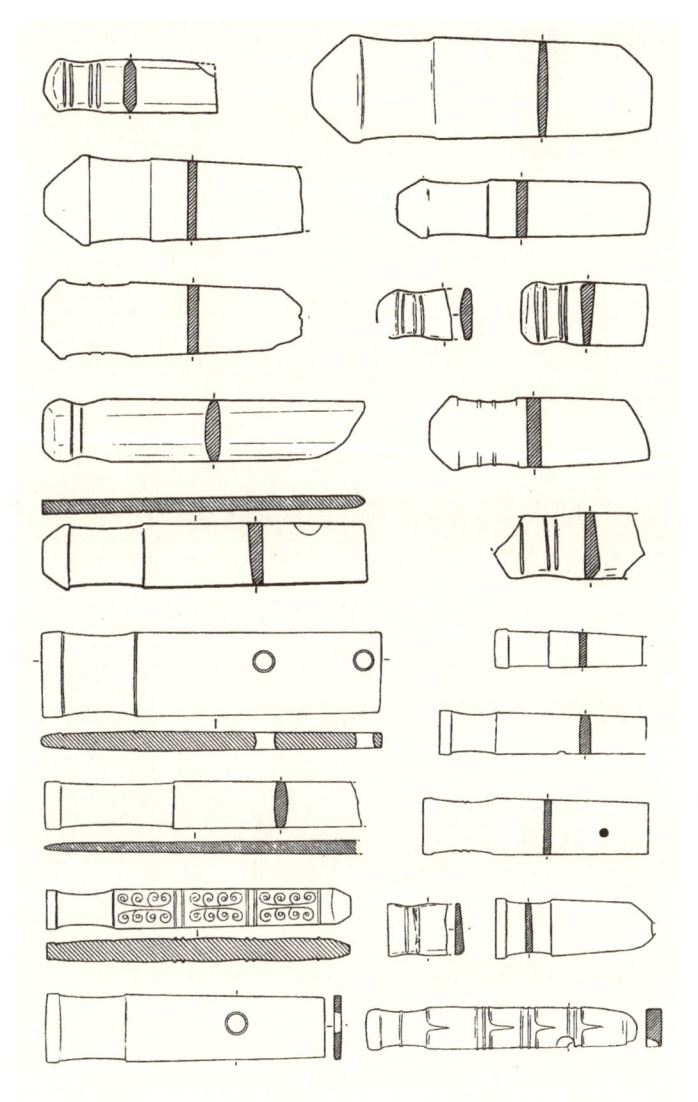

图 9-23 鹿邑太清宫长子口墓出土琰玉（采自《鹿邑太清宫长子口墓》图一四六、一四九）

远比亚长要深。只是鹿邑太清宫长子口是原居豫东，还是从别处移居豫东，目前并无可证材料。因此，据此逆推殷墟花园庄M54亚长本是豫东东夷之人，还缺乏坚实证据。

（五）职业职官

关于亚长的职业和职官问题，可从其随葬品中寻找线索。

除礼器之外，M54中随葬一些兵器和工具，显示其生前很可能既是能征善战的武士，又是手工业作坊的拥有者、管理者。

M54中的兵器种类繁多、数量庞大，包括铜钺7件、铜矛78件、铜戈73件、卷首刀3件、铜弓弣6件、铜盾（盾饰）7件、铜镞881枚。其中铜钺最具身份标志性，即象征掌握较大军事权力，与其享有"亚"之武官称号正相称。

从M54墓主人骨骼痕迹看，其生前曾多次负伤：左股骨有刀斧类砍伤及钩兵或砍兵的锐器伤痕；左肱骨有3处砍伤；左肋骨有锐器砍伤痕迹；右侧髂骨有穿透性创伤，系矛戈类兵器所致；左臂上的3处创伤未见骨骼自我修复痕迹，表明这3处创伤产生时间与墓主人死亡时间相差不大。[35]（图版一五）从其受伤位置推测，墓主人在战斗中习惯使用右手拿兵器，因此对于左侧的防护是薄弱的。累累伤痕，也充分证明墓主人是惯战武将，甚至是死于战场的英雄，故享有崇高的礼遇。

生产工具则有铜铲1件、铜锛5件、铜凿1件，它们通常都是用于玉石器加工的工具。另外还有2件石刀，系骨器、竹木器加工工具。（图1-7：2、3，图版三七：3）最可注意的是，墓中还有一件青铜冶铸工具——陶坩埚。（图9-5：11）可见，

M54出土生产工具涵盖了青铜冶铸、玉石骨蚌加工等手工业。

墓中出土的四棱锥形器451、452，（图9-18：2、3）其前锋为四棱状，锥长约16厘米。后端有銎，銎径1.1—1.2厘米，内纳木柄。这种精巧的木柄铜锥，也许是一种兽医器械，与墓主人长期依靠马匹征战可以暗合。这种铜器在殷墟考古中极其罕见，以前只在王陵区M1005出土过。

总之，亚长平时是手工业管理者，战时则是领兵出征的武将。手工业生产是其生业，带兵征战是其责任。

根据对甲骨卜辞等资料的研究，以血缘关系为纽带、生产关系为基础的经济组织——氏，与以家族骨干为成员、保家卫国为任务的民兵组织——族，交叉构成了殷商社会组织基本框架。氏为常态性组织，族为临时性组织。氏、族首领很可能是同一个人，亚长便是这样一位氏族首领。

明确了M54墓主人的族属、职官和职业，对于我们全面、深入、正确认知M54随葬的玉石器，大有裨益。

注释

[1] 中国社会科学院考古研究所编著：《殷墟妇好墓》，文物出版社，1980年。
[2] 中国社会科学院考古研究所安阳工作队：《安阳小屯村北的两座殷代墓》，《考古学报》1981年第4期。该报告指出："我们认为铜器铭文中的妇好与子渔应是武丁时宾组卜辞中所见的妇好与子渔。""从子渔所参与的祭祀，可见其地位之重要。㞢为祭名，其所㞢祭的祖乙、祖丁、父乙都是直系祖先。并有'登于大示'之辞，'大示'系指大宗，子渔可奉示（祀）大宗颇似嫡长子地位。过去曾有人提出'子渔，也许就是武丁的嫡长子'，并

认为子渔有可能是孝己。此意见有一定道理。""此墓属'子渔'的可能性不大","墓主是有较高阶级地位的人。结合墓的位置推测可能也是殷王室成员"。

[3] 石璋如：《小屯·第一本·遗址的发现与发掘·丙编·殷墟墓葬之五·丙区墓葬》，台湾"中央研究院"历史语言研究所，1970年。

[4] 中国社会科学院考古研究所编著：《安阳殷墟郭家庄商代墓葬》，中国大百科全书出版社，1998年。

[5] 《花园庄》，页125—126。

[6] 李学勤：《〈周礼〉玉器与先秦礼玉的源流——说祼玉》，邓聪主编：《东亚玉器》，香港中文大学中国考古艺术研究中心，1998年。

[7] 拙稿《说瓒》，待刊。

[8] 中国社会科学院考古研究所编著：《殷墟妇好墓》，图九一、九四，图一〇四至一〇七，文物出版社，1980年。

[9] 中国社会科学院考古研究所编著：《安阳殷墟郭家庄商代墓葬》，图94、96、99，中国大百科全书出版社，1998年。

[10] 中国社会科学院考古研究所安阳工作队：《安阳小屯村北的两座殷代墓》，图一一：2、3、6，《考古学报》1981年第4期。

[11] 石璋如：《小屯·第一本·遗址的发现与发掘·丙编·殷墟墓葬之五·丙区墓葬》，图版八七至九八、一〇五至一〇八，台湾"中央研究院"历史语言研究所，1970年。

[12] 殷商时期人们有以笄束发之习惯，应不容置疑。但在殷墟商墓中，真正发现死者头顶戴笄者并不普遍。也许当时的葬仪中，有种入葬时去除头笄的习俗。只是联系铜器铭文，笔者倾向于认为"亚长"本不用笄。

[13] 中国社会科学院考古研究所编著：《中国考古·夏商卷》，页584—593，中国社会科学出版社，2003年；蔡亚红：《李家崖文化研究》，西北大学2008年硕士论文，该文提要曰：李家崖文化"是与商文化并行发展、互为影响且长期与商王朝处于敌对状态的方国的遗存"。

[14] 吴振录：《保德县新发现的殷代青铜器》，封底3③④，《文物》1972年第4期。

[15] 中国社会科学院考古研究所编著：《殷墟妇好墓》，图版六八：2，文物出版社，1980年。

[16] 陕西省考古研究所：《灵石旌介商墓》，图150，科学出版社，2006年。

[17] 黑光、朱捷元：《陕西绥德墕头村发现一批窖藏商代铜器》，图三，《文物》1975年第2期。

[18] 中国社会科学院考古研究所编著：《殷墟的发现与研究》，页301，图一六一：1，科学出版社，1994年。

[19] 杨绍舜：《山西柳林县高红发现商代铜器》，图版伍：2、3，《考古》1981年第3期。

[20] 郭勇：《石楼后兰家沟发现商代青铜器简报》，图4，《文物》1962年第Z1期。

[21] 《花园庄》，图一一一：2。

[22] 郭勇：《石楼后兰家沟发现商代青铜器简报》，图4，《文物》1962年第Z1期。

[23] 《花园庄》，图一一一：1。

[24] 邹衡：《夏商周考古学论文集·论先周文化》，页336—338，文物出版社，1980年。

[25] 谢青山、杨绍舜：《山西吕梁县石楼镇又发现铜器》，图四：右上，《文物》1960年第7期。

[26] 郭勇：《石楼后兰家沟发现商代青铜器简报》，图2，《文物》1962年第Z1期。

[27] 吴振录：《保德县新发现的殷代青铜器》，图一六，《文物》1972年第4期。

[28] 郭沫若：《中国古代社会研究》，页265，科学出版社，1960年。

[29] 邹衡：《夏商周考古学论文集·关于夏商时期北方地区诸邻境文化的初步探讨》，页280—281，文物出版社，1980年。

[30] 关于锶同位素、氧同位素测定与分析，详见何毓灵：《亚长之谜——殷墟贵族人骨的秘密》，页232—235，云南人民出版社，2021年。

[31] 河南省文物考古研究所、周口市文化局：《鹿邑太清宫长子口墓》，页209—210，中州古籍出版社，2000年。

[32] 河南省文物考古研究所、周口市文化局：《鹿邑太清宫长子口墓》，页210，中州古籍出版社，2000年。

[33] 河南省文物考古研究所、周口市文化局：《鹿邑太清宫长子口墓》，页187，中州古籍出版社，2000年。

[34] 查商代甲骨文和金文、西周金文，皆无"张"字，现知最早的"张"字，

见于战国时期，字从长从弓，或从长从丝。如九年将军张戈铭文（17.11325B，17.11326B），廿年距末铭文（总集10.7823）。资料参见董莲池编：《新金文编》中册，页1771—1772，作家出版社，2011年。

[35] 王明辉、杨东亚：《M54出土人骨的初步鉴定》，《花园庄》附录一；何毓灵：《亚长之谜——殷墟贵族人骨的秘密》，页228—230，云南人民出版社，2021年。

十 遗玉、改玉、假玉与文化传承和交流

殷墟花园庄 M54 出土玉石器，绝大多数是晚商产品，但其中也有少数玉器的制作时间很可能早于晚商，是前代遗玉，也有个别玉器是旧器改制品。除了软玉制品，还有类玉美石制品——假玉，其原产地或在中原或在江淮。

（一）玉琡 314

B 型玉琡 314，（图 4-2：4，图版一九：1）材型 Np Ⅱ C1。其中孔单面管钻，剖面呈梯形。与同型玉琡相比较，其独特之处是：第一，解料技术欠佳，造成坯料厚薄不匀，留有台阶状切痕（报告说"倾斜沟状凹槽"）；这与其他玉琡的坯料平整规则形成鲜明对比。第二，刃部为四分式分刃；而共存玉琡或为通刃，或为"假分刃"——刃部虽然分段磨出月冠形，但实际上刃部基本还是一条完整圆弧线。第三，刃（下）、内（上）两部分规则对称，即最下面的左右两扉齿之连线恰过中孔中线，刃、内所占份额完全相同；其他同型玉琡则是内大、刃小，即最下面的扉齿之连线在中孔水平中线以下。第四，扉齿有尖锋，起伏度大，富有灵动性；其他同型琡的扉齿为平顶无齿尖，形态呆板，缺乏灵动之气。第五，中孔无领；而同型琡 358、359 均有领。第六，其材质为 Np Ⅱ C1 材型；而通刃琡 315 为 Np Ⅰ B2 材型、359 为 Np Ⅰ B2 材型，分刃璇358是NpⅠB2材型。第七，形体小巧，通径14.9厘米；而其他同型璇的尺寸远超此数（20—22厘米）。

按照荆志淳先生的检测分析，璇314的矿物组成为NpⅡ，属于高铁且通常与蛇纹石化超基岩性伴生的软玉；而其他同型璇的矿物组成为NpⅠ，属于低铁、与镁质大理岩相关的软玉，含有微量蛭石。荆志淳先生认为这样做"虽然不能严格区分阳起石和含铁偏高的透闪石，但是这样的划分显然能较好地反映软玉基本地质类型的差别"[1]。

玉璇314的尺度和形制，比较接近二里头遗址出土的3件同类玉器，[2] 皆为四分刃，中孔较大，内、刃同比。其中84YL6M11:5，直径9厘米，孔径3.6—3.9厘米；75YL6K3:13，直径9.6厘米，孔径5.2厘米；75YL6K5:1，略大于75YL6K3:13。（图10-1）

玉璇314的扉齿，其风格非常接近二里头玉璇，其特征是齿尖突出，连接圆滑灵动。（图10-2）

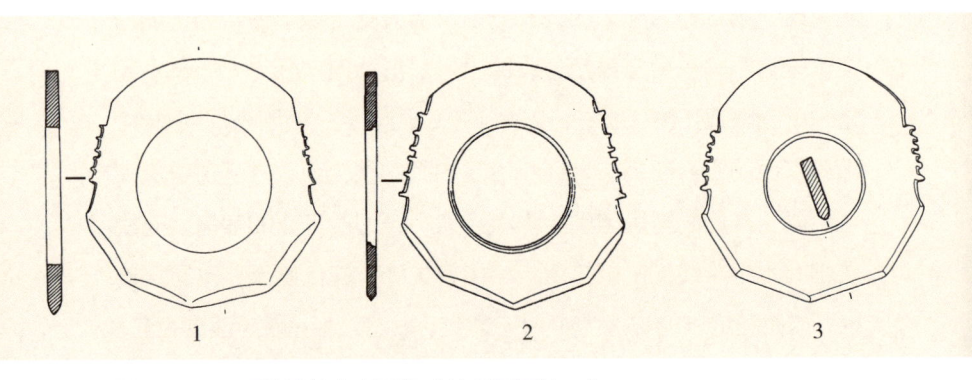

图10-1　二里头遗址出土玉璇（比例尺不统一）
1.75YL6K3：13　2.75YL6K5：1　3.84YL6M11：5

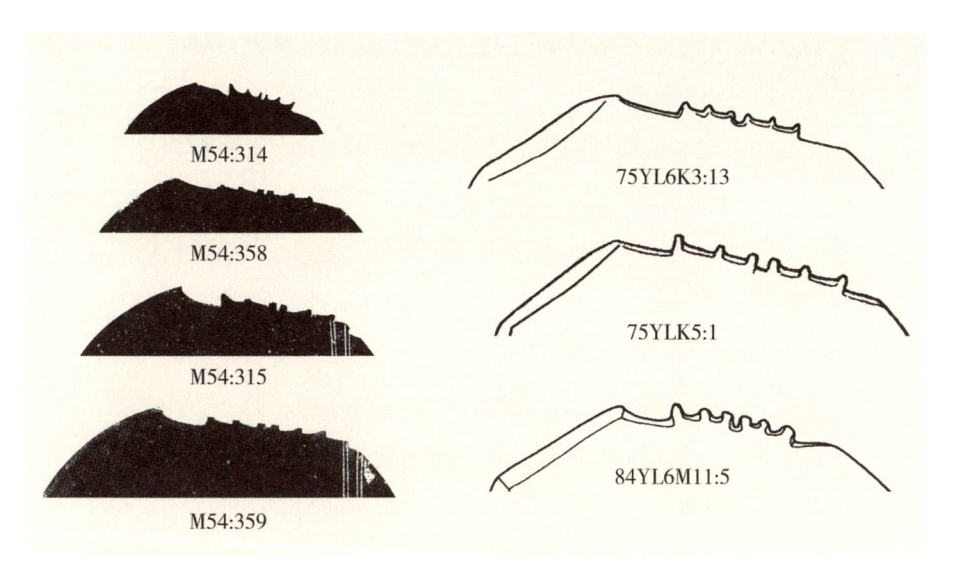

图10-2 M54 B型玉璋扉齿与二里头玉璋扉齿比较（比例尺不统一）
左：花园庄M54玉璋　右：偃师二里头遗址玉璋

殷墟玉璋上面的扉齿，并非装柄时用于捆扎的设施，也非一种纯粹装饰物，而是源自史前时期玉戈上面的神徽之冠冕，有深远的宗教信仰含义。自刘敦愿先生发现出自日照两城镇遗址的山东龙山文化刻有神徽的玉锛之后，此类传世玉器为龙山时代被确认，后来又为新的考古发现所证实。

日本学者林巳奈夫研究认为玉器扉齿（林氏称为"驵牙"，以下采其说）皆来自象征阴阳之"气"的图形，那些象征"气"并加持神鸟或人面神像的图案，附着在戈、斧类玉器上，"推测是表示那些玉器，本身是具有神力的器物，或看做是神寄附其上的器物"[3]。

笔者认为，殷商时期的玉璋驵牙，上承自龙山、二里头文化的玉戉、璋，其原初本象应是神人之冠形，又演化为天神或人王

十　遗玉、改玉、假玉与文化传承和交流　　249

之羽冠形。我们现在看到的玉琡，大多经过精心磨光，很少见到纹饰，但是与之同类的玉玦、斧，常见有雕刻的神人图像。

在山东两城镇遗址出土的龙山文化玉圭（锛）上，雕刻有两幅神人、神鸟图像（姑且称之为神徽），均着介字形冠，两侧有羽翼状冠饰（双翼之变形），形成一个五尖王冠。[4] 江苏溧阳出土的良渚文化玉圭上雕有头戴羽冠的神人像。[5] 台北故宫博物院藏的2件清宫旧藏龙山文化玉圭，其中一件两面雕神徽，一为人面，口露獠牙，一为鸟面，圆目宽喙，皆着五峰王冠；另一件一面雕展翅雄鹰，一面雕鸟面神徽，其王冠之羽毛飞扬飘逸，恰好解释了类似图案中羽翼冠饰之实质。[6] 北京故宫博物院藏的龙山文化玉圭上，雕刻有简化神徽纹样，羽冠高耸。[7]（图6-8）在流失美国哈佛大学福格博物馆的龙山文化玉玦上，也曾发现雕刻有羽冠神像，玦之穿孔恰好作为神徽之口。[8]（图10-3：3）在玉玦上面雕刻神徽，还见于良渚文化。[9]（图10-3：4）

更直接的例证，是2件龙山文化玉琡上面雕刻有神徽：

台北故宫博物院藏有一件龙山玉琡，内前体侧各雕一个神人侧面像神徽，其面部和胸部轮廓自然形成凸饰。[10]（图10-3：2）山西黎城后庄村出土的龙山文化玉琡，内前体侧雕有对称神徽，图案略显抽象，但明显是戴着大羽冠之神人形象。玉琡外廓随神像有凹凸，形成早期之龃牙。[11]（图10-3：1）这2件龙山文化玉琡，揭示了夏商玉琡龃牙的原始状态及其文化含义。

这种具有羽冠的神或王的形象，还见于商代墓葬出土玉雕品。如：

济南大辛庄商墓出土玉雕神像，侧面像，羽冠形象与龙山玉器所见相同。[12]（图10-4：1）殷墟小屯M331随葬的玉雕羽冠

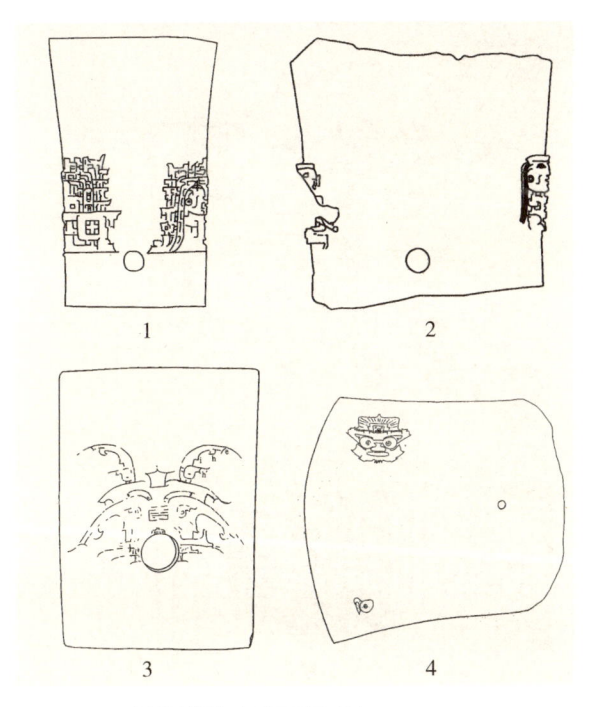

图 10-3　雕刻神徽的史前玉玑玉琮
1. 黎城龙山文化玉玑　2. 台北故宫博物院龙山文化玉玑
3. 福格博物馆玉琮　4. 反山良渚文化玉琮

人头像，侧面像，冠顶有长羽，头侧有羽翼装饰。[13]（图10-4：3）新干大洋洲商墓出土羽冠人物像，正面像，高羽冠，羽翼装饰虽退化但依然可见。[14]（图10-4：2）此外，在殷墟出土殷商玉器中常见带有羽冠的玉雕人物。[15]

　　商代这种玉雕神人，显然上承自龙山时代同类玉器。如山东临朐西朱封龙山文化大墓出土神徽形玉簪首 M202:1，[16]（图10-5：1）陶寺遗址陶寺文化大墓出土玉雕神像 M22:135，[17]（图

十　遗玉、改玉、假玉与文化传承和交流　　251

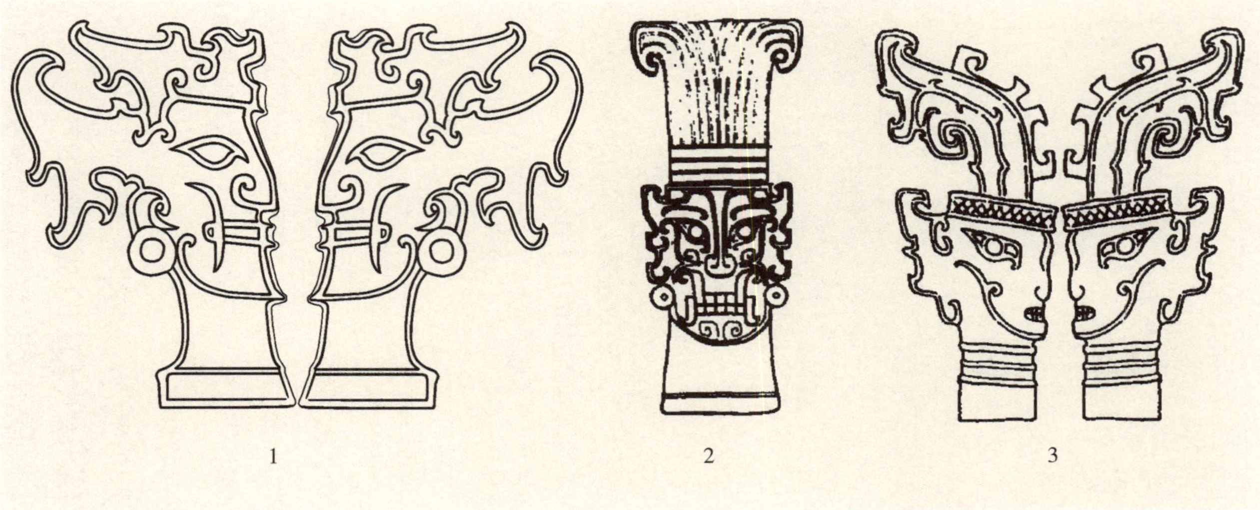

图 10-4 商代墓葬出土玉雕神人像
1. 济南大辛庄商墓 2. 新干大洋洲商墓 3. 殷墟小屯 M331

252　殷墟亚长墓玉石器研究

10-5：2）湖北钟祥六合遗址出土石家河文化玉雕神像,[18]（图10-5：4）陕西长安张家坡西周墓出土龙山文化玉雕神像,[19]（图10-5：3）尽管它们之间在具象或抽象方面互有差异,但皆具备羽冠形象。

我们若将夏商玉琡之龃牙与龙山文化玉器神徽之羽冠顶部轮廓相对比,不难发现它们之间的内在关联性。（图10-6）殷墟王陵区 M2099 出土的一件玉冠饰,上缘布满龃牙,器体雕镂两排勾云形镂空,镶嵌有绿松石片,[20]（图10-7）与山东临朐西朱封龙山文化大墓出土的龙山文化玉簪首如出一辙。陶寺文化大

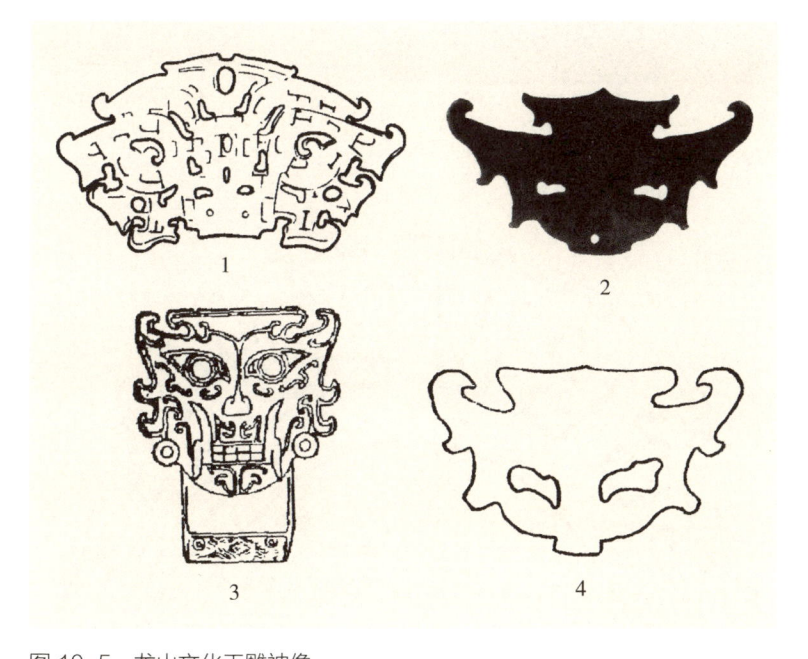

图 10-5　龙山文化玉雕神像
1.朱封 M202：1　2.陶寺 M22：135　3.张家坡 M17：01　4.六合瓮棺

偃师二里头 M4:5

郑州铭功路 M3:4

殷墟铁三 M89:17

殷墟 M54:314

殷墟 M1001R5708

殷墟妇好墓 M5:1070

两城镇玉圭神徽

台北故宫博物院玉圭神徽

临朐西朱封玉簪首

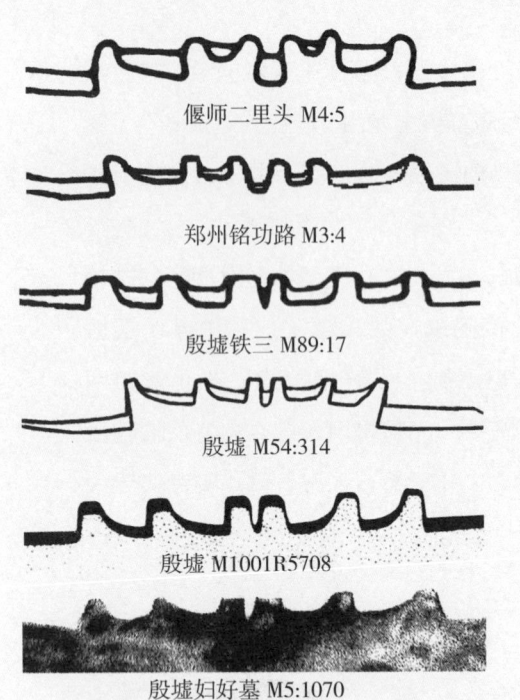

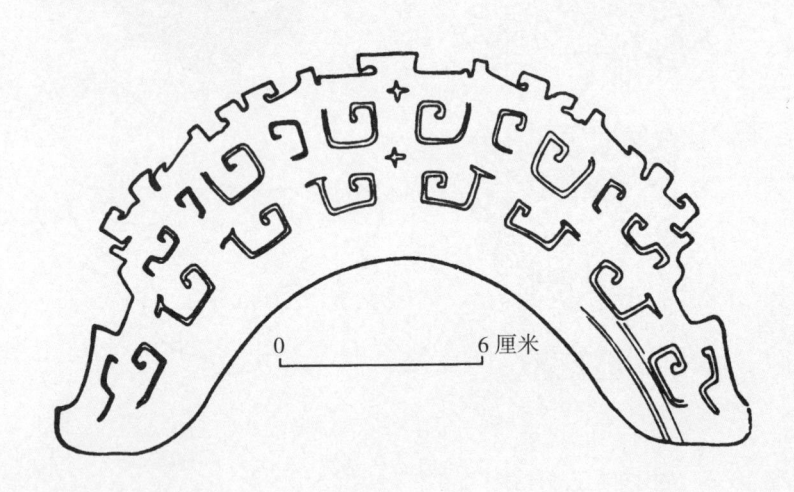

图 10-6　玉琮驵牙与龙山文化神徽关系

0　　　　6 厘米

图 10-7　殷墟 M2099 出土玉冠饰

墓出土的璜形玉佩 M22:131，应是一尊坐状神人像，外缘有呈六尖角形之三个凸饰，与殷商玉戚扉牙形状相同。[21]（图 10-8）就是说，夏商玉石戚上面的扉牙装饰，应该是象征着神徽的存在。[22]

可是，殷商玉匠对于扉牙的原始形态和真正含义，已经不甚明了，其对玉戚扉牙的加工，只是一种技术传承而已。因此，其扉牙的形态较前发生一些变化——虽然依旧是六齿形态，但丧失了神徽羽冠之神态，缺少了宛转起伏，变得更像是人的牙齿状。今人更加缺乏玉戚扉牙的历史知识，所以在修复殷墟出土玉戚时，将扉牙修成了四齿状。[23]（图 10-9）明白了玉器扉牙的来龙去脉，结合从龙山文化、二里头文化到商代玉戚的扉牙发展规律，就会知道 M54 中玉戚 314 的扉牙形态早于殷商时期玉戚扉牙形态，而与二里头文化玉戚比较接近。

综上，M54 出土玉戚 314，应是前代遗玉，很可能属于夏代晚期制品。

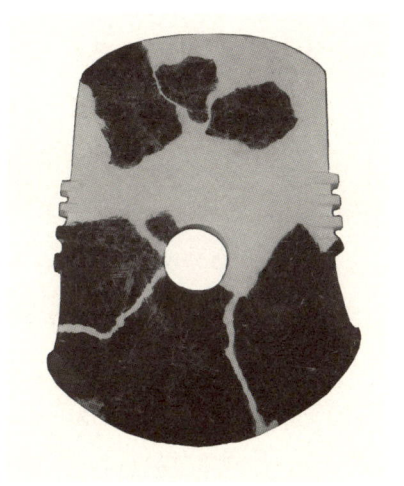

图 10-8　陶寺文化璜形玉饰　　　图 10-9　安阳博物馆藏殷墟玉戚

荆志淳先生曾根据材质、次生变化等，"推测 M54:314 也可能是外来品或传世品"[24]，非常正确，这就是一件传世品，制作年代不早于夏代晚期，不晚于商代早期，至于何时被殷人掌握则不可知。

（二）玉琡 320

A 型玉琡 320，（图 4-2：1，图版二〇：1）器体厚薄不匀，一面有解料时遗留的凹槽。器体两侧扉齿为平顶无锋宽齿状。内部有 2 个圆穿，上孔因器体残断仅剩半圆孔，下孔完整，故与扉齿齐平，孔为单面桯钻。另在体侧近扉棱处有一个单面桯钻小孔，应是原器之孔。

该器解料技术方面的瑕疵，证明其原始制作年代应早于殷商时代。它的玉料材质为 NpⅡC1，与同型玉戚 360 的 NpⅠB2 材型分属两类软玉，而与琡 314 材质相同。戚 360 之材型，恰恰是 M54 最常见礼器用料。

荆志淳先生指出："M54:320 的质地属 C 类（NPⅡ），近红外光谱多元统计分析显示它与同墓出土的其他玉器（包括称为 C3 类的玉管，还有 A 和 B 类器物）的玉料来源不同，因此我们不能排除 M54:320 可能也是当时的一件传世品或外来品。"[25]

现有证据证明，这是一件遗玉，原器器型不明（可能是长条刀），在殷商时期进行了改制。从内部有 2 孔、上孔因内首残断而只剩半孔、下孔完整却与驱牙齐平等现象判断，该器属于两次利用，即旧器改制后，发生残损，又再次加工利用。因此其形制特征为殷商风格。

（三）玉戉 376、375

戉376，（图4-5：8，图版二三：5）器型近似月牙状，刃部明显有凹弧，前锋不太尖锐，援、内之间无明显界限，形体有浑厚感，内部圆穿较小。戉375，援部弯曲下勾，有两面刃，锋尖稍残，援宽内窄。两件玉戉的形制与同墓其他玉戉有所不同。其中戉376甚至就是镰刀的形状，与殷墟大量出土的"小屯石刀"近似，以至于发掘报告在其图七八中将其标注为"玉镰"。而戉375则是镰与戈的中间形态。就是说，这两件玉戉的时代特征偏早，似是遗玉。它们的材质为NpⅠB2，与同墓其他玉戉基本相同。

（四）玉戉 379

A型玉戉379，（图4-4：1，图版二二：4）直刃，铲式。玉料裁制不够规整，器型不甚对称，多显古拙之气。两面刃，两侧亦磨出钝刃，内部有几条阴刻细线。其形制和工艺特征皆指向龙山文化。虽然其材质为NpⅠ软玉，与同墓其他多数玉器相同，但它是遗玉的可能性依然很大。

（五）石玨 367

A型玨367，（图4-2：3，图版二○：4）长条状，两侧各有6个扉齿，扉齿短平无弧锋。内部穿孔两面对钻。从其形状看，与玉玨360相仿而更狭长，其驵牙完全是殷商风格，故为殷商制品无疑。其材料是AtS材型（叶蛇纹石），按照现代标准属于石

十　遗玉、改玉、假玉与文化传承和交流　　257

器,但它被放置在墓主人右大腿外侧,与玉镞364、365、366相伴。因此,该器在其主人看来,应该也是玉器,只是其地位显然不及上述几件真玉琡。

《考工记·玉人》在提到古代用玉制度时说:"天子用全,上公用龙,侯用瓒,伯用将。"《说文》解释说:"天子用全,纯玉也;上公用瑬,四玉一石;侯用瓒,(三玉二石也);伯用埒,玉石半相埒也。"现有考古发现证明,这种所谓的用玉制度,在商代似并不存在。易言之,M54墓主人可能并非有意识地玉、石搭配,而是认定琡367材质为玉。至于为何认定为玉,或是当时的标准如此,或是辨玉人失误。荆志淳先生指出:"叶蛇纹石外表物理特征不同于软玉,一般是不会将蛇纹石误认为软玉,叶蛇纹石是自然界相对分布较广的矿物,因此我们推测M54:367是外来品(非本地风格)或是仿制品(非本地风格或早期风格)。"[26]然而,从其驵牙形制看,该器既非外来品亦非早期风格,而就是殷商制品。

正如荆志淳先生所说:"古人是如何判别软玉,利用什么方法、什么物性和具体的标准,也许我们很难得知详细,但是无可置疑的是辨玉必为一门高知识性的学问和技术,只为极少数人所掌握。"[27]可惜,以我们现有考古材料而言,对于商人为何将琡367判定为玉,实难究明。但当时应该确实知道这种"玉"与其他软玉相比,有所不同,是类玉美石,即假玉。

(六)石珷578

珷578,(图4-4:2,图版二二:5)出自墓底殉葬人

XZ13 身下，为该殉葬人所有。其形制为平首弧刃，浑圆厚重，与殷商时期常见玉戚之直刃、壁薄特点不同。上述造型风格玉石戚常见于长江下游地区史前文化，江苏武进寺墩遗址出土良渚文化玉戚 M3:57 便与 M54:578 形似。[28]（图 10-10）M54:578 的材质为迪开石（DcS），并非软玉，但殷商时期是否认为是类玉美石的"次等玉"，也未可知。该器基本可排除在殷商时期当地产品之外，即属于外来品，且属早期传世品可能性极高。[29]

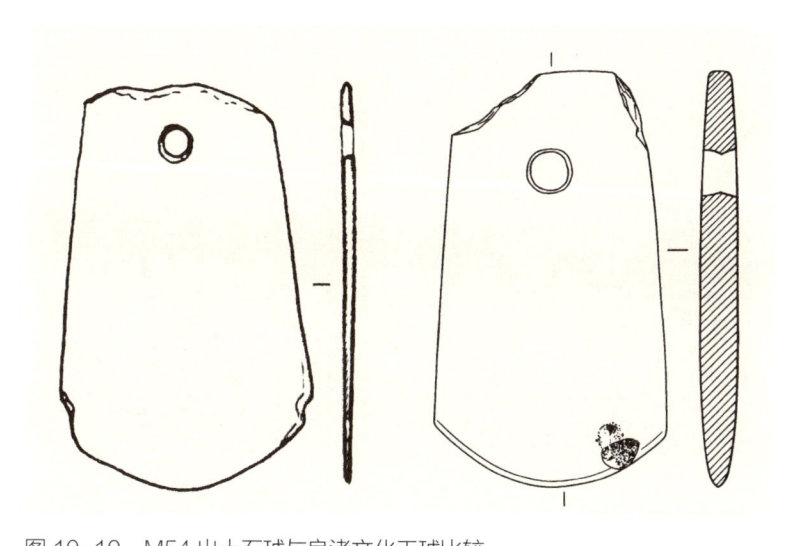

图 10-10　M54 出土石戚与良渚文化玉戚比较
左：江苏武进寺墩遗址良渚文化玉戚 M3:57　右：花园庄 M54 石戚 M54:578

（七）关于 C3 型玉管

荆志淳先生说 M54 中的 C3 型玉管的玉料甚至成品，与 C1 型管（349、320）来源不同。[30] 检阅发掘报告插图，尽管这些玉石管主要集中在墓主人身体左侧，但是也有一部分管游离于他

十　遗玉、改玉、假玉与文化传承和交流　259

处，如发掘报告图七九中，406、407 紧挨右侧盆骨，423、424 在腰部，467、468 则在两大腿之间，而 426、435、436、437、439、442 等分布在棺外（左侧）。图八〇中，486 孤立于墓主人头左前方，481 在头前右方。这样的分布轨迹很难连缀成一个串饰。并且在 C3 型管近旁，有一些很显然可以与 C3 型管连缀成串的软玉管，如挨近 409 的 408，挨近 412 的 410、411，可串联 415、417、419 的 414、416、418、420，可连缀 444、446、448 的 445、447，皆可佐证 C3 型管不会是单纯一种材质的串饰。[31]（图 10-11）

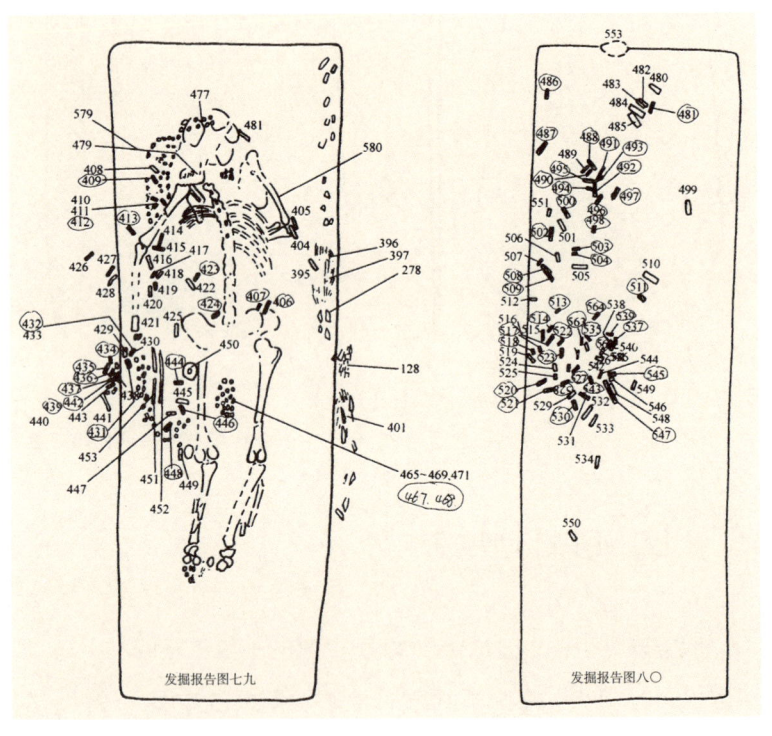

图 10-11　M54C 型管分布图

（八）玉琮

玉琮349，（图4-1：4，图版二〇：3）体形很矮小，四壁微微外弧，器体不是十分规整。此器古拙，加工技术显然不及殷商工艺精湛，与当时流行的素面玉石琮区别明显，而接近妇好墓同类玉琮M5：1244，[32] 很可能是龙山文化遗玉。[33]

（九）玉珑

关于玉珑368、371、327（图4-9，图版二五）的年代和文化属性，荆志淳先生根据其红外光谱特征与其他"A类器物"的质地相同，认为"它们是'红山玉器'的仿制品，而不太可能是'外来品'或'传世品'"[34]。笔者赞同这一观点，希望将来有机会通过微痕观测到的工艺技术特征，对此进一步确认。

附带讨论一下水晶环M54：402，（图4-18）其矿物成分是隐晶质石英，学者推测"它可能就是一般的装饰品，用作手镯。石英和软玉的外观物性（硬度、光泽、透明度等）差别很大，是很易区别，因此商人误认玉髓为软玉的可能性极小"[35]。确实，当时应不会将它与软玉等同。它孤立地出土在棺内南端，离墓主人脚部尚有距离，可见其地位很低，更不会是手镯类饰品。也许，它与北椁室的2件玉箍形器一样，为帐幔上的附件。

M54墓主人对以上几件前代遗玉、旧器改制品、类玉美石（假玉）器的使用，充分证明殷商文化对于中华史前文化的传承是多方面的，玉礼器蕴含的中华文明要素是一脉相传的。

值得注意的是，当时在对上述玉石器的使用方面，存在显著差异。玉瑄314和玉瑄320置于墓主人头部两侧，玉琮在胸部，给予了崇高地位。石瑄367在墓主人大腿部与玉镞为伍。玉玦375、376和玉玦379则屈居墓主人小腿部位。而石玦578只配用于殉葬人XZ13。其中的缘由，现在还难以完全给出合理解释。

遗憾的是，上述玉石器皆未能做有针对性的微痕观测，故不能提供技术特点层面的证据来支持本文观点。它们的来源问题，目前也不能根据矿物成分检测加以判别。将来若有条件，冀望弥补。

注释

[1] 荆志淳、徐广德、何毓灵、唐际根：《M54出土玉器的地质考古学研究》，《花园庄》附录十，页353。

[2] 中国科学院考古研究所二里头工作队：《偃师二里头遗址新发现的铜器和玉器》，图四：3、4，《考古》1976年第4期；中国社会科学院考古研究所二里头工作队：《1984年秋河南偃师二里头遗址发现的几座墓葬》，图九：2，《考古》1986年第4期。

[3] 林巳奈夫著，杨美莉译：《中国古玉研究》，页278，台北艺术图书公司，1997年。

[4] 刘敦愿：《记两城镇遗址发现的两件石器》，图一、图二，《考古》1972年第4期。

[5] 汪青青：《溧阳出土的良渚文化玉器珍品——神人兽面鸟纹圭》，《东方文明之光——良渚文化发现60周年纪念文集》，海南国际新闻出版中心，1996年。

[6] 邓淑苹：《故宫博物院藏新石器时代玉器图录》，图版117、118，台北故宫博物院，1992年。

[7] 周南泉主编：《故宫博物院藏文物珍品全集·玉器（上）》，图版36，

生活·读书·新知三联书店，1996年。

[8]　巫鸿：《一组早期的玉石雕刻》，图㉔，《美术研究》1979年第1期。

[9]　浙江省文物考古研究所反山考古队：《浙江余杭反山良渚墓地发掘简报》，图二六，《文物》1988年第1期。

[10]　邓淑蘋：《雕有神祖面纹与相关纹饰的有刃玉器》，图一四，山东大学考古学系编：《刘敦愿先生纪念文集》，页148，山东大学出版社，1998年。

[11]　引自邓淑蘋《雕有神祖面纹与相关纹饰的有刃玉器》，山东大学考古学系编：《刘敦愿先生纪念文集》，页142，山东大学出版社，1998年；线图采自杨小博等：《山东龙山文化玉器发现与研究综述》，图15：3，山东大学考古学系编：《刘敦愿先生纪念文集》，页55，山东大学出版社，1998年。

[12]　线图资料承山东大学王青教授提供。

[13]　李济：《安阳》，图51，商务印书馆，2017年。

[14]　江西省文物考古研究所、江西省博物馆、新干县博物馆：《新干商代大墓》，文物出版社，1997年。

[15]　中国社会科学院考古研究所编著：《殷墟的发现与研究》，页342，图二〇二，科学出版社，1994年。

[16]　中国社会科学院考古研究所山东工作队：《山东临朐朱封龙山文化墓葬》，图版贰：1、2，《考古》1990年第7期；梁中合：《山东临朐西朱封龙山文化玉器的发现与研究》，图4，杜金鹏主编：《临朐西朱封龙山文化玉器研究》，页12，科学出版社，2015年。

[17]　中国社会科学院考古研究所山西队、山西省考古研究所、临汾市文物局：《陶寺城址发现陶寺文化中期墓葬》，图三，《考古》2003年第9期。

[18]　荆州地区博物馆等：《钟祥六合遗址》，图一九：7，《江汉考古》1987年第2期。

[19]　张长寿：《记沣西新发现的兽面玉饰》，图一，《考古》1987年第5期。

[20]　石璋如：《殷代头饰举例》，《"中央研究院"历史语言研究所集刊》第二十八本下，页631，1957年。线图引自中国社会科学院考古研究所编著：《殷墟的发现与研究》，页349，图二〇九，科学出版社，1994年。

[21]　中国社会科学院考古研究所山西队、山西省考古研究所、临汾市文物局：《陶寺城址发现陶寺文化中期墓葬》，图五，《考古》2003年第9期。

[22]　关于殷墟玉琡扉齿的历史渊源和宗教含义，详见拙稿《说殷商戚琡》，待刊。

[23] 此瑑为安阳博物馆藏品，系 20 世纪 60 年代由清华大学调拨给该馆。原器残碎，80 年代进行修复。后发现修复错误，但为了尊重历史，未予纠正。本资料承安阳博物馆周伟馆长惠供，谨致谢意。

[24] 《花园庄》，页 374。

[25] 《花园庄》，页 371—372。

[26] 《花园庄》，页 371。

[27] 《花园庄》，页 353—354。

[28] 南京博物院：《1982 年江苏常州武进寺墩遗址的发掘》，《考古》1984 年第 2 期。

[29] 除了玉石器中有遗玉，铜器中也有年代早于晚商者。如铜戈 M54:310，援部前端残缺，直援直内，援根饰三角饕餮纹，纹路纤细，无铭文。从其形制和纹饰看，应比本墓常见铜戈年代为早。

[30] 《花园庄》，页 370。

[31] 据荆志淳等《M54 出土玉器的地质考古学研究》表一，C3 型管有 68 枚，从发掘报告《花园庄》图七九、图八〇上查到 65 枚标有位置，3 枚没有查到。

[32] 中国社会科学院考古研究所编著：《殷墟妇好墓》，图版八一：3，文物出版社，1980 年。

[33] 荆志淳先生等认为该器属外来品，是年代久远的旧器。参见《花园庄》页 372。

[34] 《花园庄》，页 372。

[35] 《花园庄》，页 372。

十一　铜器和玉器的双轨制现象

（一）一般现象

考古发现证明，殷商时期存在这样一种社会现象：墓葬随葬品有单独使用青铜器、单独使用玉器、同时使用铜器和玉器三种模式。不同的随葬模式，标志着不同族群的人们在社会地位、职业身份，可能还有宗教信仰方面，各有不同。即便在同一族群里，人们的职业属性虽然基本一致，但社会地位差别很大。

查殷墟甲骨卜辞和铜器铭文资料，当时没有把青铜礼器用作赏赐、进献、交易的记录。商人在祭祀天地神祇、祖先神灵等活动中，青铜容器是作为礼器——容盛"礼物"而存在，装盛在青铜容器里面的牲肉、粟米、酒醴，才是"礼物"。青铜礼器是施礼者身份和权力的象征，不可用作赏赐、贡纳、馈赠、交换等。而玉礼器则主要用作赏赐、进献、贡纳、祭祀，是真正的"礼物"。在当时，铜器更多代表地位和权力，玉器则更多偏向代表地位和财富。铜器和玉器分属两个不同的社会功能体系，即在表达社会功能时实行铜器、玉器双轨制，它们虽有交集却不可互为替代。[1]

（二）M54 双轨制现象

在花园庄 M54，我们可以发现双轨制的两种表现形态。

其一，铜器和玉器同时并用。M54随葬青铜容器40件，就其礼器等级而言，是属于9爵、9觚、8鼎级别；玉石器则有琮、璧、圭、柄、瑗、戈、矛、钺等，涵盖了商代几乎绝大部分玉礼器。这种"铜玉双全"的待遇，彰显了墓主人的较高社会地位——包括政治地位和经济地位。

其二，墓主人随葬的青铜器基本上都放置在棺外，而玉器则基本都放置在棺内。具体讲，鼎、簋等青铜食器放置在椁室北部，爵、觚等青铜酒具放置在椁室南部，各式铜兵器则分置于椁室东、西两面。除了铜弓驸、小铜刀、铜觿、四棱铜器、手形铜器和小铜铃等随身佩挂、使用的小件铜器，没有任何青铜礼器进入棺内。而出自棺外的玉器，都是殉葬人的随葬品。可见，即便是彰显其政治地位的青铜礼器、标志着军事权力的青铜兵器（钺），无论体量大小皆无缘入棺。而玉礼器则环伺墓主人身旁，且依地位高低从头部向身体下部依次排列。（图5-6）

在兵器类中，玉（石）兵的地位要高于铜兵。M54殉葬人XZ13执有玉（石）戉，代表着指挥权——该人是墓底一组警卫人员的首领。这种现象也见于王陵区M1001号大墓，其墓室底部四隅各有2名卫士，手执铜戈；墓室底部中央为卫士首领，手执玉（石）戉。[2]在宗庙建筑乙七基址前的祭祀（车马）坑M20中，居中指挥者持玉戉，两侧武士皆持铜戈。[3]

很显然，铜礼器和玉礼器有着泾渭分明的界限，且无论容器类还是兵器类，玉石器的地位总是高于青铜器。明确了这一点，对于理解玉器的价值很有帮助。

注释

[1] 详论参见拙文《殷墟商墓随葬铜器玉器之"双轨制"现象探析》,《中原文化研究》2022年第3期。

[2] 梁思永、高去寻:《侯家庄・第二本・1001号大墓》,页28,插图十,台湾"中央研究院"历史语言研究所,1962年。

[3] 《北组墓葬》,页2,插图八。

十二　周边墓葬及其与亚长墓关系

在殷墟花园庄东地，除了 M54，还发现其他一些商代晚期墓葬，出土有铜器、玉器和陶器等。

（一）墓葬分布与分区

在花园庄村东，南北长约 150 米、东西宽约 110 米的地带内，发掘出一批商代小型墓葬。按其平面分布，大致可以划分为 6 组：（图 12-1）

第一组，围绕在 M54 北侧，包括 M55、M56、M57、M58、M59、M63、M64、M69 等 8 座墓。

第二组，分布在 M54 南侧，包括 M90、M91、M92、M93 等 4 座墓。

第三组，位于 M54 西南方，包括 M42、M65、M74、M76、M77、M78、M80、M81、M82、M83、M84、M85、M86、M88、M89 等 15 座墓。

第四组，分布在 M54 西北方，包括 M39、M40、M43、M44、M45、M46、M47、M48 等 8 座墓。

第五组，分布在第 4 组北面，包括 M49、M50、M51、M52、M53 等 5 座墓。

第六组，M60，位于 M54 正北方约 100 米处。

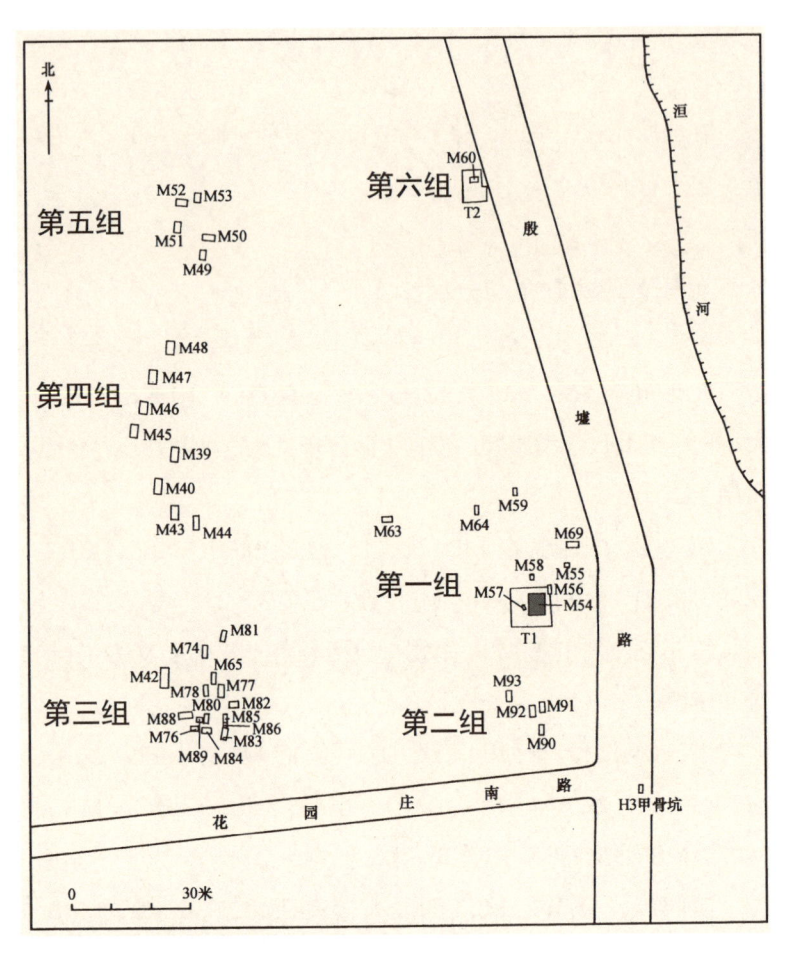

图 12-1 殷墟花园庄东地商代墓葬分布图

（二）出土器物

除了随葬陶器的墓葬，出土有铜器、玉石器、骨蚌器的墓葬包括：

第二组：M90随葬贝2；M91随葬贝6；M92随葬铜铃1、玉柄形器1、贝1；M93随葬贝1。

第三组：M42随葬铜鼎1、瓿1、簋1、爵1、觚1、方彝1、戈4、刀1、锛1；M82随葬铜鼎1；M84随葬鹿角1；M85随葬铜鼎1。

第四组：M40随葬铜镞1；M43随葬蚌泡2；M47随葬铜鼎1；M48随葬铜鼎2、簋1、觚1、爵1、戈1、矛1、镞1、铃1、玉璜2、钩形佩饰1、石珐1。

第五组：M49随葬铜戈1、刀2、玉饰1、石刀1、柄形器3、骨匕1；M52随葬铜鼎1、爵1、锛1、凿1。

第六组：M60随葬铜觚3、爵3（？）、鼎1、甗1、尊1、斝1、瓿1、斧1、刻刀1、骨笄5、磨石3、石纺轮1、蚌纺轮1、玉环1、贝53、卜骨1。（图12-2、12-3、12-4）

（三）墓葬年代

上述6组墓葬的年代，除了M60为殷墟文化第一期早段，其余皆属殷墟第二、三、四期。可见，早在殷墟第一期早段——殷都从洹北迁洹南之前，花东地方即有手工业者存在，应是最早在宫殿区附近从事手工业生产活动的人们。

与M54同属殷墟第二期晚段的有M42、M46、M50、

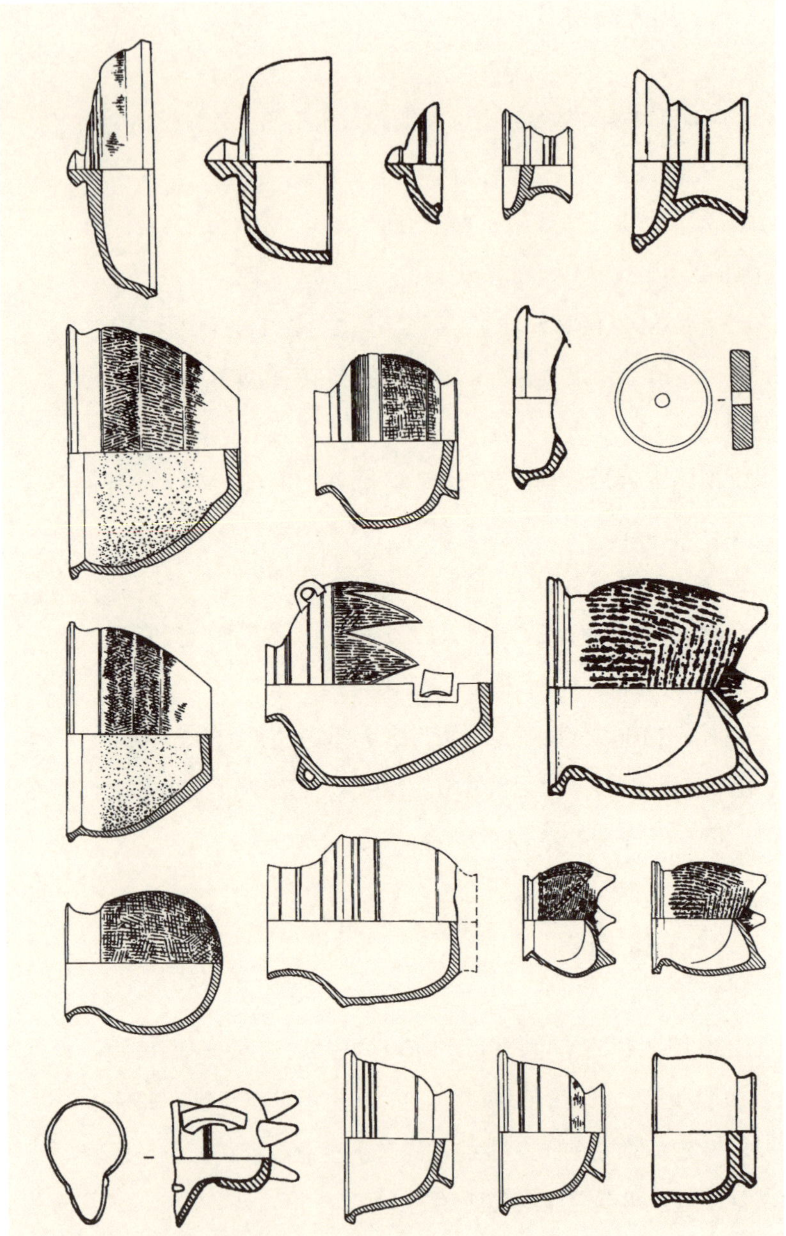

图 12-2　M60 出土陶器（比例尺不统一）

276　殷墟亚长墓玉石器研究

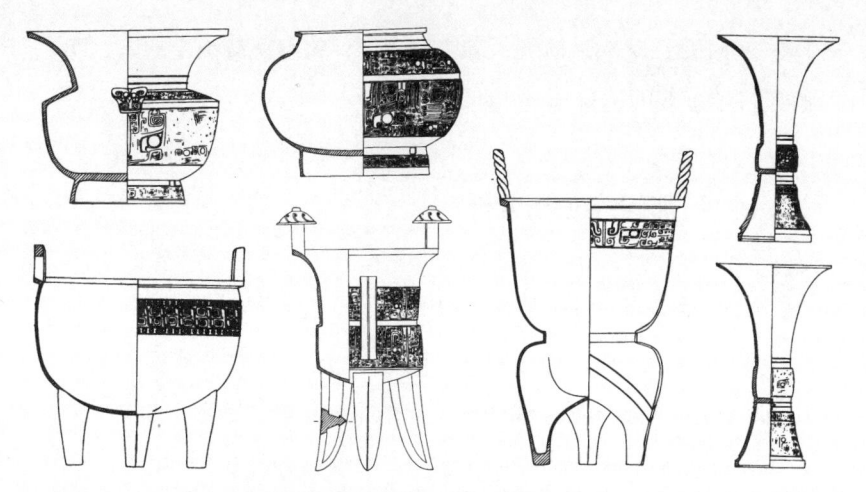

图 12-3　M60 出土青铜礼器（比例尺不统一）

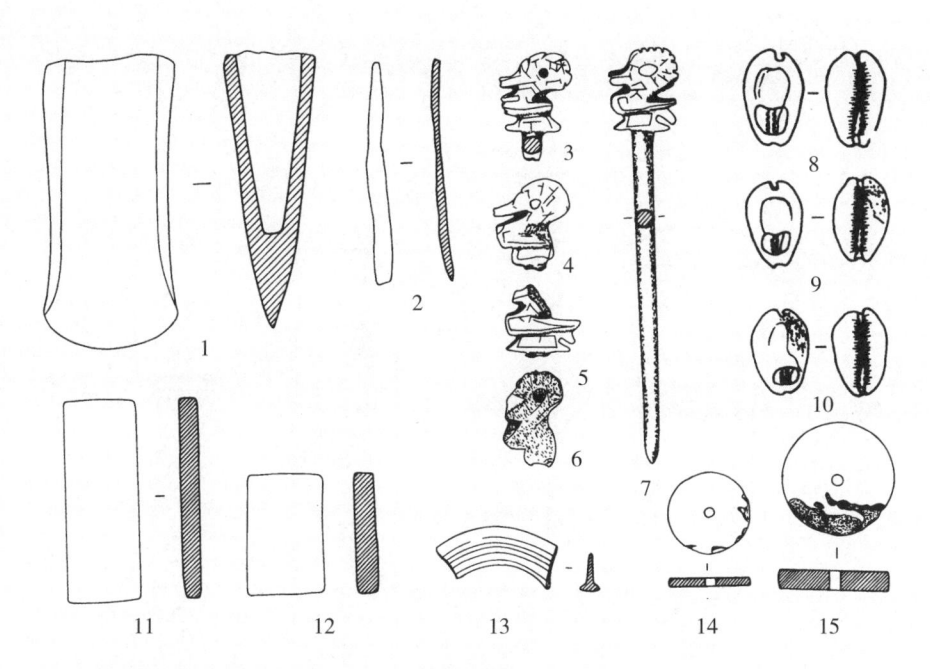

图 12-4　M60 出土玉石、骨、蚌、铜器和贝（比例尺不统一）

1. 铜斧　2. 铜刻刀　3—7. 骨笄　8—10. 货贝　11、12. 磨石　13. 玉环　14、15. 蚌纺轮

M53、M63、M78、M93。除去第六组，每组墓葬都是从第二期晚段开始埋葬的，直到第四期晚段。

（四）职业与族属分析

我们注意到，M60拥有5件骨笄、一套青铜礼器，还有一套手工业工具。此外，它还拥有53枚贝（这在当时当地是一笔不小的财富）。据此判断，墓主人很可能是一位富有的手工业者（工匠或管理者）。其习惯使用骨笄，与当地商族人习俗一致。

除了M60，其他墓葬一概不使用骨笄，这一点与殷墟居民常见的以笄束发习惯不同。当然，在殷墟不使用骨笄和玉石笄的人，也不在少数。

使用玉石柄形器者，只有M92、M49。（图12-5）其中

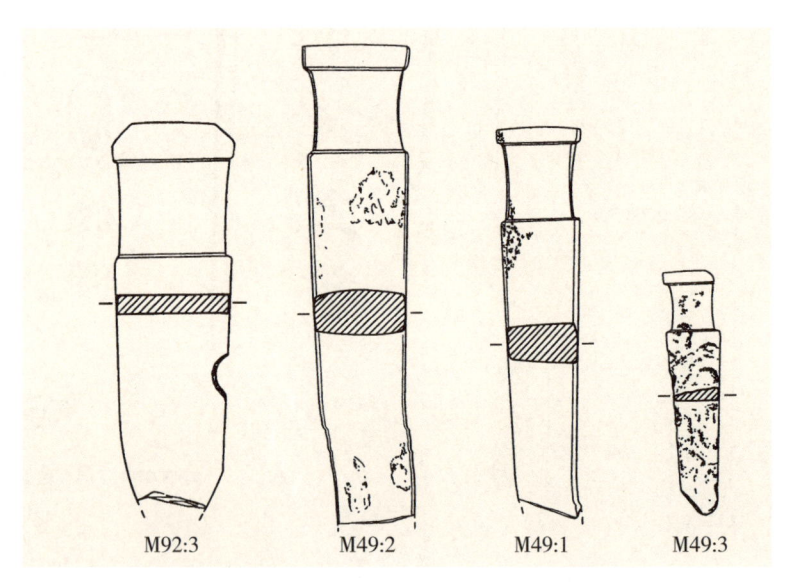

图12-5 殷墟花园庄东地商代墓葬出土玉石瓒玉

M49 居然拥有 3 件石柄形器。随葬玉石柄形器者，竟然都无青铜礼器。很可能这两座墓葬的主人，不是因为具有一定的社会地位或贵族身份而拥有玉石礼器，更可能是因为职业关系将其作为与贝相似的财宝而收藏的。

（五）与亚长墓关系

就空间关系而言，第一组墓葬应与亚长墓有直接关系。

第一组墓葬中，M55 位于 M54 东北，墓圹狭小（1 米 × 0.75 米），屈肢葬，无任何随葬品，发掘者认为是祭祀坑；M56 在 M54 东北角外侧，空无一物，应该也是祭祀坑；M57 在 M54 西侧近旁，无随葬品，发掘者指为小孩奠基墓；M58 为瓮棺葬，在 M54 正北方向附近，骨骸盛装在一个陶瓮中，无随葬品，应该也具祭祀性质；M59 在 M54 北面 20 余米处，无随葬品，发掘者说是小孩奠基墓。M64 在 M54 西北方，女性，无随葬品；M63 在 M54 西北方，是本组墓葬中距离 M54 最远者，男性，无随葬品，但其年代恰与 M54 年代相同；M69 位于 M54 东北方，随葬有陶瓿、爵、盘各 1 件，残玉饰 1 件，贝 1 枚，属殷墟第四期晚段，看起来是正常墓葬。可见，第 1 组墓葬系 M54 附属遗存（可能 M69 除外），为亚长下葬前后的祭奠遗迹。这组墓葬的主人也是花园庄东地商代墓葬中最为贫贱的群体，族属不明。

第二组 4 座墓葬分布在 M54 南面 20 米开外，年代分别属于殷墟文化第二、三、四期。这组墓葬最突出特点是喜欢用贝随葬，且从殷墟第二期的每墓随葬 1 贝发展到殷墟第四期的每墓随葬 6 贝，有越来越富有的趋势。M92 墓底有殉狗腰坑，彰显商族习惯。

该组墓葬很可能与 M54 无关联，但他们占据了 M54 以南的一块地方，因此 M54 附属遗存只得向北布列。

第三、四、五组墓葬，与 M54 有一定距离，它们与 M54 皆无关系。

综上，M54 在当地的存在是比较孤立的，除了从属于 M54 的祭奠性遗迹，并未形成 M54 的家族墓地。

十三 相关问题讨论

（一）亚长墓玉石器研究的优势和价值

1. 优势

花园庄 M54 的玉石材料具有多方面的优越条件，为学术研究创造了良好基础。如：

较高等级的墓葬规格。M54 作为有资格埋葬在商王宫殿区正前方不远处，享有 8 鼎、9 爵、9 觚、7 斝的高级贵族墓葬，其埋葬制度、人牲人殉、随葬器物，是不带墓道的贵族墓葬中规格最高者。

基本完整的单元资料。因历代盗掘，殷墟商墓十墓九空，而M54 幸免被盗，留下一份完整的考古资料，十分难得。妇好墓虽然也未遭盗掘，但当年限于发掘条件，没能严格按照学术规范进行正常的发掘，资料的完整性、科学性甚至可信性都打了折扣。

比较完善的田野发掘。M54 的发掘，虽然经受了种种困难和考验，[1] 但其发掘工作是规范、科学、可信的。这是当时最成功的大型墓葬田野考古发掘之一。

基本完全的科学检测。在整理发掘资料、编写发掘报告的同时，发掘者组织了对该墓出土玉器的科学检测。在无损检测要求的前提下，工作人员对几乎全部标本进行了检测，编制了翔实的检测数据表，并对若干学术问题进行了讨论。这为其他学者研究这批文物奠定了良好基础。

2. 价值

由于M54具有资料完整性、发掘科学性、墓葬等级高、随葬玉器品类较全等特点，因而其对于其他殷商遗存的研究，具有很好的借鉴意义。譬如：

关于妇好墓玉器研究。因历史条件和环境的局限，妇好墓的发掘没能得到所需要的科学发掘和清理，出土文物的空间位置，只能知其大概，器物间相互关系更不可知。因此，对于包括其玉器在内的出土文物的研究受到很大局限。如今，借鉴M54玉器研究成果，可以反思妇好墓玉器研究。如关于玉器分类。妇好墓玉器中的璜、玦（本文"珑"）是否为礼器？22件"纺轮"真的都是工具？所谓"玉镰"真是农具？把"柄形饰"与玉笄一样归入装饰品合适吗？再如器物间的组合关系能否依照M54的例证进行关联探索？墓中玉石器中，是否有一部分归属于棺外椁内8个殉葬人（发掘报告说玉器均出自棺内，可靠否）？

关于乙七基址祭祀坑M20玉器研究。早年发掘的殷墟宫殿区车马坑M20中出土的玉器中，关于其玉璃（现场编号26、59，室内整理统一编号13:88S、13:861，器物登记号R9108:1、R9108:2）究竟是"玙"还是"觹"之争，从M54可以得到解决之钥。

（二）亚长墓玉石器研究的启示

本项研究有几点重要启示值得学界同行借鉴。

1. 考古发掘是学术研究的天花板

人们常把考古发掘与考古研究看成两个不同的学术活动,其实,发掘就是研究的一部分,研究则是发掘的再继续——有深度的科学研究,不仅能发现发掘时的问题,甚至还能纠正当初的错误,相当于二次发掘。没有研究(具有学术意识、课题意识,具有相关知识储备)就不能很好地完成发掘。因此,考古发掘的水平,很大程度上决定了后期研究的水平。在考古现场没有解决的问题,在书斋里就很难解决甚至根本无法解决。

2. 实验室考古的必要性

花园庄M54是在寒冬腊月的冰天雪地中,在田野中开展的考古发掘,而且又值年终迫近,发掘工作陡添极大压力和诸多困难。尽管考古团队克服种种困苦,努力按照学术规范进行发掘,但是恶劣的环境、短促的时间,不能允许发掘清理工作尽善尽美,以至于我们今天做相关研究时,还是感觉多有缺憾。如果当时有实验室考古的意识,把主要精力花在完整提取而不是现场发掘上,不仅会为后来的发掘提供优良条件,发掘清理工作会更加科学精细,发掘结果会更加圆满,而且还会在文物保护方面做得更加完美。因此,根据发掘对象的保存情况、价值等级、所处环境和任务目标,及时采取措施从田野考古发掘转为实验室考古,是非常必要的。

3. 考古资料务必全面、详细

在编写考古报告时,一切应从研究需要出发,资料务必全面、翔实。切不可为了节省版面、节约出版费,而任意简略。

文字叙述须不厌其烦——要把每件文物的位置、共存关系、保存状况讲清楚，包括器物上的一些细节特征、附着物。不能只是简单描述器型、介绍尺寸。

图表须应有尽有——除了总图，还可以绘制专项图，如按器物种类、组合绘制平剖面图；如有叠压，再分层绘图；必要的统计表，应尽量做全、做细；图、表吻合。

照片要有不同角度，关键点还要局部放大。成组成套器物应有个体照、集体照。

4. 关于多学科结合

对于任何时代的考古发掘成果的研究，我们皆倡导多学科结合研究，这无疑是正确的。只是，这种多学科结合模式，应该以考古学研究为主，且考古学研究先行。如果把这种主次、先后关系搞乱了，就很容易出现"两层皮现象"，即不同学科之间各说各话。以 M54 玉石器研究为例，如果先把考古现象吃透，把出土文物的空间位置、相互关系搞清楚，把文物的类、型、式和形制特点弄明白，将各类器物的组合、功用分析透彻，提出有关的问题，然后其他学科跟进研究，既可节省分析资料的工夫，也可避免走弯路的尴尬。在其他学科充分发挥的基础上，考古学研究再"回头看"，如此形成螺旋上升的研究模式。如果 M54 玉石器研究遵循这个模式，那么玉石器的矿物学检测和分析、微痕观测和分析，针对性就会很高，研究效率也会大大提高。以部分遗玉、改玉为例，如果先运用考古类型学手段判断某些器物的制作年代早于殷商，那么微痕研究时就可以选取这类标本，进行针对性研究，也许很容易就会发现有用的信息。

科技考古的选题,要重视考古学研究成果。已经进行的 M54 玉器微痕观测研究,选取 9 件标本就管形钻具微痕、实心钻具微痕、片状切割微痕、器物边缘微痕、玉琮射部微痕、器物平面微痕、纹饰工艺微痕、镶嵌工艺微痕等 8 个问题,做了观察和分析,归纳说"花园庄 M54 出土玉器的制作主要经由锉磨、抛磨、刮蹭三种工艺成器;包括次要等共十二种工艺"。[2] 无疑,这是一个非常可喜的成绩,但也是很可惜的结果,因为研究者不辨器物制作年代,笼统地分析各种工艺现象,抹杀了不同时代的工艺差别,甚至误导了人们对殷商玉器工艺的认知。

因为缺乏预设学术目标,M54 玉器微痕观测错过了一些十分重要的痕迹观察。如:玉瑊 314 扉齿的观测,没有与其他同型玉瑊扉齿进行比较,未能对时代特征不同之玉瑊扉齿的工艺特征加以总括;玉瓃 363 的观测,如果对中腰凹槽做微痕观测,可以得知该器是否为已经用过的实用器,并找到对于判定其为瓃或珥有关键作用的痕迹证据。

5. 玉器分类的复杂性与科学性

出土玉器的分类问题,是个困扰学者已久的老大难问题。分类的方法,主要有描述型、功能型两种。所谓描述型,就是抓住器物的造型特征进行归类,优点是客观性较强,缺点则是对后续研究用处不大;所谓功能型就是通过分析器物在当时的用途用法进行归类,优点是对后续研究贡献较大,缺点是主观性较强。

殷墟玉石器的分类工作,前有李济先生的描述型探索,即著名的《殷墟有刃石器图说》;后来的研究主要集中在功能型方面,包括发掘简报、报告、论文、专著,几乎都是采用这个分类法。

描述型分类法比较适合发掘资料的整理，功能型分类法比较便于研究利用。

然而在实践中，功能型分类法面临诸多复杂问题。如有的玉石器可以明确判断其功用，有的则不能；有的玉石器并非单一功能，而是身兼二职甚至数职；有的玉石器在不同时间、不同场合的功能不同；有的玉石器在其形体发生残损或经修复、改制后，原有功能会发生变化……。因此，断然判定某件玉石器一定是什么功能性质，往往是冒险的，要说明在某种条件、场合下，其功能属性如何才合适。这也成为有的学者更加偏爱描述型分类的原因。

出土玉石器的分类，应该突破既有思维框架，一切从考古现场实际出发，认真分析其空间位置、与人和物的相关联系，以及其本身的可行性功能，综合研判。本文对M54出土玉石器所做的功能分析，虽然也存在一定或然性，但笔者没有盲从既有学说，力求言必有据，如对玉环、玉珑、玉章、玉鍫、玉瑞、玉缨坠等的功能判别，皆突破一般认知，信心来自对它们在墓葬中的空间位置、相互关系之把握，还有其他考古发现之旁证，也就是坚持和相信科学性。

6. 玉器定名依据

古玉定名，最重要的是应有实证。中国古代玉器名称解释，最早见于《尔雅》，许慎《说文》又有拓展。汉代以来经学家们对于古文献中的玉器名称和用途，有许多解释和阐发。宋代以来金石学家跳脱前人沉溺于书本文字的窠臼，就当时所见古玉器进行了称名研究。现代考古学在中国兴起后，考古学家根据新出土的古代玉器，将古玉称名分类研究提升到崭新高度。如：

1948 年，郭宝钧发表著名的《古玉新诠》，[3] 强调重视和依靠田野考古现场资料，展示了古玉功能、定名研究之新方法。

　　1981 年，夏鼐在其《汉代的玉器》中，就古玉名称和用途的研究方法问题，做出比较详细的阐述。他说："研究古代玉器的名称和用途，主要是两种不同的方法：一种是经生的方法，另一种是考古学的方法。前者由传世的经书中，尤其是'三礼'（即《周礼》《仪礼》和《礼记》）中，找出可能是玉器的器物名，然后依照汉代儒生的注释，结合器物名的字义或字源，推想出古代玉器的形状，例如宋代著《三礼图》的聂崇义（十世纪中叶）将玉璧描绘上几丛蒲草或禾谷便算是蒲璧和谷璧。到了清代末年，古代玉璧出土日多，吴大澂大大改进了这种方法。他是一位有古器物学者倾向的儒家学者，所以他能够根据传世的或新出土的古代玉器，利用实物以考证经书中著录的各种古玉的形状，也便是用'三礼'等经书和汉儒注释以考证玉器实物的名称和用途。""考古学家所用的方法，在这一方面是比较保守的，也便是说，比较谨慎的。它的出发点是发掘工作中所遇到的玉器。他们根据这些玉器在墓中或地层中的位置，以及它们的形状，然后参考传世品的玉器；他们又搜集文献资料中有关的记载，先考定这些记载的史料价值，然后把它们同实物相结合，最后可以定名的加以定名，并推测它们的用途。现下不能确定的，暂且存疑，不作结论。"[4]

　　1982 年，在《商代玉器的分类、定名和用途》中，夏鼐利用妇好墓玉器资料，从考古学角度论述商代玉器的分类、定名和用途问题。他倡导说，古玉研究之科学方法"应改而采用考古学的方法，充分利用现已由考古发掘所累积的大量资料。我们的出发点是发掘工作中出土的玉器，然后再参考传世品和文献。可以定名的，即用古名，如果古名找不到，可以取一个简明易懂的新名。用途不能确定的，可以暂且存疑，不作决定。用这种方法研究古玉，虽然已做的工作还不多，但是方向是正确的，前途很有希望"[5]。

夏鼐的观点在中国考古界有极大影响。但是，他显然忽略了一个十分重要的东西，就是商代玉器定名，可以从殷商文字中寻找帮助。李济也曾说："若照吴大澂所引《尔疋》的解释，我们就可以承认'璧''环'和'瑗'在周以前早就形成了！但甲骨文字中显然并没有这些名称。""这些内部宽窄不同的大小圈圈，殷周叫作什么名字，现在尚无切实的考证。它们大概尚有若干实用，可能古器物学家习用的这些学名都是周代所订的。"[6] 显然，当时李济先生也没有找到（或认识到）甲骨文的支持。

其实，讨论殷墟玉器名称和功能之最直接、最权威的依据，就是商代甲骨文和金文材料。本文力图从殷墟甲骨卜辞和铜器铭文中寻找相关玉器的功用和名称记录，结果是成功和可喜的——甲骨文、金文中不但有璧、琡、珐、珴、琮、珑、璋、矢、笄、磬及牙璧等玉石器名字，甚至还记录了它们的功用。

7. 玉石不分家

现在学术界有种现象，在研究出土玉器时往往不理会共存石器，更不会关注同存的青铜器、骨蚌器、竹木器等，只是单纯地分析玉器。这种做法不可取。

郭宝钧先生曾经指出："吾人今日研究古玉，非专以矿物学眼光，分辨其为钙盐钠盐，或闪石辉石，或白焰黄焰，亦非以礼经家眼光，专辨其纯杂尊卑，三玉二石或四玉一石；而系以历史眼光，研究其形制用途，与工艺文化之进展，故于石器时代遗存之器型，皆认为当时玉器可能有之器型，其实际质料，纯玉可也，似玉次玉可也，即四石一玉，或纯为美石，亦无不可。只视其工艺形制，足以反映制造含意者，即为吾人研究之对象，故凡石器遗存，皆可作玉器观也。"强调玉器不可与石器分割开来研究。[7]

李济先生则指出，玉石礼器所用原料属于比较珍贵的"美石"，包括现代科学意义上的软玉和类玉美石，"一般地说来，中国古代所说的玉，大约包括一切可以磨光发亮而带温润的石质以及若干带有颜色的宝石，蛇纹岩、水晶、青晶石以及变质的大理石等，在早期都可当作玉看待；符合科学定义的真正'玉'，只构成了中国古玉之一种"[8]。所言极是！

这就是说，拿现代科学观点等同古代矿物认知，其实是进入了学术误区。现代地质学对于软玉和非软玉的其他美石，界定是严格和清楚的。但是，古人未必按照同样标准看待玉石，我们也不完全知道古人如何辨别玉、石和区别使用玉、石。因此，在面对本属共存关系的玉器和石器时，我们不能主观地将其分割成两类不相干的器物加以研究。这就是本文把石器纳入玉器行列一并观察分析之原因，也因此把石琡、石玥归入礼器行列。

推而广之，玉石器研究也不可与共存的其他种类器物完全割裂开来进行研究，包括玉石器与青铜器、玉石器与骨蚌牙器、玉石器与竹木器、玉石器与皮革器等。本文的玉瓃、觟鏊、缨坠等，就是超越玉器类本身的研究例证。

8. 微痕观测的前提、目的和方法

在古玉研究中，微痕分析技术的应用越来越普遍。但是，正确运用微痕分析，还存在一定问题。

微痕分析的前提，是要对研究对象的器物类型、制作和使用年代、组合关系进行考古学分析；其目的应是究明技术背后的人与社会；其方法是分器类、分器型、择工艺，进行观察、测量、分析。概括地说，微痕分析的五要素是分型(类型学研究)、断代(制作年代、改制年代)、辨工(治玉工艺分析)、析技(治玉工具和技法)、评艺(评议工艺技术特点和水平)。分型、断代是基础，辨工、析技是手段，评艺是目的。

微痕分析只有这样做，才可与考古学研究紧密衔接，才能充分发挥学科价值。

注释

[1] 本项发掘属于抢救性发掘，来自人为因素的阻力和大自然的磨难，为发掘平添若干困难。当时，笔者作为夏商周考古研究室主任，置身发掘一线，主要负责与市、省两级文物主管部门沟通和协调，以及本单位不同部门人员之间的组织协调，为发掘工作排忧解难。当时正值寒冬腊月，大雪纷飞，寒风呼啸，野外发掘十分不便，但发掘工作一直按照正常程序和规范进行。
[2] 陈启贤、徐广德、何毓灵：《M54出土玉器制作工艺显微痕迹探索》，《花园庄》附录十一，页388—390。
[3] 郭宝钧：《古玉新诠》，《国立中央研究院历史语言研究所集刊》，第二十本下册，1948年。
[4] 夏鼐：《汉代的玉器——汉代玉器中传统的延续和变化》，《考古学报》1983年第2期。
[5] 夏鼐：《商代玉器的分类、定名和用途》，《考古》1983年第5期。
[6] 李济：《殷墟出土的工业成绩——三例》，台湾大学《文史哲学报》1976年第25期；张光直、李光谟编：《李济考古学论文集》，页832—877，文物出版社，1990年。

[7] 郭宝钧:《古玉新诠》,《国立中央研究院历史语言研究所集刊》第二十本下册,1948年。

[8] 李济:《安阳发掘与中国古史问题》,《"中央研究院"历史语言研究所集刊》第四十本,1968年;张光直、李光谟编:《李济考古学论文集》,页811,文物出版社,1990年。

后 记

亚长墓玉石研究缘起。在退休之后,我把研究方向集中到出土玉器研究方面,重点做殷墟玉器研究。这是我此前主持的国家社科基金项目"殷墟妇好墓出土玉器科学研究"的拓展,先从出土玉器名实考订入手,希望最终对于殷商玉文化有比较全面的讨论。在此过程中,亚长墓玉石器研究本是其中的一个小环节,但在实操中,我发现该墓玉器研究不是一篇论文可以承当的,遂改为专著形式,讨论的内容也随之扩展了一些。

我与亚长墓考古的缘分。2000年年初,我所(中国社会科学院考古研究所)安阳工作队在殷墟花园庄进行亚长墓(编号M54)考古发掘。当时,安阳工作队唐际根队长正在国外研修,何毓灵、岳占伟二位同志是主要发掘者。1月15日,我随本所专家组抵达安阳,就亚长墓发掘和文物保护与发掘团队进行了现场讨论。在专家组离开安阳返京之后,作为本所夏商周考古研究室主任,我留在了安阳工作队,主要协助徐广德领队做些内外协调工作,同时密切关注考古发掘现场文物保护工作。我在安阳逗留了两周,与安阳工作队诸位先生共同面对风雪严寒,直到春节前一天方才回京。也正是因为有此经历,我对亚长墓考古发现比较关注。只是,我认真研究亚长墓出土玉器,已是发掘结束20年之后了。

写作历程。本书于2022年12月23日拟题,2023年4月9日完成初稿，2023年6月16日完成定稿。本书写作中，我大部分时间于海南闭门写作，完成了初稿，归京后虽因身体原因大大滞缓了书稿的修订速度，但为了按时提交书稿，还是尽力推进书稿终定工作，在合约规定时间内交稿。虽然看起来写作时间不长，实际上此前从事的一些殷墟玉器研究为此奠定了较好基础。

致敬。对于殷墟花园庄M54主人"亚长"，笔者满怀敬意和歉意！他是一位非常了不起的历史人物，对于商王朝有着极大贡献。可惜，我们从甲骨卜辞等文献中很难寻觅到他的事迹，太史公著《史记》也未能将他写进历史中。在他入土归安3000多年后，我们还要惊扰他的神灵（虽然是与盗墓贼斗争下的无奈之举）。但愿笔者的小书，能为他争得一些历史地位，让华夏人民永远记得这位功勋人物！

致谢。首先感谢参与亚长墓发掘的所有工作人员，是大家的辛勤劳作，换来了一批无比珍贵的考古材料。本项发掘的重要参与者何毓灵先生给予了诸多帮助，惠予作者以观摩出土文物之便利。同时，还要感谢国家文物局和河南省文物局有关领导对于本项发掘的理解和支持。

大象出版社副总编张前进先生、编辑室主任管昕女士，高度重视本书编辑出版，并为之付出了极大努力。本书责编李小希女士，以其精到的业务能力和高度的热情，为本书增色许多。与他们的合作，始终是愉快和幸福的。

在本书写作过程中，我的助理马文芳女士帮助做了不少工作。

图版来源。本书图版分别采自：中国社会科学院考古研究所编著《安阳殷墟花园庄东地商代墓葬》，科学出版社，2007年；中国社会科学院考古研究所编著《安阳殷墟出土玉器》，科学出版社，2005年；古方主编《中国出土玉器全集·5·河南》,科学出版社,2005年;何毓灵著《亚长之谜——殷墟贵族人骨的秘密》,云南人民出版社,2021年;作者现场拍摄。

杜金鹏

记于北京官书院

2023年7月16日

图版一　殷墟花园庄 M54（亚长墓）冒雪发掘场景

图版二　殷墟花园庄 M54 随葬品出土现场

图版三　殷墟花园庄 M54 棺椁内随葬品（自北向南拍摄）

图版四　殷墟花园庄 M54 棺椁内随葬品（自西向东拍摄）

图版五　殷墟花园庄 M54 墓室南部随葬青铜器和玉石器

棺内北部（墓主人头部）玉器

棺内北中部（墓主人头部至腰部）玉器

图版六　殷墟花园庄 M54 棺内随葬玉器

玉瑂 358、玉瑗 360 出土状况（自西向东拍摄） 　　玉瑂 320、玉圭 322 出土状况

图版七　殷墟花园庄 M54 玉瑗、瑂、圭出土状况

图版八　殷墟花园庄 M54 墓主人腰部随葬玉器（玉熊、玉鹅、玉珑）出土状况

棺内玉器出土状况

棺内玉石器出土状况

图版九　殷墟花园庄 M54 棺内玉石器出土现场

棺内玉石器出土状况（自西向东拍摄）

墓主人胸部随葬玉器出土状况

图版一〇　殷墟花园庄 M54 玉石器出土现场

棺内南部（墓主人腿部）玉石器分布情况

墓主人右腿部随葬玉石器出土状况

图版一一　殷墟花园庄 M54 墓主人腿部随葬玉石器（一）

009

墓主人左腿部玉玦 371 和玉璜 370

墓主人右腿部玉璜 380 和玉玦 379、骨章 378

图版一二　殷墟花园庄 M54 墓主人腿部随葬玉石器（二）

出土文物清理　　　　　　　　　　出土文物提取

图版一三　殷墟花园庄 M54 出土文物清理和提取现场

本书作者（左三）和安阳工作队徐广德领队（右三）与武警在发掘现场合影

安阳工作队保卫干部崔良生与武警在发掘工地研究工作

图版一四　殷墟花园庄 M54 发掘者与负责保卫工作的武警官兵

殷墟花园庄 M54 墓主人遗骸（实验室内复位）　　殷墟花园庄 M54 墓主人骨骼创伤痕迹

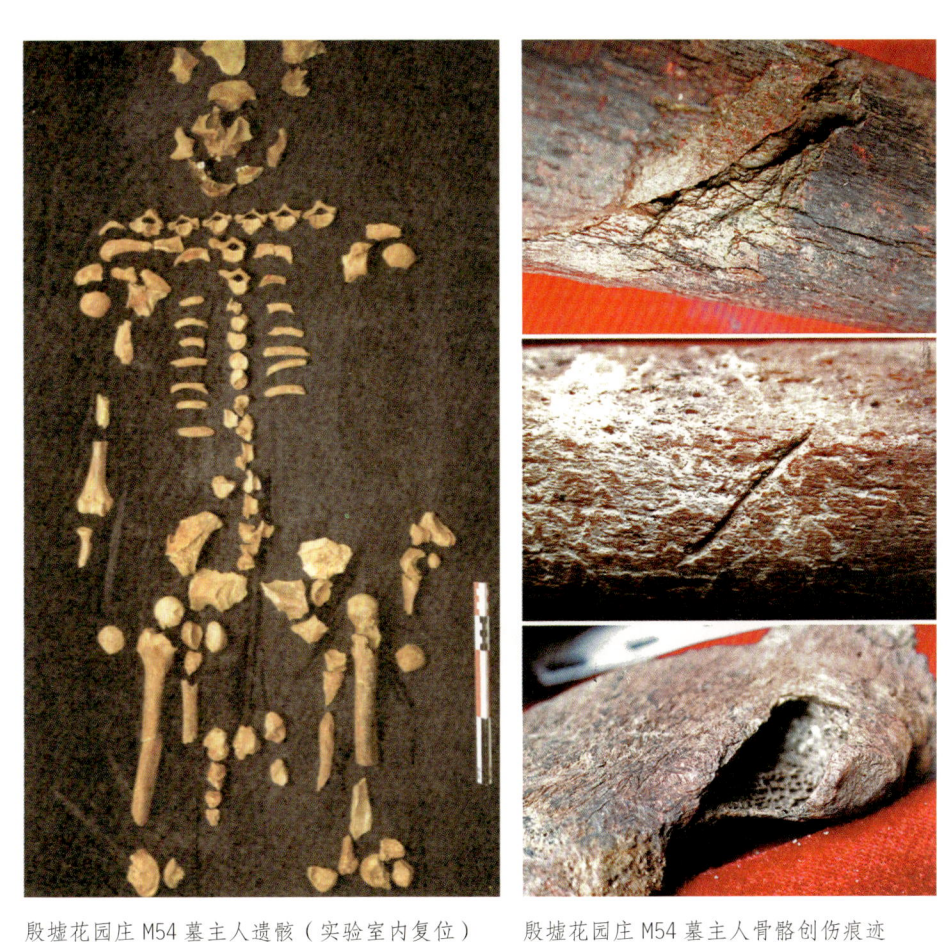

图版一五　亚长遗骸

图版一六　殷墟花园庄 M54 出土青铜方斝 M54:43 及其铭文

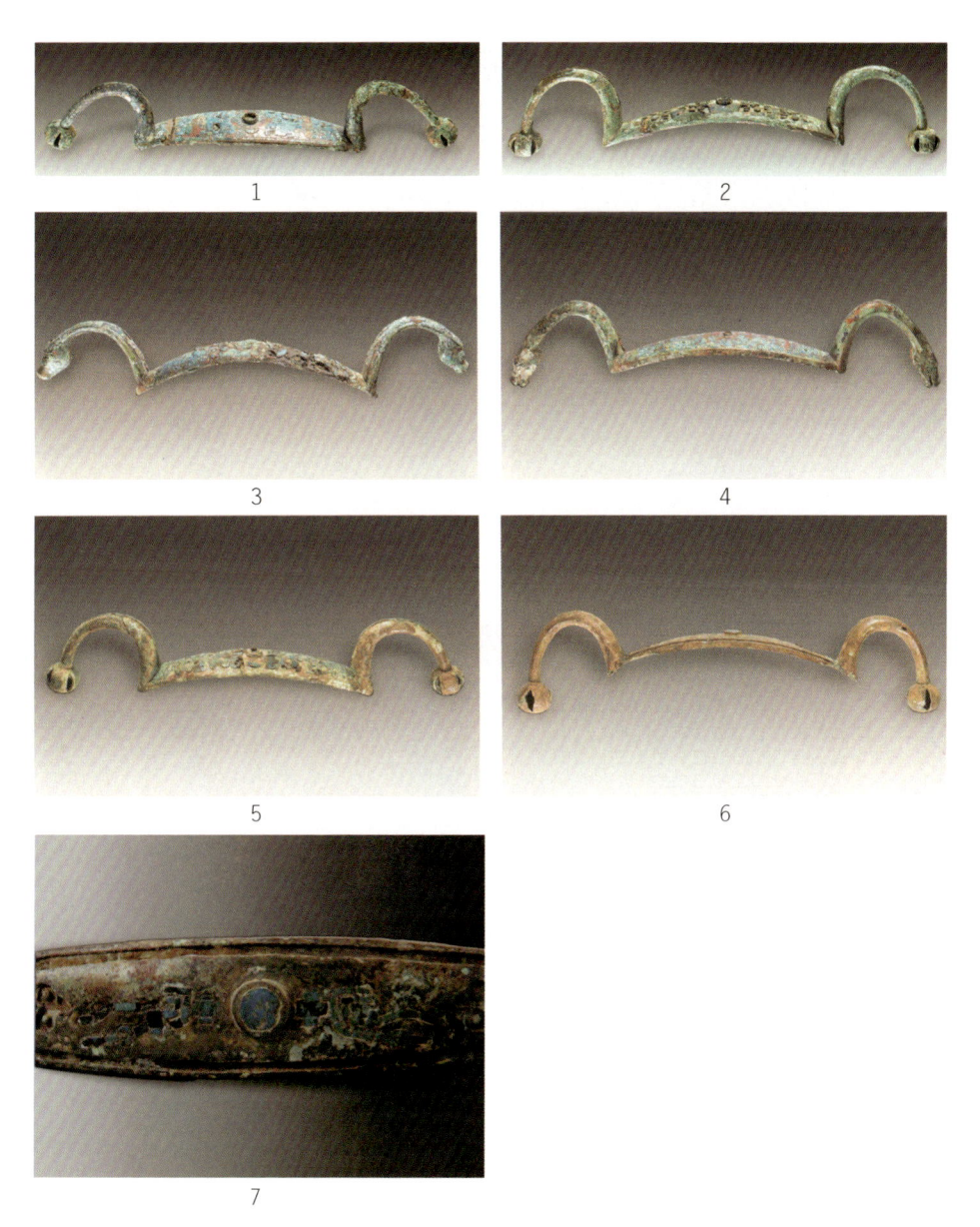

图版一七　殷墟花园庄 M54 出土铜弓䣙

1.M54:203　2.M54:280　3.M54:348　4.M54:286　5.M54:303　6、7.M54:393

铜觿 M54:295

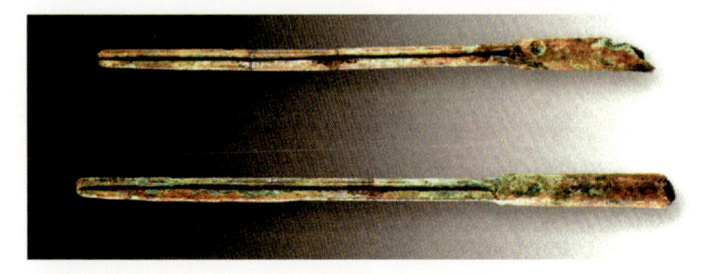

铜锥形器 M54:452、451

铜马头刀 M54:300、373

环首刀 M54:301

图版一八　殷墟花园庄 M54 出土青铜器

1

2

3

4

图版一九　殷墟花园庄 M54 出土 B 型玉瑗
1.M54:314　2.M54:315　3.M54:358　4.M54:359

图版二〇　殷墟花园庄 M54 出土玉石瑑、琮

1、2.A 型 1 式瑑 M54:320、M54:360　4.A 型 2 式瑑 M54:367　3.玉琮 M54:349

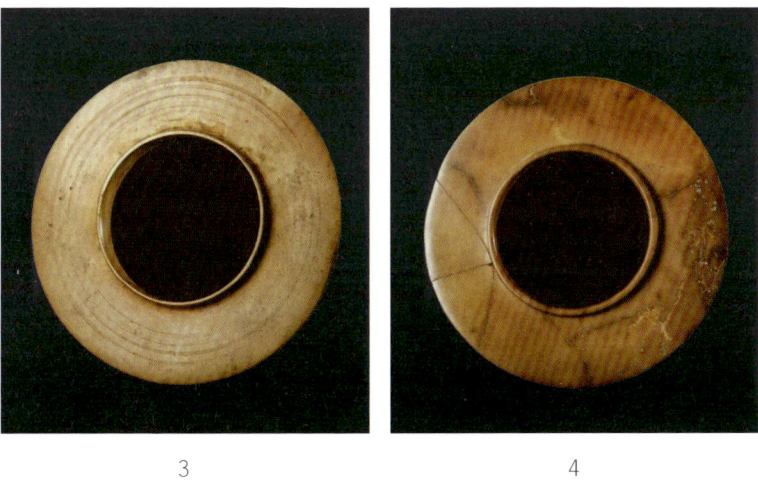

图版二一　殷墟花园庄 M54 出土玉璧、章

1、3、4.玉璧 M54:352、M54:361、M54:356　2.长方坠饰（残章）M54:362

图版二二　殷墟花园庄 M54 出土玉圭、玦、笄

1.1 式圭 M54:322　2.2 式圭 M54:388　3. 笄 M54:399　4.A 型玦 M54:379
5.B 型玦 M54:578

图版二三　殷墟花园庄 M54 出土玉珑

1.M54:357　2.M54:464　3.M54:313　4.M54:309　5.M54:376　6.M54:351

图版二四　殷墟花园庄 M54 出土玉矛、玉矢

1、4、5. 玉矛 M54:268、M54:463、M54:148　2、3. 玉矢 M54:365、M54:366

1

2

3

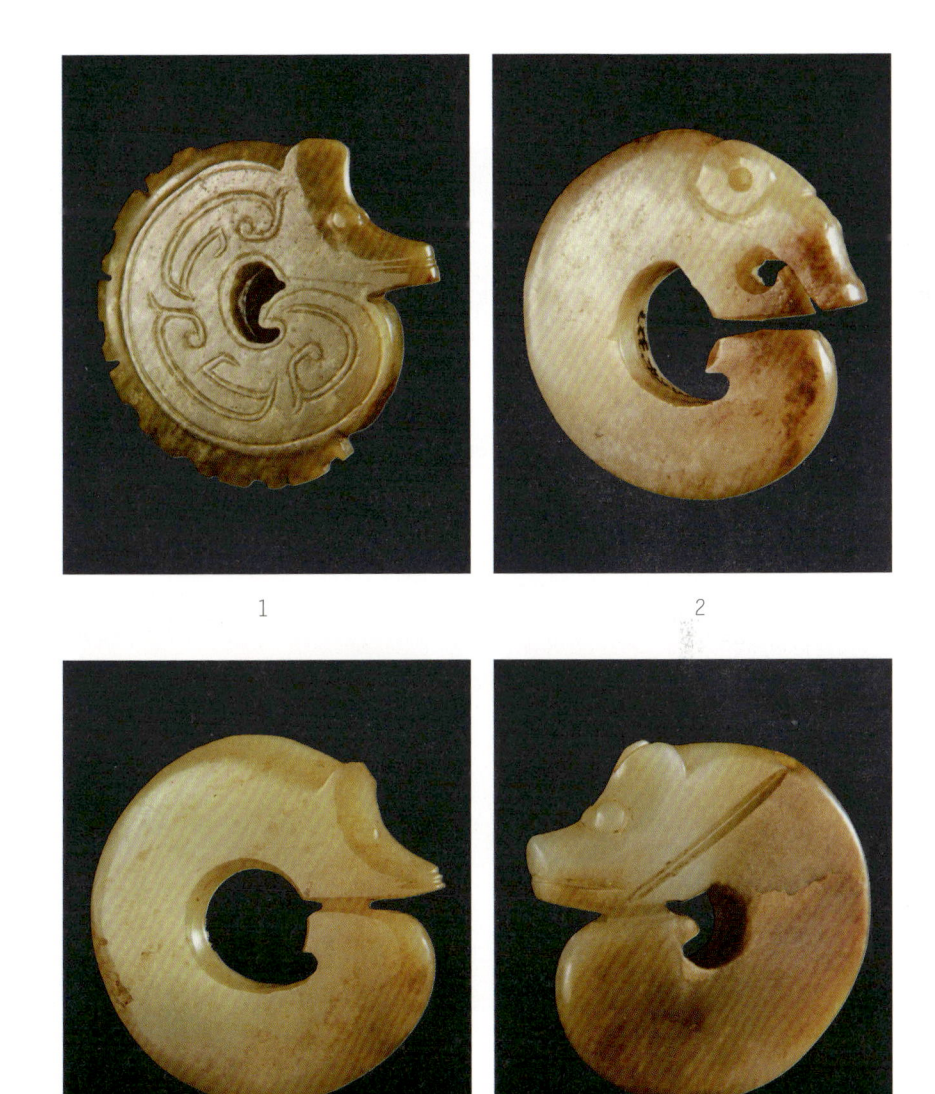

4

图版二五　殷墟花园庄 M54 出土玉珑
1.M54:450　2.M54:327　3.M54:371　4.M54:368

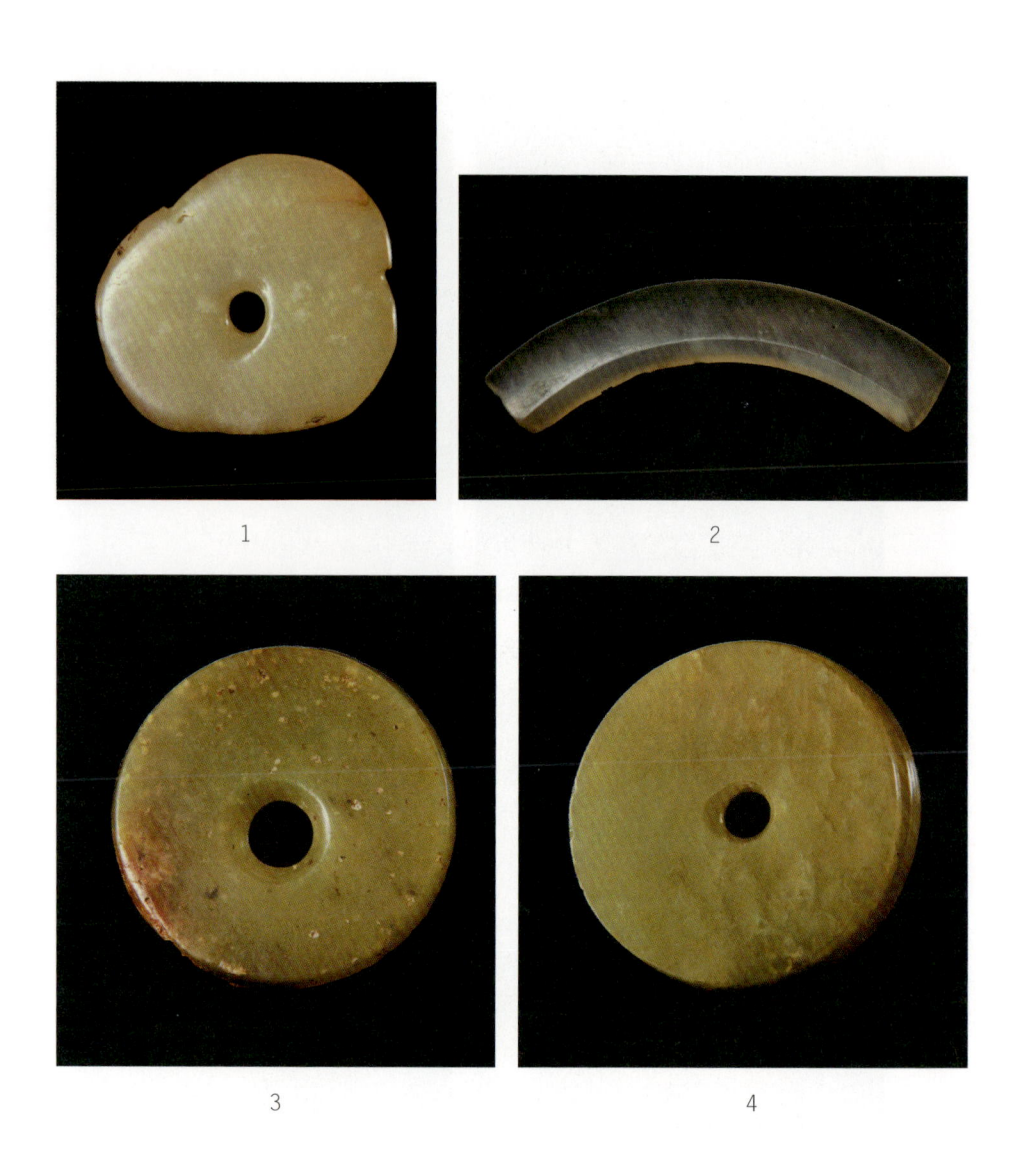

图版二六　殷墟花园庄 M54 出土玉牙璧、玉璋、水晶环
1. 牙璧 M54:340　2. 水晶环 M54:402　3、4. 玉璋 M54:328、M54:372

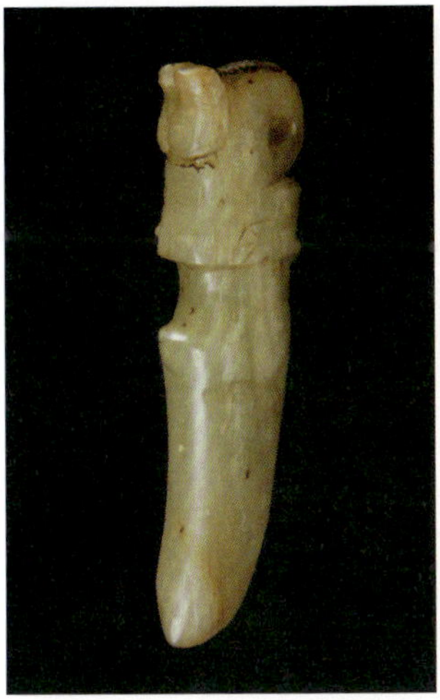

1 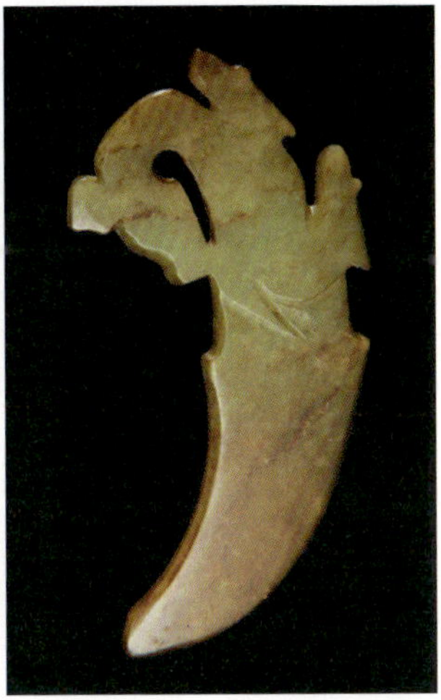　　　　　　　　　2

3 　　　　4 　　　　5

图版二七　殷墟花园庄 M54 出土玉璜
1.M54:347　2.M54:370　3.M54:363　4.M54:325　5.M54:380

图版二八　殷墟花园庄 M54 出土瓒玉和玉玠
1. 瓒玉 M54:386　2. 玉刻玠 M54:354　3. 玉玠 M54:382

图版二九　殷墟花园庄 M54 出土玉坠饰
1.M54:326　2.M54:343　3.M54:341　4.M54:342

1

2

3

4

图版三〇　殷墟花园庄 M54 出土玉缀饰和玉插饰
1、2.玉缀饰 M54:377、M54:401　3、4.玉插饰 M54:387、M54:388

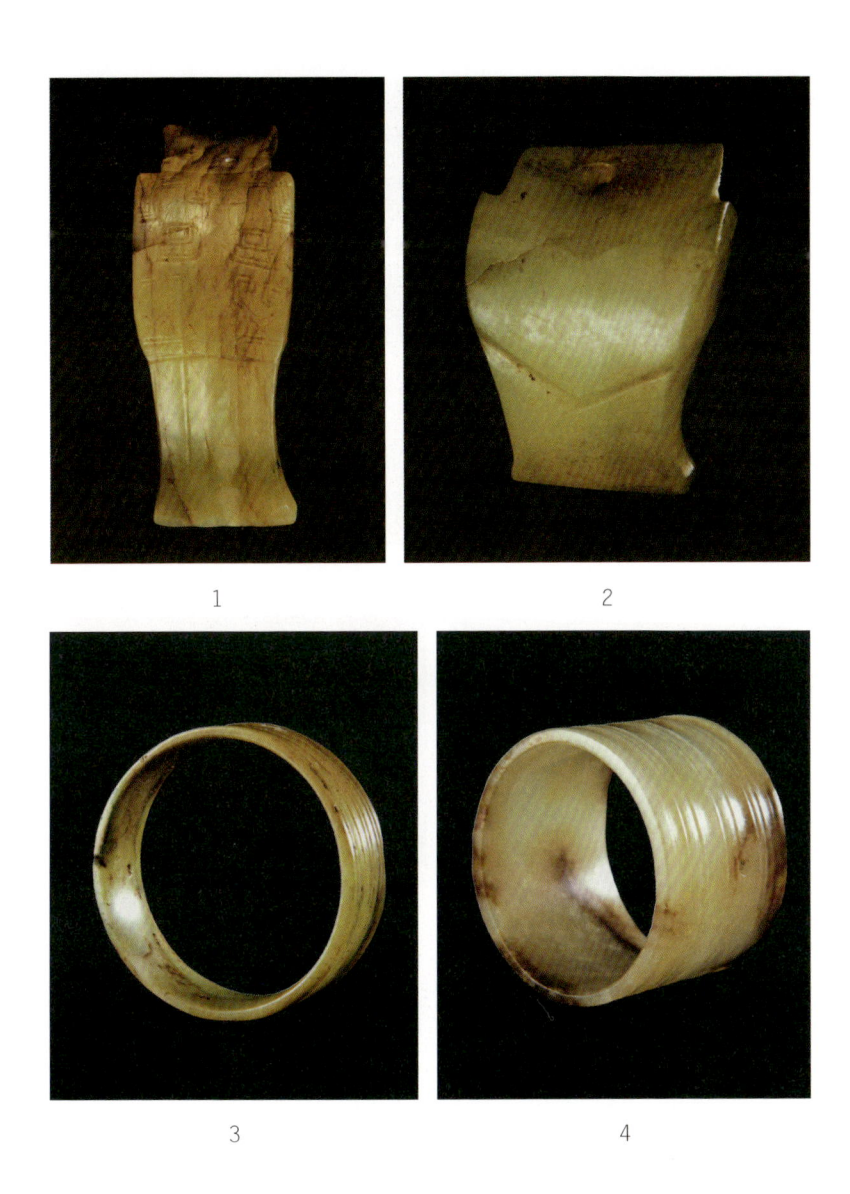

图版三一 殷墟花园庄 M54 出土玉器鋬、箍形器
1、2. 器鋬 M54:394、M54:595 3、4. 箍形器 M54:160、M54:159

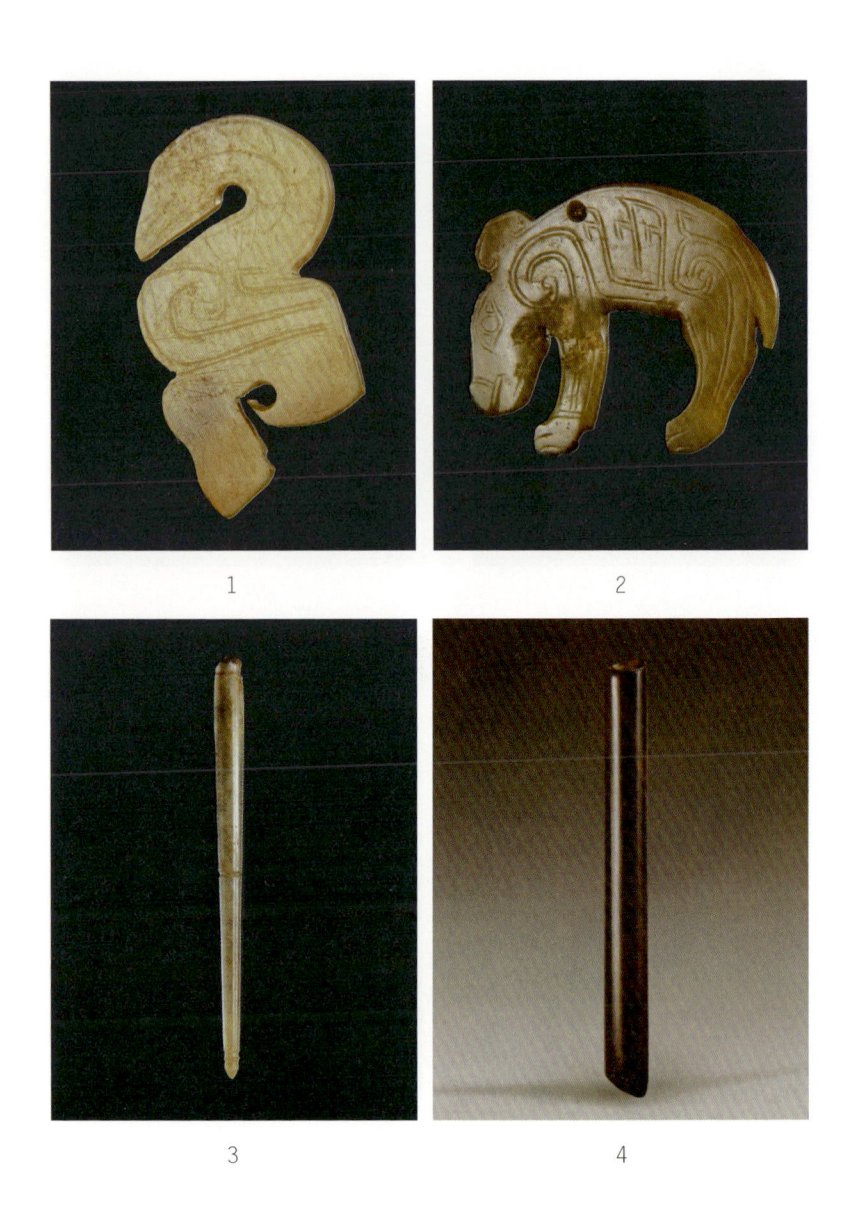

图版三二　殷墟花园庄 M54 出土玉鹅、玉熊、玉笄和玉管
1. 玉鹅 M54:353　2. 玉熊 M54:350　3. 玉笄 M54:399　4. 玉管 M54:547

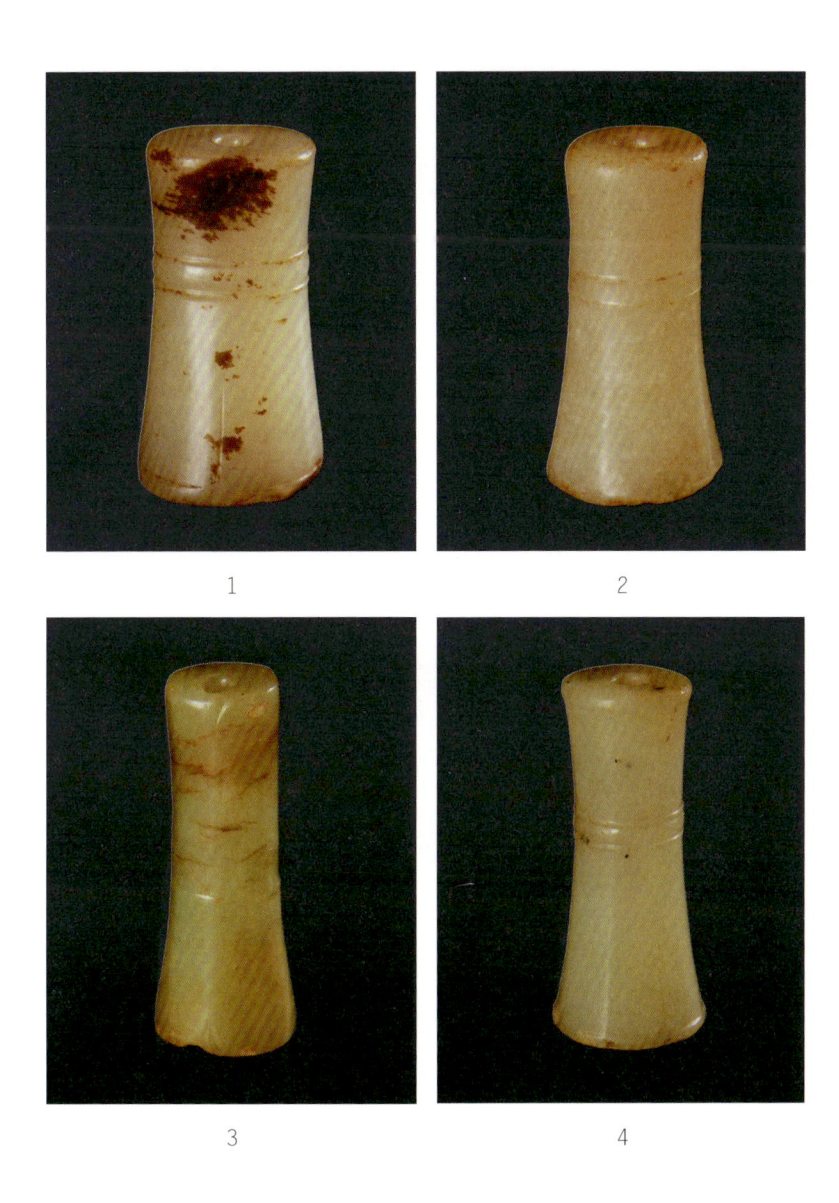

图版三三 殷墟花园庄 M54 出土戈缨玉坠
1.M54:421 2.M54:510 3.M54:484 4.M54:485

1

2

3

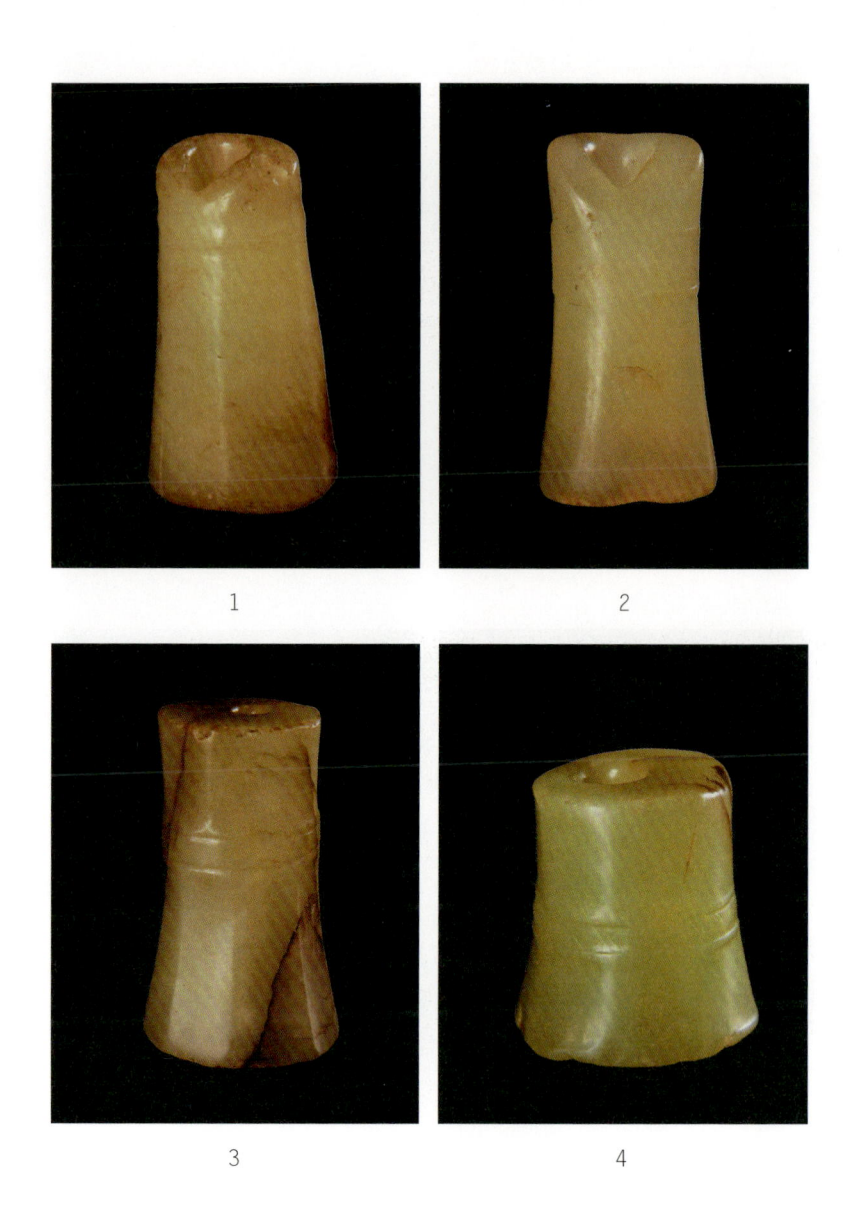

4

图版三四　殷墟花园庄 M54 出土戈缨玉坠、玉管
1、2.戈缨玉坠 M54:389、M54:550　3、4.玉管 M54:312、M54:479

1

2

3

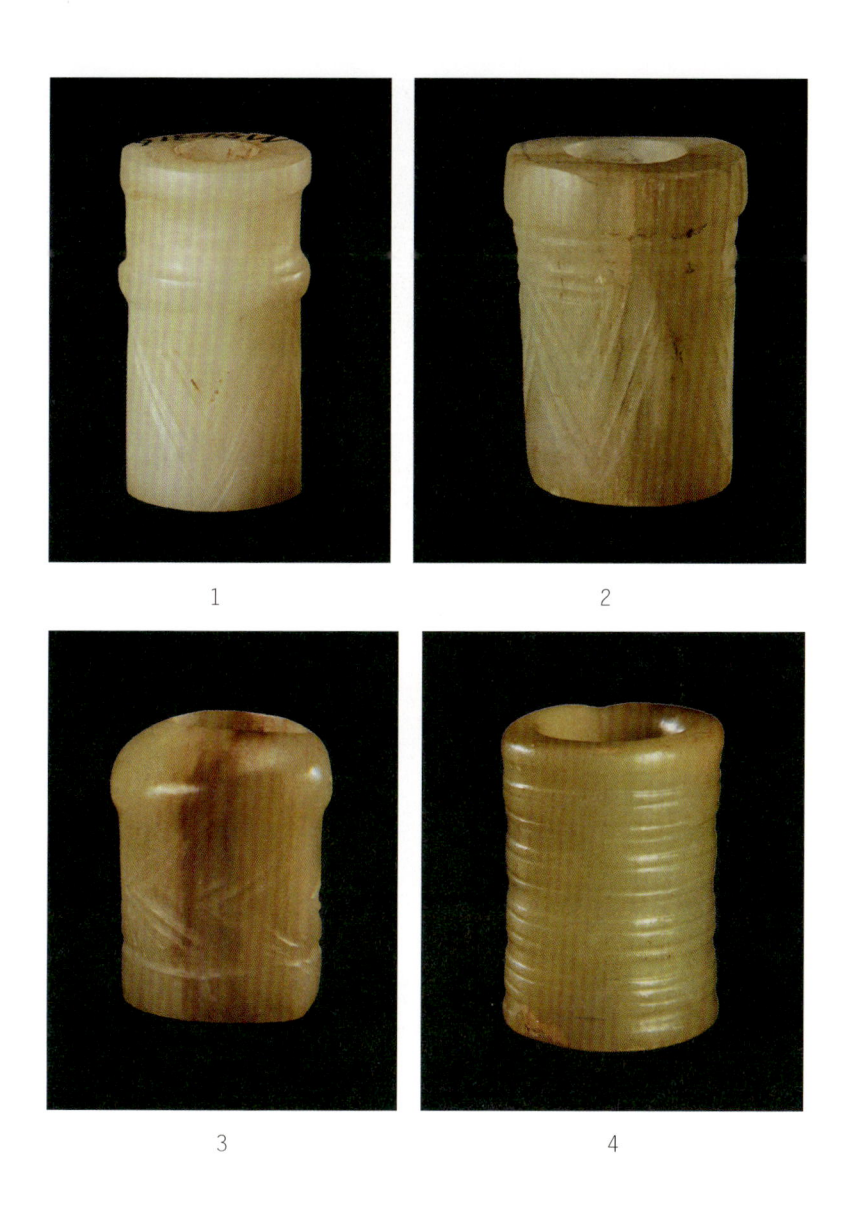

4

图版三五　殷墟花园庄 M54 出土玉策饰和玉管
1、2、3.玉策饰 M54:316、M54:317、M54:329　4.玉管 M54:480

图版三六　殷墟花园庄 M54 出土玉石管

1.M54:339　2.M54:415　3.M54:416　4.M54:395　5.M54:425　6.M54:410
7.M54:426　8.M54:419

图版三七　殷墟花园庄 M54 出土石器
1. 石磬 M54:207　2. 石调色器 M54:369　3. 石刀 M54:209